漢字와 漢文을 함께 배울 수 있는

千字文

漢子와 漢文을 함께 배울 수 있는
千字文

1판 1쇄 발행 | 2011년 6월 20일
1판 2쇄 발행 | 2021년 1월 20일

지은이 | 김진식
펴낸이 | 양기원
펴낸곳 | 학민사

등록번호 | 제10-142호
등록일자 | 1978년 3월 22일

주소 | 서울시 마포구 토정로 222 한국출판콘텐츠센터 314호(⊤ 04091)
전화 | 02-3143-3326~7
팩스 | 02-3143-3328

홈페이지 | www.hakminsa.co.kr
이메일 | hakminsa@hakminsa.co.kr

ISBN 978-89-7193-202-5 (03710)
ⓒ 白鷗 김진식 2011, Printed in Korea

· 저작권법에 따라 보호를 받는 저작물이므로 무단 전재와 복제를 금하며,
  이 책 내용의 전부 또는 일부를 사용하려면 저작권자와 출판사의 동의를 받아야 합니다.
· 잘못 만들어진 책은 구입하신 서점에서 바꿔드립니다.
· 책값은 표지 뒷면에 있습니다.

漢字와 漢文을 함께 배울 수 있는

千字文

글 · 김진식

학민사
Hakmin Publishers

머리말

천자문은 중국 남조(南朝) 양(梁)나라의 주흥사(周興嗣, 470?~521)가 당시의 황제였던 무제(武帝)의 명에 의하여 만들었다고도 하며, 그보다 더 오래 전인 위(魏)나라의 종요(鍾繇, 151~230)가 만든 것이라고도 합니다. 우리나라는 백제 때 왕인(王仁, 346?~405?)이 일본으로 건너가 한자(漢字)와 유학(儒學)을 전파했다고 하는데, 이때 논어와 천자문을 전파한 기록이 있는 것으로 보아, 천자문은 그보다 훨씬 전에 전래되었을 것입니다.

그러므로 양나라 이전인 백제 때에 이미 우리나라로 전래된 것을 알 수 있으며, 이는 어떤 개인에 의해서 만들어진 것이 아니라 아주 오래 전서부터 민간에서 한문 교재로 자생적으로 만들어 사용해 오던 것을 양나라에 들어와 통일된 내용으로 재편집한 것으로 보입니다. 천자문은 당(唐, 618년 건국)나라 이후 급격히 보급되었으며, 송(宋, 960년 건국)나라에서부터 완전히 한문의 기초교재로 자리 잡은 것으로 확인되고 있습니다.

천자문의 내용은 사언고시(四言古詩) 250구로, 중복되는 글자 없이 총 1,000자로 구성되어 있으며, 고대의 역사와 함께 한문 문장의 기본 구조와 습자교본으로 사용되었습니다. 유명한 습자교본으로는 왕희지(王羲之, 307~365)의 7대손인 왕지영(王智永)의 진서(眞書-楷書)와 초서(草書) 두 체로 쓴 『진초천자문(眞草千字文)』이 있으며, 우리나라에는 직업 서예가

의 효시라 할 수 있는 조선 선조 때의 석봉(石峯) 한호(韓濩, 1543 1605)가 쓴 『석봉천자문(石峰千字文)』이 있습니다.

이 책은
들어가는 글-한자의 원형, 제1장 천자문 본문 풀이, 제2장 풀이 및 작문 연습, 제3장 심화학습의 4단계로 구성되어있습니다.

들어가는 글 - 한자의 뿌리에서는 한자(漢字)를 처음 만든 사람들이 고대 중국인의 선조(先朝)가 아니라 '어떤 민족(북방민족)' 에 의해서 만들어진 것이며, 갑골문자(甲骨文字)의 자형(字形) 분석과 문법구조 분석, 메타포에 의한 의미(意味)의 전성(轉成) 측면 등의 논증으로, 그 북방 민족은 다름 아닌 배달민족(倍達民族)임을 밝혀내고 있습니다.

제1장 천자문 본문 풀이에서는 그 동안 모호(模糊)한 풀이로 인하여, 천자문이 한자를 외우는 책으로 밖에 여겨지지 않았지만, 이 천자문이 결코 초학용의 책이 아니라 고대(古代)의 사상(思想)과 지식(知識)을 총망라(總網羅)한 학업의 완성 단계에 위치한 내용들로 구성되어 있음을 보여주고 있으며, 한문(漢文) 문장(文章)을 구성하는 기본적인 문형(文型)에 중점

을 두어 독자로 하여금 한문 문법의 기초를 숙달할 수 있도록 하였습니다.

　　제2장 풀이 및 작문 연습에서는 제1장을 통하여 숙달한 한문 문장의 기본 문형에 견주어 독자 스스로 정확한 풀이 및 작문 연습이 될 수 있도록 하였습니다.

　　제3장 심화학습에서는 천자문에 사용된 자구(字句)의 원문(原文) 및 동일한 자구가 사용된 다른 출전(出典)들을 찾아내고 문법적으로 자세하게 풀이함으로 보다 심도(深度) 깊은 학습이 가능하도록 하였습니다.

2011년 3월

日짱 金眞息

漢字와 漢文을 함께 배울 수 있는 **千字文**

차례

머리말 ___ 4

들어가는 글 한자의 원형 ___ 9

토착어와 외래어 ___ 10

갑골문자 : 그 신화의 열쇠 ___ 15

한문의 문법구조 ___ 32

결론 ___ 41

PART 1 천자문 본문 풀이 ___ 45

PART 2 풀이 및 작문 연습 ___ 219

1. 풀이 연습 ___ 221

2. 작문 연습 ___ 235

PART 3 심화학습 ___ 243

- 토착어와 외래어
- 갑골문자(甲骨文字) - 그 신화의 열쇠
- 한문의 문법 구조
- 결론

들어가는 글

한자의 원형

토착어와 외래어

한국어 중에서 한자(漢字)가 차지하는 비중은 약 70%에 해당합니다. 그 나머지 30% 중에서도 각종 외래어를 빼고 나면 순우리말로는 한국 사람이 자신의 생각이나 감정을 전달하는 것 자체가 불가능합니다. 한문이 들어오고 난 다음에야 우리 민족은 보다 심도 깊은 사상이나 의사의 전달이 가능해진 것인가? 한문이 들어오기 전에 우리 민족은 겨우 '자자, 먹자, 가자'와 같은 식의 단순한 감정이나 정서의 전달밖에 하지 못하고 있었던 것인가? 아니면 기존에 있던 순우리말이 점차로 한자어에 밀려나면서 현재와 같은 언어 군(群)이 형성된 것인가? 이 문제에 대하여서 보다 심도 깊게 생각해 보아야 할 것입니다.

국가 간의 교류나 지배와 피지배 등과 같은 역사적인 배경에 의해서 새로 유입(流入)된 단어는 세월이 지남에 따라 소리값은 물론이고, 의미도 점차 변하게 되어 원형과는 사뭇 다른 형태로 사용되어지기도 합니다. 비단 외래어뿐만 아니라, 본래 있던 고유어도 세월의 흐름에 따라 상당한 차이를 나타내기도 합니다. 이는 언어의 일반적인 현상일 것입니다.

수 만 년 이상 사용해 왔을 수도 있는 고유어가 그와 동일한 의미를 가진 외래어에 의하여 완전히 잠식(蠶食)되는 경우라면 분명한 역사적 배경이 있어야만 설명이 가능합니다. 영어의 경우 고대에 있었던 로마의 침략과 기독교를 통하여 유입된 라틴어의 영향, 게르만족의 이동에 따른 직접적인 접촉 등, 그에 맞는 언어의 변화는 물론이고 민족의 혈연 자체의 변화도 함께 추정(推定)해 나갈 수 있습니다.

그러나 우리나라의 경우에는 70%라는 엄청난 언어의 변화에 맞물리는 별다른 역사적 배경이 없다는 것입니다. 너무나 오랜 세월 동안 고대 중국어인 한자(漢字)와 한문(漢文)을 우리 조상들이 차용(借用)해 왔다는 식으로 사고(思考)해 온 것이긴 하지만, 이 현상은 분명 언어학적으로는 미스터리라고 해도 과언이 아닐 것입니다.

국어사전에 '플라워(flower)'는 귀화(歸化)한 외국어, 즉 외래어(外來語)로 등재(登載)되어 있습니다. 플라워는 한국 단어입니다. 그와 아울러 수 만 년을 사용해 왔을 수도 있는 고유어(固有語)인 '꽃'도 나란히 등재되어 있습니다. 똑같은 의미를 가진 두 단어 중 나중에 유입된 '플라워'가 '꽃'을 밀어내 버리고 우리 민족의 기억에서조차 사라져 버리게 할 가능성이 있느냐의 문제입니다. 강압적이거나 물리적인 어떤 조건이 발생하기 전에는 불가능합니다.

'수단(手段), 수법(手法), 수완(手腕)'과 같은 단어들은 분명 중국으로부터 유입된 단어입니다. 이 세 단어가 공통으로 가지고 있는 [手]와 '그럴 수 없다'에서의 [수], 마찬가지로 이치(理致), 이유(理由), 이론(理論)은 분명히 중국으로부터 유입된 단어들입니다. 이 세 단어에 공통으로 있는 [理]와 '그럴 리 없다'에서의 [리]는 한자어(漢字語)를 받아들인 결과가 아닙니다. 이런 예는 부지기수(不知其數)입니다.

여기서 주장(主張)하고 싶은 것은 우리 민족의 어떤 고대(古代)에 한자와 한문이 처음 유입되기 시작했을 때, 기존에 있던 고유어와 소리값은 물론이고 어감(語感)마저도 동일한 경우가 거의 대부분이었다는 것입니다.

한문이 한(漢)나라에 의하여 처음 우리나라로 전파되었다는 기본적 정의에 따른다고 하더라도, 莫[막], 或[혹], 各[각], 孰[숙]과 같은 한자의 고대 원음은 현재 우리나라의 한자음과 거의 동일하지만, 한족의 입말에서는 발음되기 어려운 종성(終聲) [ㄱ] 발음입니다. 즉, 당시의 한족들에게 이런 발음은 입말에서는 존재하지 않았고, 다만 한자라는 문자언어를 읽을 때에만 존재했다는 것입니다. 그리고 이 독법(讀法)은 원(元)나라 이후로 들어서면서부터는 아예 사라져 버리기도 합니다.

중국어에서 음성언어와 문자언어는 단 한 번도 일치했던 적이 없었습니다. 이는 먼 태고(太古)에 한자를 처음 발생시킨 민족은 한족과는 발음체계 자체(自體)가 다른 민족이었다는 이야기이기도 합니다.

대다수의 미스터리는 가설(假說)을 세우고 그 가설을 논증해 가는 과정으로 풀리기도 합니다.

북방어(北方語) 가설 – 한자(漢字)와 한문(漢文)

고대(1만 년 ~ 5천 년 전) 중국과 인접한 지역에 교착어(膠着語)를 구사하던 어떤 민족이 그들의 입말을 축약(縮約)하는 형태의 문자를 만들었다. 이 민족을 북방민족(北方民族)으로, 그들이 개발한 문자를 북방어(北方語)라고 가칭한다.

이 북방어가 한족(漢族)에게 전해졌으며, 수 천 년 이상 한족은 이 원형(原形)의 북방어를 자신들의 언어 습관에 맞도록 개작(改作)하고, 또 새로운 문자들을 개발하여 대략 춘추전국(春秋戰國) 시대에 이르러서 새로운 형태의 문자언어의 기초를 닦는데, 이것이 현재 한문(漢文)이라는 용어로 불리어지고 있는 변종북방어(變種北方語)이다.

춘추전국이라는 대혼란기를 통일제국의 구축이라는 성공으로 마감한 결과

구심점(求心點) 있는 명령체계에서 오는 강력한 군사력, 혼란기를 통한 물질문명의 급속한 발달, 더 없이 많은 인구 등으로 인하여 한족은 주변 국가들에 영향력을 행사하였으며, 그에 따라 이 변종북방어는 아시아 전체의 공통어로 자리 잡게 되고, 문학과 사상과 같은 인간의 사고를 표현하는 독특하고 아름다운 언어로 급속히 발전한다.

그러나 1900년대 초반에 이르러 변종북방어의 기본체계는 한족의 언어사고와는 물론이고 발음체계와도 근본적으로 맞지 않는 것이기에 '백화문(白話文) 운동'을 일으켜 그들 스스로 한문을 타도하기에 이른다. 하지만 수 천 년 이상 신봉해온 이 북방어의 지배력은 그들에게 막대한 것이어서 일본처럼 새로운 표음문자(表音文字)를 만들어내지도 못하고, 기존의 복합적이고 난해한 문법 구조를 그들의 언어 사고에 맞게 단순화시키고, 복잡한 자형을 간략화시키는 정도에 그치고 만다. 이것은 언어의 발전 혹은 진화라기보다는 더 많은 퇴화적인 요소를 가지고 있는 것이다. 이를 무마하기 위하여 중국 정부는 백화문의 작가들을 국가적인 차원에서 지지하고 선양한다.

한족만의 문화유산이라고 할 수 있는 만리장성의 부자재가 민가(民家)의 가축우리로 사용되고 있는 것은 방치하면서도 이민족의 고대 유적지에 관해서는 관련 1급 국가요원을 파견하여 통제하고, 그들의 역사에 맞도록 오/훼손한다. 이것은 원형북방어와도 관련이 있다. 이런 한족의 역사왜곡은 2천년 이상 된 내력이기도 하다.

한족에 있어서 문자 언어는 그들의 문화유산이기도 하지만 수 천 년을 그들의 정신세계를 억압해온 것이기도 한 딜레마이다. 원형북방어가 한족에게 전해지는 과정은 지배와 피지배 관계로 강압에 의한 지배가 아닌 추종에 의한 관계이며, 그 기간은 장구(長久)한 세월이다. 단순한 지역적인 인접이나 교류에 의한 것이었다면, 실사(實詞)나 단어류(單語類)의 차용에 그쳐야하지만, 어형은 물론 문법구조상의 변화를 동반하기 위해서는 그러한 관계가 아니고서는 발생하기 어려운 것이다.

이 가설은 앞으로의 연구 결과에 의하여 조금씩 수정되거나 변경되기도 할 것입니다. 한문이라는 언어는 일반적으로 ①전 (前)고전(주나라와 그 이전), ②후(後) 고전(춘추전국), ③고전(한나라 이후에서 백화문)의 세 시기로 구분을 하는데, 여러 방향에서 동일한 언어의 일반적인 변화라고 보기 어려운 많은 요소들이 있습니다.

특히 문법의 변화가 가장 심하게 나타나는 기점은 한(漢)나라가 집권하기 시작한 때부터입니다. 한나라를 기점으로 한문은 급격한 변화를 일으키기 시작하는데, 한나라 때부터 현재의 한족(漢族)이 중국 대륙을 지배하기 시작한 시점이며, 한문과 한자라는 개념을 만들어 북방어를 도용(盜用)한 시점이라는 것입니다.

지금부터 그 논증(論證)을 시작하겠습니다.

갑골문자(甲骨文字)
- 그 신화의 열쇠

정확한 갑골문자의 분석은 북방어가 발생한 지역과 민족의 범위를 축소시켜 줍니다. 갑골문 자형(字形)에 대한 분석(分析)은 발굴지역인 중국뿐만 아니라, 세계 각국의 많은 학자들에 의해서 현재 연구가 진행되고 있습니다만, 아직도 더 많은 자형들이 분명히 무엇을 의미하는 것인지 분석되고 있지 않습니다.

세계 대부분의 학자들은 한자뿐만 아니라 갑골문자까지 중국인에 의해 만들어지고 기록되었다는 관점을 근간으로 연구를 하고 있습니다. 하지만 시각을 조금 바꾼다면, 이 4천년 전설(傳說)은 현실(現實)로 다가옵니다. 적지 않은 갑골문 자형이 한국어가 아니면 풀 수 없습니다. 여기에는 분명한 역사적인 배경이 있습니다. 너무나 오래된 문자들이라 한 글자 한 글자가 모두 신화로 보여지지만, 순우리말에서 현실(現實)이 되는 자형들이 많이 있습니다. 우선 몇 글자들만 간추려 소개하겠습니다.

天 하늘 천

天의 갑골문자

大의 갑골문자

기존의 자형 풀이

1. 사람[大]의 머리 위에 一을 그어서 '하늘'을 나타냄.
2. 사람의 머리 부분을 크게 강조해 보여 '위, 꼭대기'의 뜻에서 '하늘'의 뜻을 나타냄.

갑골문 자형 중에서 가장 오래된 것으로 보이는 첫 번째 자형은 사람이 팔다리를 벌리고 정면을 향하여 서 있는 형태인 大와 상부의 口[큰입 구]의 합자입니다. 이 사각형의 도형은 나중에 가로획으로 변하는데, 이는 한자 자형 변화의 일반적인 한 형태(形態)입니다. 즉 단순화(單純化)의 한 형식입니다.

고대 은(殷)나라 사람들은 왜 하늘을 사람의 머리 위 공간으로 표현한 것인가?

문자언어의 가장 기본은 음성언어에 있습니다. 즉 음성언어의 소리 값을 나타내는 것을 기본 바탕으로 하며, 이렇게 만들어진 기호(記號)가 문자언어로서 통용(通用)되기 위해서는 동일 언어권 사람들에게 개연성(蓋然性)이 발생되어야 할 것입니다. 상기(上記)의 자형 분석 내용은 단순하게 글자 자체만을 가지고 한 분석입니다.

한국어에서의 '하늘'은 '한(크다)+울(울타리)' 곧 '한울'의 변음입니다. 순우리말 음에서 '한'은 '크다'의 뜻을 가지고 있습니다. (대전[大田]=한밭) = 大(한)+口(울, 울타리, 우리)=한울≒하늘

첫 번째 갑골문 자형은 한국어 '하늘'을 형상화(形象化)한 것으로 보입니다. 大의 고대 원음(原音)은 [한/흔/큰/칸]과 유사하였으며, 口[큰입 구]는 [에울 위]로도 훈독(訓讀)되는데, 여기서의 [위] 음은 한국어 [우리(울타리)]의 '우+리'에서 'ㄹ'이 탈락한 포합음(抱合音)으로 보여집니다. 이후

의 자형은 자형이 단순화(기호화)되어 가는 형태들입니다. 자형의 단순화는 일반적인 현상입니다.

 흙 토

土의 갑골문자

기존의 자형분석

1. 토중(土中)에서 초목의 싹이 나는 곳. 따라서 '흙'의 뜻이 됨.
2. 토지의 신을 제사 지내기 위하여 기둥 꼴로 굳힌 흙의 모양을 본뜸.
3. 지면 위로 솟아난 흙덩이 모양.

상기의 자형 분석 중 1은 현재의 자형에 의한 것이며, 2는 제단의 모양을 연상한다면 가장 중요한 것은 상부의 평평한 부분일 것입니다. 그래야 그 위에 제물을 올려놓고 제사를 지낼 수 있기 때문입니다. 제단의 모양을 형상화한 示[보일 시]는 세로의 획 위에 가로의 한 획으로 평평한 부분을 나타냈으며, 다시 그 위에 한 획을 더 그어 제물을 올려놓고 있음을 나타낸 것입니다.

土의 자형이 흙으로 쌓아올린 제단의 형상이라고 할 때에는 그런 제단의 형태가 갑골문 사람들이 생각할 수 있는 일반적인 형태의 제단이어야 합니다. 하지만 갑골문 사람들이 흙으로 쌓아올린 제단을 주로 사용하였다는 기록은 어디에도 없습니다. 土의 자형은 제단과는 무관합니다.

土의 갑골문 자형 중 아래의 가로획은 '땅'의 뜻이며, 가운데의 배가 불룩한 마름모 형태의 도형은 '덩어리'의 뜻이며, 주변의 점들은 그 덩어리가 돌이나 나무처럼 딱딱하고 고정적인 것이 아니라, 바스러지거나 뭉칠 수 있음을 나타내는 것입니다. 한국어 표현의 '흙덩이'나 '땅덩이'를 그대로 형상화한 것입니다.

 누를 황

黃의 갑골문자

기존의 자형분석

1. 갑골문 '大+口'의 합으로, 口는 사람이 허리에 찬 옥으로, 옥의 빛이 노란색에서 '노랗다'의 의미를 나타냄.
2. '田[밭 전]+光[빛 광]'의 합으로, 田이 땅을 의미하고, 光이 그 색을 지시하여, '땅의 빛'에서 '노랗다'의 의미를 나타냄. 『설문해자(說文解字)』
3. 사람(관리나 무당 등)이 허리에 찬 둥근 노란색의 옥에서 '노랗다'의 의미를 나타냄.
4. 패옥(佩玉)의 모습을 형상화한 것으로, 璜[패옥 황]의 본자(本字).

黃자의 자원은 상기 분석 외에도 많은 내용이 있기도 하지만, '알 수 없다'가 일반적인 견해(見解)입니다. 갑골문 시대에 왜 노란색 패옥을 찬 것인지? 사람이 허리에 찬 패옥을 가지고 '노란색'의 의미를 도출해 낸다면,

그러한 복식(服飾)이 아주 대중적(大衆的)이거나, 일반적인 것이어야 합니다. 하지만 갑골문 시대의 사람들에게 그런 복식제도가 있었다는 근거(根據)는 없습니다.

『설문(說文)』에서의 자형 분석은 '노란색'을 떠올리기에는 충분할지 모르지만, 문제는 이 黃자가 가지는 다른 의미들에는 전혀 설명이 되지 못합니다.

黃이 가지는 현재의 의미는 '노란색'에 그치고 말지만, 한나라 이전에 나타나는 의미(意味)들로는 '노란색, 땅, 악취' 등이 있습니다. 황려(黃廬[초막 려])는 '노란색의 초막'의 의미가 아니라, 직역하여 '땅집'의 의미로, '지하세계'에 대한 은유적인 표현으로 사용되며, 황구(黃口)는 '노란색의 부리' 외에도 '악취 나는 입'의 뜻으로, '젖비린내 나는 애송이'의 은유적인 표현으로 사용됩니다. 이렇게 서로 전혀 무관한 의미를 동일한 형태의 문자로 표기한다는 것은 상형문자(象形文字)가 아니라 음을 따른 표음문자(表音文字)로 사용되었기 때문입니다.

순우리말에서 '누리'는 '세상'의 뜻입니다. 동사로서 '누리다'의 예에서처럼 '누리'는 어감상 천지자연(天地自然)이라는 객관적인 자연 현상계를 말하는 것이 아니라, 사람이 생활의 터전으로서 살아가는 곳의 뜻을 나타냅니다. 또, '누린내'의 경우에는 '악취'의 뜻입니다. 악취이긴 하지만 아주 고약하고 괴로운 냄새가 아니라 비린내 비슷한 비교적 약한 악취의 뜻이기도 합니다. '누런색'은 말 그대로 노란색의 뜻입니다. 이 서로 전혀 무관한 세 단어는 '누+ㄹ'의 동음(同音)을 가지고 있습니다.

'누리, 누런색, 누린내'의 세 단어는 '누+ㄹ'이라는 동음을 가지고 있으며, 黃자가 가지는 의미들과 완전히 일치합니다. 갑골문 자형은 터전을 의미하는 田[밭 전]이나 특정한 지역을 의미하는 사각형 위에 그보다 더 크게 정면을 바라보고 있는 사람의 상형인 大를 그려 놓고 있습니다. '누리다, 누비다'라는 순우리말을 그대로 이미지화한 자형인 것입니다.

어떤 언어이든지, 동음이의어(同音異議語)가 있게 마련입니다. '누린내, 누리, 누리다'는 서로 다른 의미를 동일 혹은 유사한 음가(音價)에 의하여 하나의 문자〔黃〕로 표기하는 방식을 여기서는 군어(群語 : 단어에 대비되는 개념으로 소리값이 유사, 동일한 단어들을 하나의 문자로 표기하는 방식)라고 임시(臨時)로 정의내립니다.

갑골문자에 나타나는 다양한 의미들을 이 동음이의어에 의하여 하나의 자형으로 표현한 군어의 개념으로 적용시킬 수 있냐 없냐는 갑골문자를 처음 만든 사람들과 시발점을 찾아가는 핵심 열쇠입니다. 이 군어(群語)의 개념은 갑골문자를 연구해 나가는 하나의 나침반 역할을 할 것입니다.

妻 아내 처

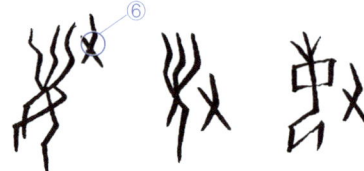

妻의 갑골문자

女의 갑골문자

꿇어 앉아 있는 사람의 머리를 위로 올려 주고 있는 모습입니다.(⑥은 오른손의 상형) 사람이 꿇어 앉은 채로 두 손을 모으고 있는 형태는 '여자'의 뜻으로 '女'자입니다.

이 글자는 예법과 관련이 있는 것입니다. 한국어에서 결혼하다, 혹은 시집가다에 대한 관용(慣用) 표현으로 '머리를 올리다'라고 있습니다. 妻의 갑골문 자형으로, '아내, 시집보내다'의 의미를 나타내기 위해서는 고대에 그런 예법을 가진 민족에 의해서일 것입니다. 우리나라 외에 한자 문화권의 어떤 나라에서 그러한 예법과 언어로서의 표현을 사용하고 있는지는 더 조사해 보아야 하겠습니다.

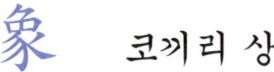

象의 갑골문자

象자는 코끼리와 모양의 의미를 나타냅니다. 이 '코끼리'와 '모양'이라는 아무런 관련이 없는 의미를 동일한 자형으로 표기한 이유는 처음 이 문자를 만든 사람들의 입말, 즉 소리값을 따랐다는 것에 있습니다.

象의 갑골문 자형은 듬직한 몸통에 긴 코를 가진 코끼리의 형상입니다. 순우리말의 '강아지, 송아지, 망아지'에서처럼 '~아지'는 동물의 새끼를 뜻하는 접미사(接尾辭)입니다.

만약 우리 민족이 아주 먼 과거에 코끼리가 서식(棲息)하는 곳에서 살았고, 그 코끼리를 가축(家畜)으로 키우며 건축이나 물건의 운반 등에 이용하였다면, 코끼리의 새끼에도 '~아지'를 붙여서 불렀을 것입니다. 개, 소, 말의 예에서처럼 코끼리의 새끼는 '꼬아지' 정도로 불렀을 것입니다.

코끼리의 새끼를 뜻하는 '꼬아지'는 순우리말에서 모양이나 형상을 뜻하는 '꼬라지'와 음이 유사합니다. 꼬아지는 꼴아지(꼬라지)로 발음되었을 가능성도 있습니다. 그 둘의 의미를 코끼리의 형상으로 동시에 나타내고 있는 것입니다. 이 역시 군어(群語)의 개념으로 이해할 수 있습니다.

秋 가을 추

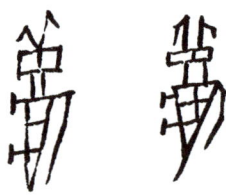

秋의 갑골문자

가을을 뜻하는 秋의 갑골문 자형은 '귀뚜라미' 형상입니다. 말 그대로 '귀뚜라미 우니 가을이다'라는 메타포로서 가을을 나타낸 것입니다. 이러한 가을에 대한 은유는 한국뿐만 아니라 자연적인 환경만 맞추어진다면, 인종과 어족(語族)을 초월한 표현 방식일 것입니다만, 유독 한국어에서 가장 대표적인 가을에 대한 메타포는 역시 '귀뚜라미 우니 가을이구나!' 입니다.

亢 목, 높을 항

亢의 갑골문자 　　도1　　도2

　　亢자에 대한 기존의 자형 풀이는 경동맥(頸動脈)이나 결후(結喉 : 목젓)의 상형이라고 합니다. 亢자가 가지는 의미들로는 '극진하다, 높다, 거만하다, 저항하다' 등이 있는데, 이 의미들을 기존의 자형 풀이로 유추(類推)해 내기는 곤란합니다.

　　亢의 갑골문 자형은 정면을 향하고 두 다리와 팔을 펼치고 서 있는 사람의 형상인 大에서 한쪽 다리가 꺾어져 있는 모습입니다. 이는 의태어(擬態語)를 나타낸 것입니다. 〈도 1〉과 같은 형태라면 '발로 차다, 걷다' 등과 같은 의미가 도출(導出)될 것이며, 〈도 2〉와 같은 형태는 '무릎을 꿇거나, 뛰어 오르다'의 의미가 도출될 것입니다. 다리의 관절 부분이 꺾어지고 있는 것을 나타내어 의태어에 대한 표음문자로 사용된 것입니다.

　　이 자형의 그림과 같은 순우리말에 해당(該當)되는 의태어로는 '까딱까딱, 끄덕끄덕' 등이 있습니다. 또한 나타내는 의미들과도 거의 흡사한 용례들이 있습니다.

　　극진하다 : 아주 깍듯하게 대접한다.

　　거만하다 : 네놈이 누구 앞이라고 까딱거리느냐?

　　저항하다 : 우리가 한 번 꺾어보자.

兂자는 동일/유사 소리값에 대한 군어(群語)로 사용된 글자입니다.

前後左右 전후좌우

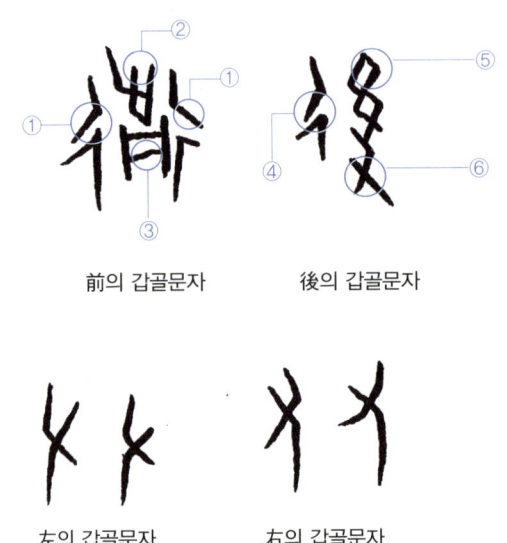

前의 갑골문자   後의 갑골문자

左의 갑골문자   右의 갑골문자

앞과 뒤, 왼쪽과 오른쪽의 기준은 사람의 몸이어야 합니다. 왼쪽과 오른쪽을 뜻하는 左와 右의 갑골문 자형은 각각 왼손과 오른손의 상형입니다. 하지만 前과 後는 현재의 자형 설명으로서는 어떤 개연성을 가지기가 난해합니다.

기존의 자형 분석

前 : 1. 칼로 베고 나아가다, 가지런히 자르다의 뜻으로 剪[자를 전]의

원자(原字).
2. 수로를 배로 가는 모양에서 '나아가다, 앞'의 뜻을 나타냄.
3. 배의 앞에 있는 발로 가장 먼저 상륙한다는 의미에서 '앞'의 뜻을 나타냄.

- 갑골문 자형에서 ① 부분은 行[다닐 행]자로 '가다'의 뜻이며, ② 부분은 발의 모양으로 止[그칠 지]이며, ③ 부분은 배의 형상으로 알려져 있는 舟[배 주]자입니다.

後 : 1. 길을 갈 때 실이 발에 어리어 걸음이 더뎌지는 것에서 '뒤'의 뜻을 나타냄.
2. 어린 사람이 좀 떨어져서 걷는 것에서 '뒤'의 뜻을 나타냄.

- 갑골문 자형에서 ④ 부분은 行자의 우측 부분이 생략된 형태인 彳[조금 걸을 척]자이며, ⑤ 부분은 실타래나 애벌레의 상형으로 알려져 있는 幺[작을 요]자이며, ⑥ 부분은 오른손의 상형인 又자입니다.

음성언어를 한글과 영어와 같은 소리값의 기호체계가 아닌 상형문자로 도안(圖案)을 하고 통용시키기 위해서는 해당 언어를 구사하는 사람들 모두가 공감할 수 있는 있어야 합니다. 즉 개연성이 필연적으로 요구되는 것입니다. 前과 後에 대한 기존의 자형 분석은 이런 개연성과는 무관한 주관적이거나 작위적(作爲的)인 느낌마저도 듭니다.

전후좌우와 같은 개념들은 어족과 민족을 초월해서 존재하는 것이며, 또 그 개념의 중심은 사람의 몸에 있습니다. 좌와 우는 왼손과 오른손으로 이미 그 중심이 사람의 몸을 나타내고 있는데, 전과 후는 그렇게 못하고 있습니다.

하지만 이 자형(字形)들을 순우리말의 입장에서 전(前)과 후(後)를 설명하면 누구라도 공감할 수 있는 개연성이 발생합니다. 우선 전과 후의 갑골문 자형이 이루는 요소는 모두 사람의 몸을 의미한다고 가정하겠습니다.

가장 중요한 부분은 ③과 ⑤ 부분입니다. 이 두 부분은 사람의 몸을 의미하는 것으로 몸 중에서 '배'의 뜻을 나타내고 있습니다. ③은 일반적인 배의 형상이며, ⑤는 뒤돌아보기 위하여 뒤틀린 배의 의미입니다. 발의 형상으로 알려져 있는 ②(止)는 위치와 방향의 표기로 사용된 것으로 몸을 정상적으로 한 상태에서 발이 향하는 쪽의 뜻이며, ⑥ 역시 위치와 방향의 표기로 사용된 것으로 배를 뒤틀었을 때 손이 향하는 곳의 의미입니다. ①과 ④는 '길(行)'의 뜻으로 '사람이 갈 때'의 의미를 함의하고 있습니다.

다시 설명하여, 前자는 똑바로 선 몸(배)에서 발이 향하는 방향에서 '앞'의 뜻을 나타내는 것이며, 後는 몸(배)을 뒤틀었을 때 손이 향하는 곳에서 '뒤'의 뜻을 나타내는 것입니다. ③ 부분은 실제로는 사람 몸의 배가 아닌, 옷감 천의 '베'나 그 베를 감아두는 '베틀'의 상형입니다. ⑤ 부분은 띠처럼 긴 천[베]을 꼬아놓은 형태의 상형입니다.

갑골문자의 나라인 은(殷)나라 사람들의 입말에서 사람 몸의 '배,' 선박으로서의 '배'와 옷감을 만드는 천으로서의 '베'는 모두 한국어에서처럼 동일한 음으로 발음되었습니다. 前의 ③ 부분과 後의 ⑤ 부분은 본래는 옷감으로서의 '베'의 뜻이지만, 표음문자로 사용되어 사람 몸의 '배'의 뜻을 나타내고 있습니다.

이 부분들에 대한 논증은 다음의 글자들에서 이어집니다.

受 주고받을 수

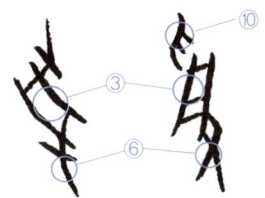

受의 갑골문자

　受의 갑골문 자형은 '爪[손톱 조]⑩+舟[배 주]+又[또 우]'로 일반적으로 분석합니다. 舟는 前의 ③ 부분과 같은 형태입니다. 이 분석에 의한다면, '손으로 선박을 주고받다'는 뜻에서 '주고받다'의 뜻을 나타내는 것입니다. '주고받다'는 개념을 문자로 표기한다면, 당시의 사람들이 가장 일반적으로 주고받는 대상(對象)을 나타냈을 것입니다. 갑골문의 나라인 은나라는 해상민족이 아닙니다. 설사 해상민족이었다 하더라도 배[선박]를 일상적으로 주고받지는 않았을 것입니다.

　고고학적 자료의 의하면 은나라 사람들은 농사를 체계적으로 지었으며, 직물(織物)의 제조가 주력(主力) 산업이었다고 합니다. 여기서의 직물은 비단을 말합니다. 직물의 경우에는 고급기술을 습득하여야만 가능하며, 또 노동력이 집약(集約)되기 때문에 상당한 고가의 제품이며, 따라서 물건을 주고받을 때 가치척도의 표준, 즉 화폐로서의 기능을 충분히 할 수 있었을 것입니다. 이는 비단 은나라에서만의 일이 아니며, 고대에서 근대국가에 이르기까지 각종 세금이나 개인 간의 거래에서 현대의 화폐 대용으로서 직물을 사용해 왔습니다.

受에 보이는 舟 자형은 선박으로서의 [배]가 아닌, 직물로서의 [베]나 베를 감아놓은 [베틀]의 형상입니다.

倉 곳집 창

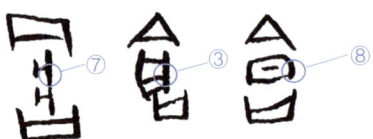

倉의 갑골문자

倉의 갑골문 자형은 물건을 보관하기 위한 창고의 형상입니다. 세 가지 자형에서 공히 윗부분과 아래 부분을 띄워놓고 있는데, 이것은 벽면구조가 아닌 원두막과 같이 벽이 없이 기둥만 세워져 있거나, 아니면 원활한 통풍을 위한 구조임을 나타내고 있습니다.

⑦ 부분은 爿[조각 편]자로 목재를 의미하며, ⑧ 부분은 탈곡된 곡식을 의미합니다. ③은 역시 舟자로 알려진 것으로 선박으로서의 [배]가 아닌 직물로서의 [베]입니다. 선박을 저런 식으로 보관하지는 않습니다.

般 옮길, 즐거워할 반

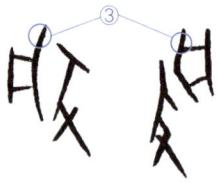

般의 갑골문자

갑골문 자형은 '舟+殳[몽둥이 수]'입니다. 殳는 손에 몽둥이를 들고 있는 형상으로 '치다, 때리다, 부수다' 등의 의미를 함의하는 글자에 사용됩니다. 기존의 자형 분석은 '배를 움직이게 하다'에서 '돌다, 옮기다, 나르다' 등의 뜻을 나타낸다는 것입니다.

은나라 때에 황하를 중심으로 물물교환이나 무역교류가 생각했던 것 이상으로 활발하였다면, 이런 개념이 성립될 가능성은 있습니다. '물건을 운반(運般)한다'는 개념이 바로 배가 연상될 만큼 일상이 황하에 대한 의존도가 높아야 합니다. 하지만 아직까진 그런 역사적인 소명 자료는 없습니다. 더욱이 般에는 '반락(般樂),' 즉 '즐거워하다'의 의미도 있는데, 이를 설명하기엔 기존의 풀이로는 불가능합니다.

즐겁다는 의미로서의 般은 아주 유쾌하다든지 통쾌함의 의미가 아니라, 일상에서 오는 '편안한 즐거움' 정도의 어기를 담고 있습니다. 한국어 표현 중에 이와 흡사한 어감으로 사용되는 것으로 '배를 두들기며 즐거워하다'라는 관용구(慣用句)가 있습니다.

般의 갑골문 자형의 ③ 부분을 선박의 [배]가 아니라 사람 몸의 [배]로 본다면, 이 자형은 순우리말 표현인 '배를 두들기다'를 형상화한 것입니다. 또, ③ 부분을 직물의 [베]로 보고, 이 직물 혹은 풀 등으로 짠 가마니 등으로 본다면, 물건을 옮기기 위하여 꾸려놓은 베보따리일 것입니다. 이 베보따리를 몽둥이에 걸고 옮기는 것에서 '운반'의 뜻을 나타내고 있는 것입니다. 지금도 이러한 방식의 '운반'은 사용되고 있습니다. 좁고 긴 천 류의 양쪽 끝에 장대를 끼워 앞뒤로 두 사람이 서서 들어 올려서 옮기는 방식입니다.

여기서 한 가지 주목해야 할 것은 현대 한국어에서 배[ship], 베[cloth], 배[belly]는 거의 유사한 음으로 발화됩니다. 갑골문의 나라인 은나라 사람들도 ship, cloth, belly는 동일한 음이거나 거의 유사한 음으로 발화되었다는 것이며, 본래는 각각 형태가 다른 상형문자로 표기되다가 일종의 사회적 약속에 의하여 ③의 형태로 통일되었다는 것입니다. 상형문자가 대표적 상형성의 표음문자로 되기까지는 상당한 세월이 요구되었을 것입니다. 이는 갑골문 이전의 문자가 존재했다는 증거이기도 합니다. 그 문자와 언어가 여기서 말하는 '북방어(北方語)'인 것입니다.

기존의 역사적 사료(史料)에 의하면 은제국은 단일민족 국가가 아니며, 각기 다른 민족들이 지배와 피지배의 관계로 이루어진 거대(巨大) 국가였습니다. 지배층과 피지배층은 언어가 달랐습니다. 또한 은제국은 제후국의 왕위나 천자의 자리를 물려받을 수 있는 최상위층의 계층, 즉 로열패밀리가 존재했습니다. 이 최상위 지배층과 배달민족(倍達民族)과는 분명히 언어적인 일치(一致)가 있습니다.

服 옷 복

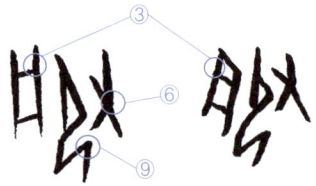

服의 갑골문자

갑골문 자형에서 舟가 '선박'의 의미가 아니라 옷감으로서의 '베'의 뜻이라는 것은 服자에서 더욱 분명해 집니다. 服의 갑골문 자형에 보이는 좌측 부분(③)은 舟이며, 가운데는 사람이 무릎을 꿇어앉아 있는 형상(⑨巳

[병부 절])이며, 우측 부분은 손의 상형으로 알려져 있는 右자입니다.

좌측 부분을 기존의 정의대로 '선박'으로 본다면, 이 글자가 나타내는 가장 기본 뜻인 '옷'의 의미를 설명할 길이 없습니다. 하지만 여기에서의 주장처럼, 옷감의 '베'로 본다면, '옷감(舟-베)을 사람의 몸(卩-꿇어앉은 사람)에 맞도록 마름(右)하다'로 '옷'의 의미가 나타납니다. 이 服의 자형(字形)은 한(漢)나라 때부터 변화되어 사용된 것이며, 진시황(秦始皇)의 소전체(小篆體)를 포함하여 그 이전의 자형들에서는 月[달 월]은 舟[배 주]자로 쓰이고 있습니다. 舟는 표의문자(表意文字)로 '선박(船舶)'의 뜻이 아니며, 표음문자(表音文字)로 '베/배'라는 소리값을 나타낸 것입니다.

舟의 갑골문자

舟는 명사로서 '선박'의 의미 외에 형용사로서 '띠다,' 즉 '어떤 현상이나 징후가 나타나다'는 의미도 가지고 있습니다. 이 '띠다'의 어감은 한국어에서 '몸에 밴 습관', '땀에 밴 옷'에서의 형용사 '배이다'와 완전히 일치하는 용법입니다. 갑골문 사람들의 입말에서 '사람 몸의 복부', '선박', '옷감'과 '증후가 나타나다'는 네 가지 의미는 하나의 음가로 구현되고 있었습니다.

舟자의 본 발음은 [배/베]인 것으로 추정됩니다. 舟자에 대한 자원 풀이는 한국어로만 완벽하게 할 수 있습니다.

한문의 문법 구조

　한문은 고립어(孤立語)이며 한국어는 첨가어(添加語)입니다. 첨가어는 조사나 접사가 덧붙여져 문법 관계를 나타내는 언어를 말하며 교착어(膠着語)라고도 합니다. 고립어는 각 낱말 형태가 일반적으로 하나의 형태소[morpheme]로 이루어진 언어로, 단어는 실질적 의미를 나타낼 뿐 어미변화(語尾變化)나 접사(接辭)가 없고, 문법적 기능은 주로 어순(語順)에 따라 나타내는 언어입니다.

　한국어는 문자언어와 음성언어가 거의 일치합니다. 즉 한글은 각각의 낱소리를 세세(細細)하게 따르는 소리값의 기호체계입니다. 하지만 한문의 경우에는 낱낱의 소리값을 따른 것이 아니라, 앞의 갑골문 자형 풀이에서 잠시 나왔지만, 군어(群語)입니다. 문자 언어로서 한문은 분명 고립어 체계이지만, 한자를 처음 만든 어떤 민족의 음성언어가 고립어라고 단정지을 수는 없습니다. 군어의 개념으로 문자를 만든다면 세상 모든 언어가 다 고립어 체계가 되기 때문입니다.

莫大
클 수가 없다

　'莫+형용사' 구문(句文)은 한(漢)나라를 기준으로 큰 변화가 발생하는데, 한나라 이전의 莫은 한국어로 '~ㄹ 수 없다'와 꼭 맞아집니다. 한나라 이후로 들어서면서 莫은 부정사의 강조형으로 '결코'의 어기를 함의합니다.

한나라 이전의 '莫+형용사'에서 莫이 부정하는 것은 다음에 오는 형용사가 아닙니다. '莫大'에서 莫은 大의 부정이 아니며(不大는 '크지 않다'로 不이 大를 부정하는 구조입니다), 大는 莫의 대비적 기준으로 다음에 오는 상황에 대한 가정적인 불가함의 의미를 나타냅니다. '莫大한 피해가 발생했다'에서 '大'는 '피해'의 기준이 됩니다. '클 수 없는 피해가 발생했다'의 뜻입니다. '最大의 피해가 발생했다'는 객관적인 상황의 기술로 '전자에 비교해서'라는 객관적인 기준이 있지만, '莫'은 가정과 미완의 상을 나타낸다고 할 것입니다. 한국어에서의 '~ㄹ+의존명사'는 미완시제로 사용되지만, 가정의 경우에 사용될 경우에는 강조의 상을 가지게 됩니다. '莫'이 이와 똑같은 문법구조를 가지고 있습니다.

한(漢)나라 이후로 들어서면서 '莫'은 '부정사의 강조형'으로 '결코, 절대'의 어기를 가지는 형태로, 다음에 오는 형용사를 부정하는 의미로 문법이 달라집니다. 이는 '無(/毋)+之'의 개념입니다. 여기서의 之는 의존명사로서 다음에 오는 형용사나 동사 성분을 명사형으로 전성시켜 주는 역할을 합니다. 한국어에서 '없다'라는 술어는 형용사를 보어나 목적어로 취하지 못합니다. '아름다운 없다(×)', 보어나 목적어는 항상 명사이어야 합니다. '아름다울 수 없다(○)'에서처럼 의존명사 '수'가 덧붙여져야 합니다.

한(漢)나라 이전의 문장에서 나타나는 莫은 부정사에 조사가 덧붙여진 형태입니다. 고립어에서는 발생할 수 없는 문법구조이며 표기할 수 없는 방식의 문자입니다.

'莫+형용사'의 한나라 이전의 문법구조는 한국어에서는 아주 자연스럽게 구현되고, 한국 사람이라면 아주 간편하게 조어(造語)시킬 수 있을 것입니다. 이는 설명하였듯이 한국어의 '~ㄹ 수 없다'에 그대로 적용시켜서 어순만 바꾸면 되기 때문입니다. 아름다움에 대한 표현으로 '莫美'라고 한다면, '(더) 아름다울 수 없다'로 '앞으로 비견 가능한 그 어떤 것도 이것보다 아름다울 수 없다'의 의미가 됩니다. 즉, 아름다움을 부정하는 것이 아니라 앞으로 발생할 가정적인 상황에 대한 미완으로 강조의 표현을 나냅니다. 이는 한국어의 표현과 완전히 일치하는 구조입니다. 이 '莫+형용사' 결구는 분명 고대 중국 땅에서 한국 땅으로 전해진 조어이긴 하지만, 중국어에서 한국어로 전해진 것은 아닙니다.

여기서의 문제는 어순(語順)입니다. 이 어순은 변화되었을 가능성이 있습니다. 저작의 양에서나 질적인 면에서나 한문학계의 최고 권위자의 한 사람인 왕력(王力)의 표현을 빌자면, "원시 한문은 현재의 술어-목적어 구조가 아닌 목적어-술어 구조였다(『중국어 어법 발전사』)고 합니다. 이 '莫+형용사'는 형용사를 보어로 취하기 위하여 술어 성분이 의존명사를 포함한 형태이며, 원시적인 형태는 '형용사+莫'으로 한국어와 어순도 일치하는 것입니다.

天地玄黃
하늘땅은 까마득한 누리다

천자문의 첫 구문입니다. 천자문은 한문 문화권의 모든 국가는 물론이고, 서구에서도 출간이 되고 있습니다. 이 문장에서 말하는 '玄黃'은 하나의 관용구로서 '하늘과 땅의 색'이라고 자전적으로 의미 부여를 하고 있지만, 왜 하필이면 '검고 누르다'고 하는지는 상당한 난제(難題)가 있는 형용

(形容)입니다.

　땅의 색을 노란색으로 한 것은 세계 모든 사람에게 공통된 정서로 이해할 수 있지만, 하늘의 색은 그에 대응하여 靑[푸를 청]으로 해야 할 것입니다. 물론 하늘을 대우주(大宇宙)로 파악하여 그 끝없이 빛이 닿을 수 없는 공간으로서의 '검은색'이라고도 말할 수 있겠지만, 현대물리학에 의한 그런 관념이 거의 3천 년 전에 가까운 주역의 저술 시기(이 문장은 주역에도 나옵니다. [天玄而地黃, 『周易·坤卦』])에까지 있었을 리는 만무합니다. 이 검다가 왜 하늘의 색에 대한 형용인가에 대한 설명에는 적합하지 않습니다.

　한국어에서는 '검다'라는 색을 나타내는 형용사의 파생의미로서 독특한 용도가 있는데, 그것은 아득히 멀거나 도무지 닿을 수 없음에 대한 메타포로서의 '까마득함'입니다.

　또 黃에는 색명으로서 yellow 외에 '땅'의 의미와 '악취'의 의미도 있습니다. 황려(黃廬[초막 려])는 땅 밑이나 지하세계를 의미하며, 인신되어 구천(九天)을 말하기도 합니다. 여기서의 黃은 '땅'의 의미입니다. 노란색을 의미한다면, 황려(黃廬)는 '노란초막'으로 갈대나 풀로 만든 초가집이나 흙담집을 의미해야 하지만, 황려(黃廬)의 본래 의미는 '땅 집(동굴 집)'입니다. 황구(黃口)라고 하면 '노란 입'으로 새의 부리, 그 중에서도 새끼 새의 부리를 의미하기도 하지만, 본래는 '악취 나는 입'을 뜻하기도 합니다. 여기서의 악취는 아주 고약하고 역겨운 냄새가 아니라, 비린내 비슷한 냄새로 주로 젖비린내를 말합니다. 그래서 황구(黃口)는 아직 어리거나, 하는 행동이 어리석은 사람에 대한 비유어로 사용됩니다.

　한국어에서 '누르다(yellow)', '누리(world)', '누린내(bad smell)'는 서로 전혀 다른 의미를 가진 단어들이지만, '누ㄹ-'로 발음상의 동음을 가지고 있습니다. 黃의 인신(引伸)된 의미와 완전 일치하는 경우입니다 (현대 중국어에서 黃은 색깔의 의미만 남아 있지, 땅과 악취의 의미는 없습니다).

玄黃을 '검고 누르다'라고 한다면, 이 천자문 첫 문장은 전 세계 사람들이 다 관용구로 외워야 하겠지만, '까마득한 누리(땅/세상)'라고 한다면 한국 사람에게는 직설적인 입말 그대로의 표현일 것입니다.

현조(玄祖)는 한문 사전 상으로는 조상(祖上)을 의미합니다. 이 단어는 현대 중국인에게는 일종의 강식(强式)으로 그냥 외워야 하는 관용구일 뿐입니다. 즉 왜 '검은 할아버지'가 조상의 의미인지는 구어(口語)로 활용하는 형태가 아닙니다. 영어로 'black grandfather', 혹은 'black father'라고 한다면 이 역시 조상에 대한 메타포로 받아들여지지 않습니다. 한국 사람에게는 '까마득한 할아버지'로 글자 그대로의 직역이 가능합니다.

문자나 단어가 기본 의미에서 확장된 메타포가 입말에서 사용되고 있는가, 그렇지 않은가는 어떤 고대 언어의 기원을 밝혀내는 중요한 요소의 하나입니다. 천자문의 天地玄黃과 주역의 天玄而地黃은 한국 사람만이 직독(直讀) 직해(直解)할 수 있는 문장입니다.

爲善者 天報之以福.
爲不善者 天報之以禍 『明心寶鑑』

"선을 행하는 것에 하늘이 복으로써 보답할 것이고,
악을 행하는 것에 하늘이 재앙으로써 보답할 것이다."

『명심보감』첫 문장입니다. 이 문장에서 주목해야 할 부분은 '者'의 용법입니다. 者의 일반적인 분석은 명사접미사로서 '사람'을 뜻한다고 해 왔습니다. 확인해 본 바로는 한국어판의 모든 서적들에서 현대 중국어판 및 영어판, 일본어판까지 모두 '사람'으로 분석을 하여, 전체 문장의 풀이를 '선을 행하는 사람은 하늘이 복으로 보답한다' 입니다. 이 풀이에는 많은 문제점이 있는데, 가장 기본적인 문제는 한문 문법에서 주어 다음에 보어가 나타날 수 있는가입니다. 爲善者가 명사구로서 주어의 위치를 차지한다면 풀이상 다음에 오는 天은 보어가 됩니다. 이 보어가 다시 목적어 '以福'를 취하고 동사 '報'의 행위의 주체가 됩니다. 하지만 한문에서 이런 문법구조는 발생하지 못합니다.

    이 문장은 공자(孔子)가 한 말로 전해지고 있는데, 왜 공자는 이렇게까지 무미건조한 말로 제자들을 가르치고 사람들을 교화하려고 한 것일까? 여기서 우리는 지금으로부터 2천5백년 전 사람인 공자와 그 시대 사람들은 이런 정도의 말만으로도 충분히 훈계가 되었다고 생각할 순 없습니다. 이 하늘에 대한 개념은 인류의 문명과 거의 함께 해 온 모든 정의의 귀결점으로 작용해 오고 있었습니다. 지금의 사람이나 공자 시대 사람이나 이런 유의 말을 어떤 교육적인 목적으로 하지는 않았습니다.

    더군다나 공자가 활약했던 춘추시대는 주나라 말기 하늘의 아들로 여겨져 오던 천자(天子)들의 타락으로 인하여, 그 동안의 절대 귀결점이던 하늘의 의미는 상당히 퇴조를 한 상태로, 여기저기서 반란(反亂) 혹은 혁명의 형태로 일련의 집단들이 '하늘'의 개념에 대응하기 위한 새로운 비전(vision)을 제시하고 나왔는데, 그것이 도(道)이며, 그러한 집단들 중 대표적인 것이 유가(儒家)와 도가(道家)입니다.

    이런 상황에서 공자가 이런 말을 하고, 이를 후세에 남기기 위하여 기록하였다고 볼 수는 없습니다. 하지만 만약 이 문장이 가정적 상황에 견주어서 계고(戒告)하는 형식이라면 공자는 물론이고 현대인까지도 얼마든지 발화(發話)할 수 있을 것입니다.

者와 之의 문법적 개념을 기존과는 달리해서 풀이해 보겠습니다. 者는 '之+也'의 포합음(抱合音)이며, '之'는 한국어의 의존명사 '것'에 해당하며, '也'는 한국어의 조사 '~에'에 해당합니다. '爲善者'는 '선을 행하는 것에'가 되어, '爲善'이라는 하나의 문장(절)을 의존명사와 조사의 결합체인 '者'가 다음에 오는 독립된 문장 '天報福'에 연결시켜 주고 있습니다. 이는 단순한 단문과 단문을 연결해서 복합문을 만드는 것이 아니라, 접속사적인 문법구조의 의존명사 '者'가 앞 문장을 다음 문장의 한 성분화(주어) 시켜주고 있습니다.

이러한 의존명사에 의한 절 결합 방식은 어떤 한국어 학자는 오로지 한국어만의 특수성이라고도 합니다. 한국어의 절 결합 방식에서 앞 문장을 의존명사로 명사화시켰을 때, 자연스럽게 뒤 문장도 그에 맞추어 명사화시켜줍니다.

1. 선을 행하면 하늘이 복을 보답한다.
2. 선을 행하는 것이라면, 하늘이 복을 보답할 것이다.

'天報之以福'에서 '之'는 앞 문장이 '者'(之+也)에 의해서 성분화(成分化)됨으로써 다음 문장도 역시 하나의 문장 성분화하기 위하여 나타난 것입니다.

'以福'은 직역하여 '복을 사용하다' 입니다. '하늘이 복을 보답한다'라는 한국어 문장을 한문으로 표현한다면, '天報福' 세 글자이면 충분합니다. 이 구문이 단순서술문으로 사용되었다면 사용되지 않았을 것이지만, 앞 문장을 받아 뒤 문장에 나타난 상조사 '之'의 출현으로 명사간의 충돌을 회피하기 위한 용도이며, 다른 의미로의 풀이(天報之福 : 천보의 복, 혹은 동사 報가 이중목적어를 취한 형태)가 되는 중의성을 제거하기 위하여 사용된 것입니다. 경우에 따라서 적절히 생략해 버릴 수도 있고, 드러내어서 별도의 어기를 조성해 나가는 유동성(流動性)을 가지고 있는 것으로 한국어의 활용 방식과 거의 유사한 발화 방식이기도 합니다. 한문은 고립어라는 일반적인 정의에 대치되는 형식입니다.

이 문장의 화제(話題) '爲善'은 분명한 참고 사항이나 배경을 가지고 있는 것이 아니라, 일반적인 가정적 상황으로서 발화한 내용입니다. '爲善'은 분명 가정적인 상황이긴 하지만, 사람들의 관념상 진실, 즉 심정적인 진리라는 배경을 가지고 있는데, 이런 경우에는 가정조사를 사용하는 방식인 완곡법에 의하여 문장을 만들지는 않습니다. 이는 한국어에도 그대로 적용됩니다. '만약 선을 행하면 하늘이 복을 보답한다'는 문장은 한국어의 문법상 오류는 없지만, 관념상 사용하지 않는 문장입니다.

'若爲善 則天報福'과 같은 한문 문장도 이와 같은 개념으로 쓰이지 않습니다. '만약 선을 행하면 하늘이 복을 보답한다'와 같은 문장은 한국어로 '선을 행하는 것(경우)에 하늘이 복으로써 보답할 것이다'로 표현하는 것이 더 자연스러운 것입니다. 여기에 나오는 '~ㄹ 것이다'는 미래에 대한 가정적인 상황을 이끌어 내고 있습니다. '報之'에서 '之'는 의존명사로서 한국어의 '~ㄹ 것이다'와 꼭 같은 기능을 하고 있습니다.

지시성의 의존명사로서 가정적인 상황을 이끌어 오는 문법 구조는 한국어만의 특수성이라고도 합니다. 하지만 한문에서도 한국어의 특수성을 그대로 적용시킬 수가 있습니다.

한국어 : 선을 행하다 + 하늘이 복을 보답한다 = 선을 행하는 것에 하늘

이 복을 보답하는 것이다

 한문 : 爲善 + 天報福 = 爲善者 天報之以福.

 '동목구 + 者'에서 者를 명사접미사로 본다면 어족(語族)을 초월한 단순 서술문에 지나지 않지만, '의존명사+조사'의 형태인 '之也'의 합이라는 것은 한자와 한문을 처음 만든 사람들은 한국어와 같은 첨가어를 구사하였던 민족이 됩니다. 다른 모든 '동목구 + 者'에서도 '者'를 이와 같은 문법 개념으로 풀이하면, 한국어상의 특수성으로 존재하는 '의존명사 + 조사'에 의하여 발생하는 상과 시제에 그대로 적응되는 의미들을 도출해 낼 수 있습니다.

 '爲善者 天報之以福'라는 한문 문장은 한문이 중국어로부터 시작되지 않았다는 증거자료이기도 하며, 첨가어적인 사고, 그 중에서도 한국어가 아니면 완벽하게 이해하기 어려운 문장이기도 합니다.

결론

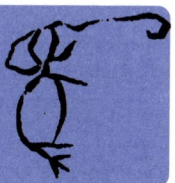

　상기의 갑골문 자형 풀이에서 논증되었듯이, 은 제국 당시 사람들의 입말에서, 舟[배 주]로 지칭되는 단어의 소리값은 (1)선박, (2)옷감, (3)사람 몸의 복부, (4)현상이나 증후가 나타나다는 의미의 형용사와의 소리값과 일치했습니다.

　한국어에서 상기의 네 가지 의미는 [배/베]로 구현되고 있습니다. 한국어 외에도 이와 동일한 소리값과 의미군을 만들어 낼 수 있는 언어가 또 있기는 어려울 것입니다. 그러므로 원형 북방어는 고대 배달어입니다. 북방어와 갑골문자와의 관계는 계승, 혹은 분파, 아니면 문명(文明)의 차용일 수 있습니다.

華夏蠻貊 罔不率俾
화하와 만맥이 모두 따르지 않음이 없었다

　위의 문장은 『서경(書經)』「무성(武成)」편에 나오는 글귀로 주나라가 폭군인 은나라 주임금을 물리치고, 천자(天子)의 나라로 성립되고 난 다음의 상황을 나타내고 있는 내용입니다.

　여기서의 華夏는 현대 중국인의 선조로 알려져 있는 '한족'을 스스로가 높여 부르는 용어입니다. 직역하여 '빛나고 크다'. 華夏를 이 정의에 따라 이 문장을 보다 구체적으로 풀이하면, '천자국(天子國) 은나라의 폭

압에 맞서 당시의 제후국이었던 다른 많은 한족은 물론이고 변방의 오랑캐들마저도 주나라를 따르고 섬겼다'는 정도가 될 것입니다.

하지만 이는 하나라에서 은나라, 다시 주나라로 이어지는 대제국의 흥망성쇠가 모두 한족에 의한 것이었다는 일종의 선입견에 의한 것에 지나지 않습니다. 2천 년 전 사람이 3천 년 전의 일을 기록하였다면, 그 기록의 진실과 왜곡 범위를 알아내기란 불가능할 것입니다. 어떤 사실을 투영하고 반영하고 있을 뿐입니다. 아무런 사전 지식 없이 오직 언어학적인 견해로 이 문장을 접하고 분석한다면, 이 문장에는 분명 3가지 부류의 사람이 등장합니다. 주나라와 華夏와 蠻貊 세 부류 사람들입니다. 華夏와 蠻貊이 모두 섬겼던 주나라는 과연 누구인가? 한족이라고 할 수 있는가? 또 이 문장 속에는 주나라 창건 전에 이미 중국 대륙은 다수의 민족들이 공동체를 이루고 있었음도 드러납니다. 그렇다면 주나라 말기에 발생한 춘추전국의 여러 영웅들과 제가백가들은 모두 누구인가? 그들 모두가 한족이라고 할 수 있는가?

중국은 고대 중국 땅에 있었던 일련의 역사를 왜곡, 자신들의 역사로 편입하기 위하여 동북공정이란 전혀 새로운 역사서를 집필하고 있습니다. 동북공정의 기저가 되는 것으로 갈석산의 위치입니다. 현재의 평양에 한사군의 하나인 낙랑군을 설치하였으며, 그곳에 갈석산이 있다는 주장에서부터입니다.

樂浪郡 遂城縣 有碣石山 長城所起
낙랑군 수성현에 갈석산이 있으며, 만리장성이 기점이 된 곳이다

『사기(史記)』「태강지리지(太康地理志)」편에 나오는 글귀입니다. 이 문

장에 의해서라면 갈석산은 평양의 대동강 유역이 아닌 대륙 동북의 난하 유역에 있는 것입니다. 낙랑군의 위치도 난하 유역이 됩니다.

夾右碣山 入于河
갈산을 우측에 끼고서 황하로 들어온다

『서경(書經)』「우공(禹貢)」편에 나오는 글귀입니다. 문장상으로 갈석산의 정확한 위치를 알 수는 없겠지만, 평양과는 전혀 무관한 곳임은 분명합니다.

분명한 역사 사료이긴 하지만, 풀이하는 방법에 따라 얼마든지 궤변을 발생시켜 새로운 억지 주장을 펼칠 수는 있을 것입니다. 뿐만 아니라 수천 년 쌓이고 쌓인 저서(著書)들 더미에서 이에 대응할 수 있는 문장은 또 얼마든지 있기도 할 것입니다.

하지만, 문장으로 전달하고자 하는 의미는 정치적인 상황에 따라 얼마든지 왜곡 혹은 날조가 가능하지만, 행간과 자간 사이사이에 스며있는 언어인류학에는 그 무엇으로도 부정할 수 없는 역사의 진실이 드러납니다. 하은주에서 진시황까지는 언어학적으로 한족의 나라일 수 없습니다.

태조(太祖) 이성계(李成桂)는 새로 나라를 창업(創業)하고 국호(國號)를 '조선(朝鮮)'이라고 하였습니다. 바로 단군조선(檀君朝鮮) 배달민족(倍達民族)의 후예임을 드세운 것입니다. 이 조선이라는 국호에서 朝[아침 조]자는 한국과 중국은 물론이고 한자문화권(漢字文化圈)의 모든 나라에서 최고통치기관(最高統治機關)의 대명사(代名詞)로 지금까지도 사용되고 있습니다.

朝의 우측 부분 月[달 월]자는 이전의 자형에서는 舟[배 주]자로 사용되고 있습니다. 앞의 갑골문 자형 분석에서 충분히 논증 되었듯이 '배/베'라는 음을 나타내기 위한 대표적 상형성의 표음자(表音字)로 사용된 것이며, 또 肉[고기 육]자가 글자의 변[邊, 좌측 세로 부분]에 사용될 경우는 月자로 쓰이고, '육달월 변'이라고 지칭합니다.(ex. 腸[창자 장]에서 月은 肉의 변형입니다) 이 月과 肉은 갑골문에서도 이미 혼용(混用)되고 있는데, 이 혼용의 조건은 소릿값이 같았기 때문입니다. 한국어에서 '달'은 밤하늘에 빛나는 달 외에도 '껍질이 살갗에서 벗겨져 있는 상태'를 말합니다. 肉은 일반적으로 '저민/썬 고기'의 상형이라고 합니다. 朝의 우측 부분인 月이 '배'와 '달'이라는 음을 동시에 머금고 있는 것이며, 좌측 부분은 倝[이를 조], 旦[아침 단]의 상부에 十자 모양을 덧붙인 것(倝[해가 뜰때 햇빛이 빛나는 모양 간]의 원자)으로, 이는 '(아침 해가 벌겋게) 달아오르다'라는 한국어의 관용 표현에서 '달'이란 음을 나타내기 위한 표음자(表音字)로 사용된 것입니다.

고조선(古朝鮮)을 뜻하는 고유명사(固有名詞)로 시작되어, 최고통치기관의 대명사(代名詞)로 현재까지 사용되고 있는 이 朝 자(字)는 다름이 아니라 [배달]이라는 소릿값을 나타내기 위한 상형성(象形性)의 표음문자(表音文字)인 것입니다.

이 북방어(北方語) 가설(假說)은 앞으로 또 추가 논증(論證)하겠습니다.

PART
1

천자문 본문풀이

1 天地玄黃 하늘땅은 까마득한 누리다

[하늘 천] [따 지] [검을 현] [누를 황]

◆ (주+술) 구조의 문형 - 天地(주)玄黃(술)

- 玄과 黃은 본래 각기 형용사이지만, 자동사로 사용되었습니다(한문과 한국어에서 형용사는 문장의 술어로서 자동사로 사용됨).

- 이러한 연속된 동사의 사용을 연동식(連動式) 구문이라고 합니다.

◆ 天地 : 하늘땅. 각기 독립된 단어가 함께 자주 사용됨에 따라 별도의 의미나 어기를 가진 단어로 합쳐지는데, 이런 경우를 '합성어(合成語)'라고 합니다. 한국어에서 '하늘과 땅'은 잦은 사용으로 인하여 '하늘땅'으로 합성어가 되었습니다. 天地는 합성어입니다. 합성어와 비합성어의 구분은 때로 모호한 경우가 많이 발생하기도 합니다. 문맥에 맞추어서 풀이해야 합니다.

- 명사간의 접속사로는 與[더불어 예]가, 동사나 형용사간의 접속사로는 而[말이을 이]가 사용됩니다.

◆ 天與地玄而黃 / 하늘과 땅은 까마득한 누리다

◆ 천자문은 한자 문화권의 모든 국가는 물론이고, 서구에서도 출간이 되고 있습니다. 이 문장에서 말하는 '玄黃'은 하나의 관용구로서 '하늘과 땅의 색'이라고 자전적으로 의미 부여를 하고 있지만, 왜 하필이면 검고 누

르다고 하는지는 상당한 난제가 있는 형용입니다. 땅의 색을 'yellow'로 한 것은 세계 모든 사람에게 공통된 정서로 이해될 수 있지만, 하늘의 색은 그에 대응하여 靑[푸를 청]으로 해야 할 것입니다. 물론 하늘을 대우주로 파악하여 그 끝없어 빛이 닿을 수 없는 공간으로서의 '검은색'이라고도 말할 수 있겠지만, 현대물리학에 의한 그런 관념이 주역의 저술 시기(이 문장은 주역에도 나옵니다)에까지 있었을 리는 만무합니다. '검다'가 왜 하늘의 색에 대한 형용인가에 대한 설명에는 상당한 난제가 있습니다.

한국어에서는 '검다'라는 색을 나타내는 형용사의 파생의미로서 독특한 용도가 있는데, 그것은 아득히 멀거나 도무지 닿을 수 없음에 대한 메타포로서의 '까마득'입니다.

또 黃에는 색명으로서 yellow 외에 '땅'의 의미와 '악취'의 의미도 있습니다. 황려(黃廬[초막 려])는 땅 밑이나 지하세계를 의미하며, 인신되어 구천(九天)을 말하기도 합니다. 여기서의 黃은 '땅'의 의미입니다. 노란색을 의미한다면, 황려(黃廬)는 '노란초막'으로 갈대나 풀로 만든 초가집이나 흙담집을 의미해야 하지만, 황려(黃廬)의 본래 의미는 '땅 집(동굴 집)'입니다. 황구(黃口)라고 하면 '노란 입'으로 새의 부리, 그 중에서도 새끼 새의 부리를 의미하기도 하지만, 원 의미는 '악취 나는 입'을 의미하기도 합니다. 여기서의 악취는 아주 고약하고 역겨운 냄새가 아니라 비린내 비슷한 냄새로 주로 젖비린내를 말합니다. 그래서 황구(黃口)는 아직 어리거나 하는 행동이 어리석은 사람에 대한 비유어로 사용됩니다.

한국어에서 '누르다(yellow)', '누리(world)', '누린내(bad smell)'는 서로 전혀 다른 의미를 가진 단어들이지만, '누ㄹ-'로 발음상의 동음을 가지고 있습니다. 黃의 인신(引伸)된 의미와 완전 일치하는 경우입니다(현대 중국어에서 黃은 색깔의 의미만 남아 있지 땅과 악취의 의미는 없습니다).

 玄黃을 '검고 누르다'라고 한다면, 이 천자문 첫 문장은 전 세계 사람들이 다 관용구로 외워야 하겠지만, '까마득한 누리(땅/세상)'라고 한다면 한국 사람에게는 직설적인 입말 그대로의 표현일 것입니다.

 현조(玄祖)는 한문 사전상으로는 조상(祖上)을 의미합니다. 이 단어는 현대 중국인에게는 일종의 강식(强式)으로 그냥 외워야 하는 관용구일 뿐입니다. 영어로 'black grandfather', 혹은 'black father'라고 한다면 조상에 대한 메타포로 받아들여지지 않습니다. 중국을 포함해서 한문을 배우는 영어권 사람에게라면 이 단어는 억지로 외워야 하는 것이지만, 한국 사람에게는 '까마득한 할아버지'로 글자 그대로의 직역이 가능합니다.

 문자나 단어가 기본 의미에서 확장된 메타포가 입말에서 사용되고 있는가, 그렇지 않은가는 어떤 고대 언어의 기원을 밝혀내는 중요한 요소의 하나입니다.

 한자와 한문이 '고대중국어'라는 잘못된 개념은 우선 벗어버리기 바랍니다. '玄'의 고대 원음은 '[g, k]' 계열이라고 합니다. 한국어의 '검다, 컴컴하다'와 관련이 있습니다. 5천년 전 쯤 한국 사람의 '검고 누렇다'라는 발음은 지금과는 사뭇 달랐을 것이며, 이 발음이 한족에게 전래되었을 때 '[xuám huáng]'으로 발음될 가능성은 얼마든지 있습니다.

 역으로 설명하자면, '하늘은 까마득하고, 땅은 누리다'라는 문장을 한국어를 제대로 익히지 못한 중국 사람이나 영어권 사람에게 재번역을 시킨다면, '하늘은 검고, 땅은 노랗다'라고 할 것입니다. 그리고 하늘이 검다고 한 이유에 대하여서는 '하늘은 위에 덮고 있기 때문이다'(「주자(朱子)」)라는 식의 억지스러운 설명을 대기도 할 것입니다.

2 宇宙洪荒 우주는 넓고 거칠다
[집 우] [집 주] [넓을 홍] [거칠 황]

◆ (주+술) 구조의 문형입니다. 宇宙(주)洪荒(술)

◆ 宇宙 : 천지(天地)와 고금(古今), 시간(時間)과 공간(空間)을 아우르는 개념.
- 묘사문으로 宇宙는 의미상의 주어가 아닌 형식상의 주어로 보어(주격보어)입니다.
- 문법상 주어란 동사의 행위자입니다. 宇宙는 주어이지만 洪과 荒의 행위자가 되지 못합니다. 스스로 넓거나 거칠지 못합니다. 이런 문장을 화자에 의해서 묘사되어지는 문형이라고 해서 '묘사문'이라고 합니다. 이런 경우의 주어는 사실상의 주어가 아닌 보어이며, 묘사문의 주어를 '주격보어'라고 합니다.

◆ 洪荒 : 넓고 크다. 태고(太古), 천지(天地)의 의미로도 사용됩니다.

◆ 명사간의 접속사로는 與[더불어 여]가, 동사·형용사 간의 접속사로는 而[말이을 이]가 사용됩니다. ex. 宇與宙 洪而荒 / 우(宇)와 주(宙)는 넓고도 거칠다

Part 01_천자문 본문 풀이 | 49

3 日月盈昃 해와 달은 차고 기운다
[날 일] [달 월] [찰 영] [기울 측]

◆ (주+술) 구조의 문형입니다. 日月(주어)盈昃(술어)

◆ 복합문으로 분석할 수도 있습니다.
- [가정/조건절] + [결과절]
  [日月(주)盈(술)] + [昃(독립술어절)]
- 가정/조건의 결과절은 접속사 '則[곧 즉]'이 이끕니다.
  ex. 日月盈則昃 / 해와 달은 차면 기울어진다
- 접속사 而와 則의 차이점은 而는 연결된 양쪽의 독립성이 강한 반면, 則에 의한 연결은 전체를 하나의 문장화한다는 것입니다. 앞 절(문장)을 하나의 문장 성분화(주로 주어)한다는 것입니다. 日月盈而昃 / 해와 달은 차고 기운다

4 辰宿列張 별자리가 벌려지고 펼쳐지다
[별 진] [별자리 수] [벌릴 렬] [베풀 장]

◆ (주+술)구조의 문형입니다. 辰宿(주어)列張(술어)

◆ 辰宿 : 별자리. 성수(星宿). 성좌(星座) 宿은 [잠잘 숙]으로도 훈독됩니다.

◆ 列張 : 벌려지고 펼쳐지다. 두 동사가 나란히 병치되어 술어로 사용되고 있습니다. 이런 경우를 '동사연동'이라고 합니다.

5 **寒來暑往** 추위가 오면 더위가 간다
[차가울 한] [올 래] [더울 서] [갈 왕]

◆ (주+술) 구조의 두 절(節)이 대등하게 연결된 복문입니다. [寒(주)來(술)] + [暑(주)往(술)]

6 **秋收冬藏** 가을에 거둬들이고 겨울에 갈무리 한다
[가을 추] [거둘 수] [겨울 동] [감출 장]

◆ (부+술) 구조의 두 절이 대등하게 연결된 문형입니다. [秋(부)收(술)]+[冬(부)藏(술)]

- 이런 대등절이 연결된 구문은 접속사 '而(그리고)'로 연결시킬 수 있습니다. ex. 秋收而冬藏

7 閏餘成歲 윤달이 해를 완성한다

[윤달 윤] [남을 여] [이룰 성] [해 세]

◆ (주+술+목)의 문형입니다. 閏餘(주어)成(술어)歲(목적어)

- 일반적인 정의에서 주어는 동사의 행위자이어야 합니다. 하지만, 이 문장에서 주어 閏餘는 동사 成의 행위자가 아닙니다. 그렇다고 첫 문장(天地玄黃)처럼 술어가 형용사로 이루어진 묘사문도 아닙니다. 이러한 경우에는 동사를 사역(형)동사로 의미를 전성시켜서 풀이해야 보다 명확한 의미의 전달이 가능합니다.

'윤달이 해를 완성시킨다' or '윤달이 해를 이루어지게 한다'

이런 경우를 한문 문법상에서는 '일반동사의 사역동사화' 등이라는 용어로 규정을 하고 있습니다.(사역동사 '被[입을 피], 見[볼 견]' 등으로 피동문을 이루는 것에 대하여 일반동사로 피동이나 사역형의 문장을 이루는 것을 말함)

◆ 閏餘 : 1. 음력 1년과 회귀년(回歸年)을 비교하여 남는 시간. 2. 윤달. 윤삭(閏朔), 윤월(閏月).

◆ 成歲 : 1. 한 해가 됨(成이 완성됨을 의미). 2. 때로 풍속(風俗)을 의미하기도 합니다.

8 **律呂調陽** 율려는 음양을 조화시킨다
[법률] [법려] [고를 조] [볕 양]

◆ (주+술+목)의 문형입니다. 律呂(주)調(술)陽(목)
- 앞 구절에서처럼 律呂를 도구의 부사어로 볼 수도 있음. '율려로 음양을 조화시킨다.'

◆ 律呂 : 악률(樂律)을 교정하던 기구로, 12개의 지름은 같지만 길이가 서로 다른 대나무관이나 금속관으로 만들어졌으며, 홀수에 해당하는 6개의 관(管)을 律, 짝수에 해당하는 6개의 관을 呂라고 함. 또 육률(六律)은 양성(陽聲)에 속하고, 육려(六呂)는 음성(陰聲)에 속한다고 함. 인신(引伸)되어 준칙이나 표준의 비유어로 사용됩니다.

◆ 調陽 : 음양을 조화시킨다. 악기소리를 맞춘다.
- 원래는 調陰陽으로 '음양을 조화시킨다'이나 4자에 맞추기 위하여 陰[그늘 음]을 생략한 형태입니다.
- 또 陽에는 '맑은소리'의 뜻이 있어, 맑은소리를 악기소리(맑은 준칙)로 보아, '맑은소리(악기소리)를 맞춘다/조화시킨다'로 풀이할 수도 있습니다.

9 雲騰致雨 구름이 올라서 비를 내리게 한다
[구름 운] [오를 등] [이를 치] [비 우]

◆ (주+술)과 (술+목)의 두 절이 원인과 결과로 결합한 복문입니다. [雲(주어)騰(수어)]+[致(술어)雨(목적어)]

◆ 致는 '이르다, 이룩하다, 성취하다'의 뜻 외에 '부르다'나 사역형 동사로서 '~하게 하다'의 뜻도 있습니다.
- 至[이를 지]도 동사로서 '이르다, 도달하다'의 뜻입니다. 致와의 차이는 至는 객관적인 '도착하다, 이르다'의 뜻인 반면, 致는 '~하게 하다, 불러들이다'로 보다 강한 의도성을 내포합니다(치닫다). 이는 한국어에서 동사의 어근에 접미사 '~이, ~히, ~기, ~리'가 붙어서 피동형이나 사역형, 또는 존칭 등으로 전성이 되는 것(ex. 눕다+히=눕히다)과 거의 동일한 현상입니다.

◆ 至[지]+'~히'=치[致]
◆ 至+攵[칠 복]=致. 攵은 손에 몽둥이를 들고 있는 형상으로 '행동하게 만들다/~하게 하다'의 뜻을 내포하고 있습니다. 이런 접미사가 동사의 어근에 결합하는 언어 방식은 한국어와 같은 첨가어의 현상이기도 합니다.

10 **露結爲霜** 이슬이 맺혀서 서리가 된다
[이슬로] [맺을결] [할위] [서리상]

◆ (주+술)과 (술+보)의 두 절이 원인과 결과로 결합한 문형입니다. [露(주어)結(술어)]+[爲(술어)霜(보어)]

◆ 爲霜 : 서리가 되다.
- 爲(~되다) : 일종의 계사(繫辭 : 한국어의 '~이다'에 해당)로서 판단의 어감(語感)을 함의(含意)하는 경우가 많습니다. A爲B(A는 B이다)에서 爲의 본뜻은 '행동하다, 행위하다'의 뜻이며, 爲보다 강한 의지에 의한 경우에는 '作[일으킬 작]'을 사용합니다. 作에는 '억지로'의 어기가 함의되어 있습니다. 作爲란 '억지로 행함'의 뜻입니다.

11 **金生麗水** 금은 여수에서 생산된다
[쇠금] [날생] [고울려] [물수]

◆ (주+술+보)의 문형입니다. 金(주어)生(술어)麗水(보어)
- 生이 불완전 자동사로 위치·장소의 보어인 麗水를 취하고 있습니다.
- 위치·장소의 보어는 개사(介詞) '於(~에(서), ~로부터)'에 의해서

유도됩니다.

　　金生於麗水 / 금은 여수에서 나온다/생산된다

　◆ 麗水 : 지명으로 운남성(雲南省)의 금사강(金沙江)을 말합니다.

12　**玉 出 崑 崗**　옥(玉)은 곤륜산에서 나온다
　　[옥옥] [날출] [메곤] [메강]

　◆ (주+술+보)의 문형입니다. 玉(주어)出(술어)崑崗(보어)

　◆ 出 : '출토되다'의 뜻. 앞 구문의 生에 비하여 보다 인위적/의지적인 요소가 가미된 '나오다'의 뜻입니다.
　◆ 崑崗 : 곤륜산(崑崙山). 서장(西藏)에 있는 산으로 예로부터 옥의 산출지로 유명합니다.

13　**劍 號 巨 闕**　칼은 거궐을 호명한다(부르짖는다)
　　[칼검] [부를호] [클거] [대궐궐]

　◆ (주+술+목)의 문형입니다. 劍(주어)號(술어)巨闕(목적어)

◆ 일반적으로 문장에서 주어란 동사의 행위자를 말합니다. 하지만 이 문장에서 주어 劍은 동사 號의 행위자가 아닙니다. 이 문장에서 동사 號의 행위자는 화자(話者)를 포함하여 '칼에 대하여 논하는 사람 제반' 입니다. 즉 劍은 주어가 아닌 보어(주격보어)입니다. 이러한 경우 앞 구문에서도 나왔듯이 동사를 사역형이나 피동형으로 하여 '불리어진다'로 풀이하기도 하지만, 문장을 주어와 서술어의 개념이 아닌 '화제(話題-topic)와 논평(論評-comment)'의 구조로 보아 '칼은 거궐을 호명한다'로 풀이하면 됩니다.

이 화제/논평 구조는 한국어와 한문에 더욱 적합한 문법구조이기도 합니다. 이 말은 문장의 구성 성분을 화제 부분과 논평 부분으로 분석한다는 것이 아니라(그러한 형식의 분석은 문법구조적인 분석을 말하는 것입니다) 발화하는 방식 자체에 대한 적합성에 대한 이야기입니다. 현대 중국어와 영어에서는 발화하는 방식 자체가 이런 화제/논평 구조는 아닙니다.

◆ 巨闕 : 와신상담(臥薪嘗膽)의 주인공이기도 한 춘추전국(春秋戰國)시대 월왕(越王) 구천(句踐)의 보검(寶劍)으로, 구천이 숙적(宿敵) 오(吳)나라를 멸망시키고 얻은 여섯 자루의 보검 중의 하나입니다. 鉅闕.

-거의 2천5백년이나 된 월왕의 검은 녹 하나 슬지 않은 모습으로 발굴되기도 했습니다. 1천2백년 훨씬 전의 성덕대왕신종(聖德大王神鐘-에밀레종)은 무게가 25톤에 이른다고 합니다. 근데 이 종을 매달고 있는 굴대 역할을 하는 용뉴는 현대과학으로도 그와 같은 직경에서 25톤의 무게를 견딜 수 있는 강도를 가진 금속을 만들지 못한다고 합니다.

14 **珠稱夜光** 구슬로는 야광(夜光)을 일컫는다
[구슬 주] [일컬을 칭] [밤 야] [빛 광]

◆ (주+술+목)의 문형입니다. 珠(주어)稱(술어)夜光(목적어)

◆ 夜光 : 밤에 빛난다는 진주(珍珠)로 야광주(夜光珠)를 말함. 야명주(夜明珠), 야광벽(夜光璧). 때로 개똥벌레나 달의 이칭(異稱)으로도 사용됩니다.

15 **果珍李柰** 과일로는 오얏과 능금을 보배로 여긴다
[열매 과] [보배 진] [오얏 리] [벚나무 내]

◆ (주+술+목)의 문형입니다. 果(주어)珍(술어)李柰(목적어)

◆ 동사와 목적어(/보어)의 관계는 일반적으로 지배와 피지배의 관계입니다. 하지만 이 문장에서처럼 '목적어=술어'의 형식을 가지고, 그것이 爲(~이다) 동사와 같은 판단의 어감이 아닌 형용의 어감을 지닐 때 의동용법(意動用法)이라고 합니다. 의동이란 인정한다는 의미로 '~라고 여기다, 간주하다'의 뜻입니다. 어떤 술어가 피동형이나 의동형으로 사용되었는지는 전체적인 문맥을 통하여 파악해야 합니다.

◆ 의동용법이 아닌 의동동사로는 '以A爲B', '以爲B'(A를 B로 여기다)가 있습니다. '以 A 爲 B'를 직역한다면, 'A를 사용해서 B로 만들다'입니다. ex. 以李柰爲珍, 以爲李柰珍

16 **菜重芥薑** 나물로는 겨자와 생강이 중요하다
[나물 채] [무거울 중] [겨자 개] [생강 강]

◆ (주+술+보)의 문형입니다. 菜(주어)重(술어)芥薑(보어)
- 重은 '무겁다, 중요하다'는 뜻의 형용사입니다. 한문과 한국어에서 형용사는 항상 자동사(이 문장에서는 불완전자동사)로 사용됩니다.
◆ (주+술+목)의 문형으로 풀이할 수도 있습니다.
菜(주어)重(술어)芥薑(목적어) / 나물로는 겨자와 생각을 중요하게 여긴다
- 앞 구문과 마찬가지로 重을 의동용법으로 본 풀이입니다.(형용사의 의동용법)

17 **海鹹河淡** 바다는 짜고 강은 담담하다
[바다 해] [짤 함] [물 해] [싱거울 담]

◆ (주+술) 구조의 두 절이 대등하게 연결된 문형입니다. [海(주어)鹹

(술어)]+[河(주어)淡(술어)]

◆ 而[말이을 이]는 절과 절, 동사나 형용사 간의 접속사로 사용됩니다('그리고'에 해당). 與[더불어 예]는 구와 구, 명사 간을 이어주는 역할을 합니다('과/와'에 해당).
- 다르게 표현하여 而는 행위/성질을 이어주며, 與는 사물을 연결시켜주는 역할입니다.

海鹹而河淡 / 바닷물은 짜다. 그리고 강물은 담담하다
海與河鹹而淡 / 바다와 강물은 짜고 담담하다

18. 鱗潛羽翔 비늘로 자맥질하고, 날개로 난다
[비늘 린] [잠길 잠] [깃 우] [날개 상]

◆ (부+술)의 두 절이 대등하게 연결된 문형입니다. [鱗(부사어)潛(술어)]+[羽(부사어)翔(술어)]
- 鱗과 羽가 술어 潛와 翔의 도구/수단의 부사어로 사용되고 있습니다.

◆ 潛 : 자맥질하다, 헤엄치다. '자맥질'에서 [자맥]의 축약음은 [잠]입니다. 한국어 '(물에) 잠기다'에서의 잠은 한자 '潛'으로부터 차용된 어감이 아니라, 본래 있던 순우리말의 어감입니다. 종성발음 [-m]은 현대 중국인이 발음하기 어려운 것 중의 하나입니다. '잠'의 고대 원음은 한국 한자어 [잠]과 동일합니다.

◆ 翔 : 날다. 飛는 위로 솟구쳐 오르는 도약의 날갯짓인 반면, 翔은 선회(旋回) 혹은 수평 이동의 개념입니다.

19 **龍師火帝** 용사(龍師)이고 화제(火帝)이다
[룡 용] [스승 사] [불 화] [임금 제] (용의 벼슬이고, 불의 임금이다)

◆ 두 명사구가 나란히 술어로 사용된 문형입니다. [龍師(명사술어)]+[火帝(명사술어)]

◆ 龍師 : 중국 전설에 복희씨(伏羲氏)가 세상을 다스리던 때에 황하(黃河)에서 용마(龍馬)가 나왔는데, 이를 보고 벼슬의 이름을 용의 명칭으로 정했다고 합니다(師는 [벼슬 사]로도 훈독됨). 또 龍師는 복희씨를 지칭하기도 합니다. 복희씨가 처음으로 문자를 만들어 문명(文明)이 시작되었기에 '천룡(天龍)의 덕(德)을 갖춘 스승'으로 龍師라고 불립니다.

◆ 火帝 : 염제(炎帝) 혹은 신농씨(神農氏)를 말합니다. 백성들에게 농사짓는 방법과 음식을 불에 익혀 먹는 화식(火食)을 처음 가르친 것으로 전설상으로 전합니다. '火'는 밝음, 훤히 비추어짐을 의미하여, 천하를 밝게 다스림을 나타냅니다.

◆ 용무늬와 불꽃 무늬는 고대로부터 제왕의 옷에 장식되기도 했습니다.

20 鳥官人皇 새의 벼슬이고, 사람의 임금이다
[새 조] [벼슬 관] [사람 인] [임금 황]

◆ 두 명사구가 나란히 술어로 사용된 문형입니다. [鳥(수식어)官(피수식어)]+[人(수식어)皇(피수식어)]

◆ 鳥官 : 황제(黃帝)의 아들인 소호씨(少昊氏)가 통치할 때 성인(聖人)이 나올 때 출현한다는 봉황(鳳凰)이 나타나 상서로움을 알려준 것에서 새의 이름으로 관직명을 정한 것을 말합니다. 황제(黃帝) 헌원(軒轅)은 도교(道教)의 시조(始祖)로 추앙받으며, 그의 아내는 누에를 치고 비단실을 뽑는 방법을 백성들에게 가르쳐 준 사람으로 알려지고 있습니다.

◆ 얼마 전 중국 산동반도에 우리나라 크기만 한 넓이의 대문구문명권(大汶口文明圈)이 발굴되었는데, 시대는 거의 6천년 전의 것이라고 합니다. 여기에서 갑골문자와도 형태가 다른 문자가 발굴되었고, 그 문자들 속에는 소호씨(少昊氏)라는 통치자 이름이 나오기도 하였답니다. 직접 발굴에 참여한 학자의 발표에 따르면, 한족의 문화가 아닌 동이족(東夷族)의 문명이라고 합니다.

이런 중국 고대 문명에 대한 발표는 이것만 있어 왔던 것은 아닙니다. 어떤 고대 문명의 유적지가 발굴되었을 때, 그 문화가 어디에 속한 것인지에 대한 판단은 기물에 의한 것이라기보다는 언어나 문자열에 의한 것입니다. 기물의 경우야 얼마든지 왜곡, 변조가 가능한 것이지만, 문자의 경우 그 문자가 가지는 언어인류학은 변조 자체가 불가능하기 때문입니다.

한문이라는 문자 언어의 개념이 발생한 가장 이른 시기의 문헌에 의하면, 한문의 문장구조는 지금의 '주어+술어+목적어' 구조가 아닌, '주어+목적어+술어', 즉 한국어와 동일한 어순이었습니다.

21 **始制文字** 처음으로 문자를 지었다
[비로소 시] [지을 제] [글월 문] [글자 자]

◆ (부+술+목)의 문형입니다. 始(부사어)制(술어)文字(목적어)

◆ 始 : 비로소, 처음으로. 동작이나 행위가 발생하기 시작하였음을 나타냅니다.
◆ 制 : 짓다, 만들다.

22 **乃服衣裳** 이에 옷을 입었다
[이에 내] [옷 복] [옷 의] [치마 상]

◆ (부+술+목)의 문형입니다. 乃(부사어)服(술어)衣裳(목적어)

◆ 乃 : 접속부사로 '이에'의 의미입니다.
◆ 服 : 옷을 입다, 착복하다. 이 문장에서는 단순한 옷의 입음이 아니라, 예법에 맞는 복식 규정이 생겨났다는 의미입니다.

◆ 衣裳 : 의복(衣服). 본래는 상의[衣]와 치마[裳]를 뜻하는 합성어였지만, 인신되어 의복의 총칭으로 사용되기도 하며, 임금이나 덕망 있는 선비의 비유어로도 사용됩니다.

23 推位讓國 자리를 추어주고 나라를 양보하였다
[밀 추] [자리 위] [사양할 양] [나라 국]

◆ (술+목) 구조의 두 절이 대등하게 연결된 문형. [推(술어)位(목적어)]+[讓(술어)國(목적어)]

◆ 推位 : 자리를 추어주다.
- 推는 [추]와 [퇴]로 읽혀지는데, [추]로 읽혀질 때는 상대방을 '추어서' 밀어줌을 의미하며, [퇴]로 읽힐 경우는 자신이 밀려나거나 물러남을 의미합니다. ex. 추양(推讓) : 양보하고 사양함. 추사(推辭[말씀/사양할 사])

◆ 이 문장은 요순지치(堯舜之治)를 말하고 있습니다.
- 요순지치(堯舜之治) : 천자(天子)의 자리를 혈연이나 권력투쟁에 의하지 않고, 덕(德)이 높은 성인(聖人)에게 물려줌을 의미함. 이러한 방식의 추양(推讓)은 요와 순 다음의 우(禹) 임금까지만 이어진 것으로 알려져 있습니다.

24 **有虞陶唐** 유우씨(有虞氏)와 도당씨(陶唐氏)이다
[있을 유] [나라이름 위] [질그릇 도] [당나라 당]

◆ 두 명사가 나란히 술어로 사용된 형식입니다.[有虞(명사술어)][陶唐(명사술어)]

◆ 有虞 : 고대 중국 전설상의 부족/국가명입니다. 순(舜) 임금이 요(堯) 임금에게 천자(天子)의 자리를 선양(禪讓)받기 전에 이 부족의 영수(領首)였다고 합니다.

- 有 : 명사접두어(名辭接頭語). 국가명, 지명, 부족명 등의 앞에 사용됩니다. 이는 동일한 글자나 음이 함의하는 많은 의미들로 인하여 발생하기 쉬운 중의성을 제거하는 기능입니다. 그렇다고 모든 명사의 앞에 다 사용되는 것은 아니고, 제한적, 혹은 관습에 의하여 사용됩니다. 유사한 기능의 글자들로는 於[어조사 에], 句[구절 구] 등이 있습니다.

◆ 陶唐 : 요(堯) 임금을 지칭하는 고유명사입니다. 처음에 도(陶)에 봉해졌다가(건국하였다고도 함) 나중에 당(唐)에 봉해졌으므로 '陶唐' 혹은 '陶唐氏'라고도 부릅니다. 후대의 당나라는 요임금의 당나라를 숭상한다는 의미에서 정한 나라 이름입니다. 堯는 '高[높을 고]'와 의미와 음이 통합니다. 요임금을 당요(唐堯)나 당고(唐高)라 부르기도 합니다. 요임금과 순임금 모두 동이족으로 알려져 있습니다.

◆ 有虞는 부족의 명칭이면서도 순임금을 지칭하는 고유명사이기도 합니다. 이 순임금에서 우(禹)임금으로 대통이 이어지고, 우임금이 하나라

를 세우고, 하나라부터는 세습에 의하여 왕통이 이어집니다.

또, 밝혀진 바에 의하면 하나라의 건국보다 100년 이상 앞서 고조선(古朝鮮)이 건국됩니다. 하나라의 멸망과 은나라의 건국, 은나라의 멸망과 주나라의 건국까지는 모두 고조선의 허가와 힘을 빌려서 이루어지며, 주나라는 말기에 대혼란(춘추전국)에 빠지게 됩니다. 이 혼란은 지배권의 타락 혹은 천재지변 등과 같은 요소에 의한 권력의 붕괴에 의한 것으로 지배민족에 대한 피지배 민족의 반란 형식입니다.

하나라 이전의 중국은 동이족의 국가였으며, 어떤 자연재해적인 원인으로 민족의 대이동이 이루어져 고조선이 건국되고 물산이 풍부한 황하 유역의 은나라는 고조선의 파견정부 형태였던 것으로 파악됩니다. 파견 정부의 형태를 가지게 되었던 가장 큰 원인은 황하 유역의 불안정한 자연환경(가뭄 및 홍수) 때문으로 판단됩니다. 주나라부터 권력의 이동 및 붕괴가 발생하고 말기에는 한족들에 의한 반란(춘추전국)이 이어집니다.

아직까지도 고조선(古朝鮮)을 뜻하는 '朝'자는 최고 정부기관을 의미하는 고유명사로, 현대 중국은 물론 한자 문화권의 모든 국가에 공동으로 사용되고 있습니다.

25 **弔民伐罪** 백성을 불쌍히 여기고 허물을 벌한다

[조상할 조] [백성 민] [칠 벌] [죄 죄]

◆ (술+목) 구조의 두 절이 대등하게 연결된 문형입니다. [弔(술어)民(목적어)]+[伐(술어)罪(목적어)]

◆ 弔 : 조상(弔喪)하다, 위로하다, 불쌍히 여기다.
- 조벌(弔伐) : 백성을 위무(慰撫)하고 죄 있는 자를 침. 포악한 임금을 징벌하여 백성을 구제함.

26 **周 發 殷 湯** 주나라의 발왕(發王)이고
[주나라 주] [필 발] [은나라 은] [끓일 탕] 은나라의 탕왕(湯王)이다

◆ 두 명사구가 나란히 술어로 사용되었습니다. [周發(명사술어)][殷湯(명사술어)]

◆ 周發 : 주나라의 발왕. 속격관계의 명사구입니다. 周之發
- 속격관계 혹은 수피관계에서 之가 사용되면 문법용도가 '명사구'로 고정이 되는 반면, 사용되지 않으면 문장 내의 위치에 따라 유기적으로 사용됩니다.
- 周 : 고대 국가명. B.C 1122 ~ 255. 초기에는 은나라의 제후국(諸侯國)이었으나, 무왕(武王)에 이르러 은을 멸망시키고 중국 전역에 대한 통치권을 확립하기에 이름. 은나라를 멸망시키는 과정에서 한족은 세력을 키우게 되고, 이것이 원인이 되어 말기에는 한족의 발호로 대혼란기인 춘추전국 시대가 도래합니다.
- 發 : 주(周)나라 무왕의 이름. 은(殷)나라의 마지막 임금이며 폭군으로 알려져 있는 주(紂) 임금을 몰아내고 주나라를 천자(天子)의 나라로 세움.

◆ 殷 : 고대 국가명. 상(商)나라라고도 함. B.C 1766 ~ 1122. 하(夏)나라를 계승한 국가로 음악과 악기가 잘 발달된 것으로 유명하며, 전설로만 존재하다가 갑골문의 발견과 함께 고고학적으로 존재가 입증되었습니다.

商이라는 글자가 현재까지도 '상업(商業)이나 장사'의 의미로 사용되고 있는 것은 이 유민들이 중국 각지를 떠돌면서 그들의 발달된 문명과 기술로 만든 물건들을 팔면서부터라고 합니다. 실제로 발굴되는 청동기의 경우는 후대인 주나라의 것보다 기술적인 면에서나 예술적인 면에서나 우수한 것으로 판명되었습니다.

◆ 湯 : 은나라의 창건자. 성탕(成湯)·태을(太乙)이라고도 하며, 주지육림(酒池肉林)의 주인공이기도 한 하나라의 걸(桀) 임금을 몰아내고 은나라를 세웠습니다. 하나라에서 은나라는 내부 혁명에 의한 새 국가 건설인 반면, 은에서 주나라는 패권 다툼에 의한 것입니다.

27 坐朝問道 조정(朝廷)에 앉아서 도를 묻는다
[앉을 좌] [아침 조] [물을 문] [길 도]

◆ (술+보)와 (술+목)의 두 절이 결합한 복문입니다. [坐(술어)朝(보어)]+[問(술어)道(목적어)]

◆ 坐朝 : 조정에 앉다. 坐는 동사로서 '앉다'의 의미이며, 座[자리 좌]는 명사로서 '좌석'의 의미입니다.

◆ 問道 : 도를 묻다.

- 전자에서도 설명하였듯이 위치·장소의 보어는 개사 於가 이끌며, 問道(도를 묻다)를 '問於道'으로 바꿀 수도 있습니다(여기서의 於는 '~에 대하여'의 뜻으로 직역하여, '도에 대하여 묻다'가 됩니다).

◆ 복합문(複合文) : 한 문장 안에서 (주+술) 관계인 절(節)이 두 개 이상 있는 경우를 말하며, 한 문장/절이 다른 문장/절의 한 성분으로 이용되는 내포문/포유문과 서로 대등하게 연결되는 접속문으로 나누어집니다. 복문(複文)이라고도 합니다.

28 垂拱平章 수공(垂拱)으로도 평화롭고 찬란하다
[드리울 수] [팔짱낄 공] [평탄할 평] [밝을 장]

◆ (부+술)의 문형입니다. 垂拱(부사어)平章(술어)

◆ 垂拱 : '옷자락을 늘어뜨리고 팔짱을 끼다'가 본래의 의미. '옷자락을 늘어뜨린다'는 '소매를 걷어올린다'의 반대되는 개념으로 나서지 않고 관망함을 의미합니다. '팔짱을 끼다' 역시 동일한 개념으로 '하는 일 없음'을 의미합니다. 의미가 인신되어 제왕(帝王)의 무위지치(無爲之治)를 찬양하는 말로 쓰입니다.

- 무위지치(無爲之治) : 위정자(爲政者)가 일을 행함에 강제적이거나 독단적으로 진행하지 않고 전체적인 조화와 흐름에 따른다는 말임. 수공지치(垂拱之治). 수공지화(垂拱之化). 도가(道家)에서 말하는 무위자연(無

爲自然)의 최고 경지이기도 합니다.

◆ 平章 : 평화롭고 찬란하게 빛나다. 이외에도 공명정대한 정치를 함, 상의하여 처리함, 공평하게 품평함, 혼인을 중매함, 변별하여 명백하게 밝힘 등의 뜻이 있습니다.

29 **愛育黎首** 백성을 사랑으로 기른다
[아낄 애] [기를 육] [검을 려] [머리 수]

◆ (부+술+목)의 문형입니다. 愛(부사어)育(술어)黎首(목적어)
- 愛育을 동사 연동으로 '사랑하고 기른다'로의 풀이도 가능합니다.

◆ 黎首 : 많은 사람, 뭇사람. 여민(黎民). 서민(庶民). 백성(百姓)
일설(一說)에는 '검은 머리'로 풀어, 벼슬을 하지 않은(관을 쓰지 않고 검은 생머리를 드러내 놓은 사람들, 혹은 노동에 시달려 살갗·얼굴 등이 까맣게 탄) 사람의 뜻이라고도 하나, 고대로부터 '뭇사람'에 대한 그런 비하적인 메타포가 있었다고 판단하기는 어렵습니다.

한국어의 표현에 '새카맣게 몰려오다'가 있습니다. 여기에서의 '새카맣다'는 실제 색상에 대한 형용이 아니라 거리상 멀리 있고, 수효가 아주 많고, 또 넓게 분포되어 있는 것에 대한 형용입니다. 즉 '무수히 많다'는 의미입니다. 이런 메타포는 현대 중국어에는 없습니다. 고대 중국인의 입말에는 있었지만 점점 사라져 버린 것인지에 대해서는 더 많은 연구가 필요하지만, '黎首'에 대한 현대 중국어의 개념은 '黎'를 '庶

[많을 서]'로 보아 '많은 사람'에서 '사람 제반'의 뜻으로 풀이하고 있습니다.

30 **臣伏戎羌** 융족과 강족을 신하로 엎드리게 했다
[신하 신] [엎드릴 복] [오랑캐 융] [오랑캐 강]

◆ (부+술+목)의 문형입니다. 臣(부사어)伏(술어)戎羌(목적어)
 - '臣'을 '신하삼다'의 동사로 보아 臣伏을 '신하 삼고 엎드리게 하다'의 동사 연동으로 풀이할 수도 있습니다.

◆ '伏[엎드릴 복]'과 '服[복종할 복]'
 - 伏 : 물리적 · 행동적 · 직접적인 엎드림에 대한 표현.
    복도(伏禱) : 엎드려 축도함.
    복사(伏射) : 엎드려 쏨(총 따위).
 - 服 : 정태적 · 심리적 · 간접적인 따름에 대한 표현.
    복종(服從) : 남의 명령에 따름.
    복무(服務) : 직무(職務)에 힘씀.
    ex. 臣服 : 신하로서 섬김. 신하의 도리로 받들어 모심의 뜻.

◆ '伏戎羌'에서 동사 伏의 실제 행위자는 목적어인 '戎羌'이 됩니다(일반적인 문법상 동사의 행위 주체는 주어여야 합니다). 이 경우의 동사는 피동이나 사역형으로 의미가 전성되어 '융강을 굴복시키다. 융강을 엎

드리게 하다'로 풀이됩니다.

　이러한 개념은 고립어의 성조로 품사의 활용을 나타내는 방식이나, 동사의 활용의 방식이 아니라 조사가 첨가되어 가는 언어에서 온 것이며, 이런 몸통이 되는 단어의 뒤에 조사나 활용어미가 붙어가는 것을 하나의 '의미군어'로 파악하고 대표되는 의미만을 문자로 표기한 방식으로 받아들여야 합니다. '엎드리다, 엎드리게 하다, 엎드려졌다, 엎드리도록 하다'는 '엎드리다'라는 기본동사의 뒤에 조사가 덧붙여진 모든 의미들을 대표되는 하나의 음가로 표시한 방식인 것입니다.

　하나의 한자는 보통 서로 연관지을 수 없는 많은 의미들을 가지고 있는데, 이는 한자가 처음부터 상형문자가 아닌 상형성의 표음문자로 만들어진 것이며, 특히 서로 정반대의 뜻을 동시에 가지고 있는 경우가 아주 많은데, 이 역시 이와 동일한 선상에서 이해하여야 합니다. '엎드리다'와 '엎드리게 하다'는 주체와 객체에 있어서 반대의 의미들입니다.

　피동이나 사역동사의 사용 없이 동사의 활용만으로 피동과 사동의 의미를 나타내고 있다는 것은 고대 한인(고대 중국인의 개념이 아니라 한자와 한문을 만든 사람을 말합니다)들의 입말에는 동사가 활용을 했을 뿐만 아니라 뒤에 조사도 덧붙여지고 있었음을 나타내 주는 증거이며, 이는 첨가어를 구사한 언어의 사람들이어야 합니다.

　이런 동사의 활용과 뒤에 덧붙여진 조사들을 모두 하나의 '의미군어'로 인식해 하나의 문자로 표기한 방식의 문자언어가 한문(漢文)입니다.

31 **遐邇壹體** 멀고 가까움이 한 몸이다
[멀 하] [가까울 이] [한 일] [몸 체]

◆ (주+술)의 문형입니다. 遐邇(주어)壹體(술어)

◆ 遐邇 : 멀고 가까움(먼 곳과 가까운 곳의 뜻). 원근(遠近).
◆ 壹體 : 한 몸. (壹은 '一'과 같은 자)
- '수+피' 구조. 수식어와 피수식어 사이에는 수식관계 조사(한국어 문법의 속격조사 '의'와 동일) '之'를 삽입하여 수식관계를 나타내기도 함. 壹之體

   ex. 1. 遐邇壹體也 / 멀고 가까움은 한 몸인 것이다
      2. 遐邇壹之體也 / 멀고 가까움은 하나의 몸인 것이다
      3. 遐邇爲壹體 / 멀고 가까움이 한 몸이다/몸이 되다
      4. 遐邇是壹體也 / 멀고 가까움이 바로 한 몸인 것이다

32 **率賓歸王** 온 세상이 불좇는다
[거느릴 솔] [손 빈] [돌아갈 귀] [임금 왕] (/돌아오고 향하여 간다)

◆ (주+술)의 문형입니다. 率賓(주어)歸王(수식어)

◆ 率賓 : 온 세상.
- 率 : 모두/모든, 전부의 뜻.(온통)

　　솔토지민(率土之民) : 온 천하의 백성.
- 賓 : 여기서의 '賓'은 '濱[물가 빈]'으로, '변방/끝(지경의 끝)'의 의미.

　　ex. 率土 : 온 나라의 땅. 본국의 영토 이내.

◆ 歸王 : 붙좇음. 충심으로 따라붙음. 귀순함. 귀왕(歸往). 귀부(歸附). 이 구문은 일반적으로 '王'을 임금으로 하여, '왕에게 귀의한다, 임금에게 돌아간다' 등으로 풀이하고 있지만, 앞 구문과의 문형(주+술)을 비교해 보았을 때 '王'을 '往[갈 왕]-향하여 가다'로 풀이하였습니다. 王과 往은 통용자입니다.

33　**鳴鳳在樹** 봉황이 나무에 있다
　　[울 명] [봉황 봉] [있을 재] [나무 수]

◆ (주+술+보) 구조의 문형입니다. 鳴鳳(주어)在(술어)樹(보어)
- 鳴鳳在(於)樹 / 봉황이 나무에 있다

◆ 鳴鳳 : '수+피' 관계구로 보아 '우는 봉황'으로 풀이할 수도 있지만, 鳴에 '명성이 드날리다'의 뜻이 있어, '특별한 봉황'의 의미입니다. 이 봉황은 성현(聖賢)의 출현을 암시한다고 합니다.
- 鳳凰에서 숫컷을 '鳳', 암컷을 '凰'이라고 함.

34 **白駒食場** 백구(白駒)가 마당에서 먹고 있다
[흴 백] [망아지 구] [먹을 식] [마당 장]

◆ (주+술+보)의 문형입니다. 白駒(주격보어)食(술어)場(보어)

◆ 白駒 : 1.흰색의 준마.(駒 : 본래 망아지의 뜻이지만, 美稱의 의미가 있어 현인・은사에 대한 비유로 쓰임) 2.『시경(詩經)』소아(小雅)의 편명으로 주(周)나라 선왕이 현인을 머물러 있게 하지 못함을 풍자함. 3.광음(光陰). 세월(歲月).

35 **化被草木** 덕화(德化)가 초목에까지 입힌다
[될 화] [입을 피] [풀 초] [나무 목]

◆ (주+술+보)의 문형입니다. 化(주어)被(술어)草木(보어)

◆ 化 : 덕화(德化). 교화(敎化).
◆ 초목(草木)이라는 감정이 없는 존재를 가정적 예로 인용함으로써 '化(德化)'를 강조하고 있습니다.
◆ 화피만방(化被萬方) : 교화(敎化)가 널리 팔방(八方)에 두루 미침.

36 賴及萬方 힘입음이 만방(萬方)에 미친다

[힘입을 뢰] [미칠 급] [일만 만] [모 방]

◆ (주+술+보)의 문형입니다. 賴(주어)及(술어)萬方(보어)

◆ 賴 : 의뢰하다, 의지하다, 힘입다. 여기서는 주격보어로 명사로 사용되어, '힘입음'의 뜻입니다.

◆ 及 : ~에 미치다. 불완전 자동사로 사용된 형용사로서 보어 '萬方'을 취하고 있습니다.

- 及은 동사로서 '쫓아가다', 형용사로서 '미치다', 접속사로서 '및(과/와)' 등의 의미를 가지고 있습니다. 여기서 '미치다'와 '및'은 상호 유기적인 의미는 전혀 가지지 못하지만, [미+ㅊ]의 동음을 가지고 있습니다. 동일한 글자가 나타내는 의미에 서로 연관지을 수 없는 인신된 의미가 한국어에서 동일한 음근(音根)을 가지고 있습니다.

고대 한어와 현대 한국어라는 시간차와 지역차에도 불구하고 발견되는 이러한 예는 우연의 일치라고는 결코 볼 수 없습니다.(忍은 '참다', '차마'로 [차+ㅁ]의 동음을 가지고 있습니다) 또, 현대 한국어가 아닌 비슷한 시기의 한국어 음과 비교할 수 있다면 전혀 다른 면모를 보일 것입니다.

◆ 萬方 : 1. 사방(四方)의 모든 나라. 각 지방. 2. 갖가지 방법. 온갖 방법. 백방(百方). 3. 다방면. 가지각색.

- 한문에서 10의 배수는 '가득함·모든·전부' 등의 의미를 내포하고, 3의 배수는 '많음'의 의미를 내포합니다.

37 蓋此身髮 대저 이 온몸에는
[덮을 개] [이 차] [몸 신] [터럭 발]

◆ 뒷 구문의 화제부(話題部)입니다. 蓋(발어사-문장부사)此(지시사) 身髮(주어)

- 화제(話題)[topic] : '이야기 거리'의 의미로 문두에서 문장의 설명의 대상이 되는 문장성분을 말합니다. 화제에 대응하는 개념은 '논평(論評)' [comment]입니다. 일반적으로 주어나 주격보어는 모두 화제로 볼 수 있습니다. 예로 '자동차는 빠르다'에서 '자동차'가 화제부이며, 나머지 부분이 논평부입니다.

◆ 蓋 : '대저, 대체로, 일반적으로' 등을 뜻하는 부사어로 문장의 도입부에서 화제를 제시하는 역할을 함. 발어사.

◆ 夫, 惟, 蓋 등은 어기조사(語氣助詞)라고도 하는데, 어기조사는 문장의 첫머리나 가운데에서 어기를 생성시키는 역할을 합니다. 특히 문두에 사용된 어기조사를 발어사(發語詞)라고 합니다. 발어사는 현대 중국어에는 없는 용법입니다.(한국어에서는 일상적으로 사용됨)

夫는 본래 지시사로부터 인신되어 대저, 대체로, 무릇 등의 어기를 나타내며, 蓋는 수량(數量)을 헤아리는 양사와 관련이 있는 것으로부터 시작되어 夫와 유사한 어기를 나타냅니다. 둘의 차이는 夫는 보다 단정적이거나 명제 정의의 어감을 가지는 반면, 蓋는 일면에 추측이나 의심 혹은 의론의 기미를 열어두는 어기를 가지고 있습니다.

惟는 아주 정중한 성명(聲明)의 어기를 가지고 있습니다(한국의 전통 제문에 일반적으로 사용).

문자언어든 음성언어든 시간의 흐름에 따라 의미와 음이 변하기도 하고 사라지기도 하며, 새로운 언어가 생겨나기도 합니다. 하지만 그 모두에는 분명한 이유나 일정한 흐름을 가지고 있는 것입니다. 이런 어감에 있어서 미묘하고 발달된 발어사류가 단순한 세월의 흐름에 의하여 사라져 버릴 수 있는 것은 아닙니다. 특히나 문두에서 사용되어 존경과 겸손의 어기를 가지고 있는 敬[존경할 경-삼가], 敢[감히 감], 謹[삼갈 근-조심스럽게], 竊[몰래 절-저 나름으로], 伏 등과 같은 정태부사(靜態副詞)는 현대 중국어에서는 아예 찾아볼 수 없는 문법용도들입니다.

이는 언어학적으로 세월의 흐름이나 어떤 이유로 해서 점점 사라져 버린 것이 아니라, 본래 없는 말을 외부로부터 차용해서 문자언어로만 사용해 오다가 그 의미의 인식 및 교육이 어려워진 나머지 사용되지 않은 것으로, 중국인들에게는 처음부터 없었던 말들입니다.

현대 중국어에는 높임말 자체가 거의 없는 것이나 마찬가지이지만, 한문에는 한국어에 있는 존칭 등급이 그대로 살아 있습니다. 수 천 년을 사용해온 존칭 등급이 어느 날 일순간에 사라져 버리는 것은 분명 언어의 일반적인 변이과정이 아닙니다.

◆ 此 : 근칭(近稱)의 지시사(指示詞). '이, 이곳, 이러한, 이와 같이' 등의 의미를 나타냅니다.

- 근칭에 대응되는 원칭(遠稱)의 지시사로는 '彼[저 피]'가 있습니다.

◆ 身髮 : 신체발부(身體髮膚)의 준말로, 몸 전체, 온몸의 뜻입니다.

- 身 : 상하(上下)의 몸, 키를 의미합니다.

- 體[몸 체] : 좌우(左右)의 몸, 몸집의 의미입니다.

- 髮 : 몸에 난 털을 말합니다.
- 膚[피부 부] : 살갗을 의미합니다.

38 四大五常 네 가지 큼과 다섯 가지 떳떳함이 있다
[넉 사] [큰 대] [다섯 오] [떳떳할 상]

◆ 앞 구문의 논평부(論評部)로 '체언+체언' 구조입니다. [四(수식어)大(피수식어)]+[五(수식어)常(피수식어)]

◆ 四大 : 도(道)・천(天)・지(地)・왕(王).【道家】 2. 대공(大功)・대명(大名)・대덕(大德)・대권(大權). 3. 만물을 구성하는 땅[地]・물[水]・불[火]・바람[風]으로 사람의 몸이 이 네 가지로 구성되어 있다고 하여 '인체'의 뜻으로 사용됨.【佛敎】 4. 팔・다리・머리・몸통의 네 부분

◆ 五常 : 1. 오행(五行)으로 인(仁)・의(義)・예(禮)・지(智)・신(信), 또는 금(金)・목(木)・수(水)・화(火)・토(土). 2. 오교(五敎)로 부의(父義)・모자(母慈)・형우(兄友)・제공(弟恭)・자효(子孝). 3. 오륜(五倫)으로 부자유친(父子有親)・군신유의(君臣有義)・부부유별(夫婦有別)・장유유서(長幼有序)・붕우유신(朋友有信).

* 일반적으로 四大는 천지군부(天地君父)를 말하며, 五常은 인의예지신(仁義禮智信)을 말합니다.

39 恭惟鞠養 굽어 양육함을 공손히 생각한다
[공손할 공] [오직 유] [구부릴 국] [기를 양]

◆ (부+술+목)의 문형입니다. 恭(부사어)惟(술어)鞠養(목적어)

◆ 恭惟 : 삼가 생각하다. 공손히 생각하다. 우러러 생각하다.
- 恭은 정태부사로 '삼가·공손히'의 뜻이며, 惟가 '생각하다'의 뜻입니다.
- 恭과 惟 모두에 상대방에 대한 존경의 의미를 내포하고 있습니다.
◆ 鞠養 : 보살피고 양육하다. 굽어 기르다. 鞠에 몸을 '굽히다'의 뜻이 있습니다.

40 豈敢毁傷 어찌 감히 헐고 다치게 하겠는가
[어찌 기] [감히 감] [헐 훼] [상할 상]

◆ (부+조+동)의 문형입니다. 豈(부사어)敢(조동사)毁傷(동사연동)

◆ 豈敢 : 어찌 감히 ~하겠는가?
- 관용구로 부정적인 대답을 기대하는 수사의문문을 유도하는 기능입니다.

- 豈에 '어찌, 어떻게, 설마'의 뜻이 있으며, 敢에 '감히·함부로 ~하다'의 뜻이 있습니다.
　◆ 毁傷 : 1. 헐어서 상하게 함. 훼손시킴. 2. 비방함. 중상(中傷)함. 3. 몸에 상처를 냄.

41　**女慕貞烈**　여자는 정열을 본받는다
[계집 예] [사모할/본받을 모] [곧을 정]　[매울 열]

　◆ (주+술+목)의 문형입니다. 女(주어)慕(술어)貞烈(목적어)

　◆ 慕 : 사모하다, 본받다, 우러러보다, 뒤따르다
　◆ 貞烈 : 1. 행실(行實)이 곧고 지조(志操)가 있음. 2. 굳게 정조(貞操)나 절개(節槪)를 지킴. 3. 여자의 지조가 곧고 매움.
　- 주로 수절(守節)하는 여자를 기릴 때 사용합니다.

42 **男效才良** 남자는 재주와 어짊을 본받는다
[사내 남] [본받을 효] [재주 재] [어질 량]

- (주+술+목)의 문형입니다. 男(주어)效(술어)才良(목적어)

- 才良 : 재주와 어짊.
  - 良에는 '유능(有能)하다'의 뜻도 있습니다. ex. 재량(才量[헤아릴 량]) : 재지(才智)와 역량(力量).

43 **知過必改** 허물을 알았으면 반드시 고친다
[알 지] [허물 과] [반드시 필] [고칠 개]

- (술+목)과 (부+술)의 두 절이 가정과 결과로 결합한 복문입니다. [知(술어)過(목적어)]+[必(부사어)改(술어)]

- 必 : '반드시. 기필코'의 뜻으로 강조의 부사어로 사용되었습니다.
- 가정절은 若[만약 약], 如[만약/같을 여] 등의 가정절 조사가 유도하고, 이때의 결과절은 則이 유도할 수 있습니다.

  若知過則必改 / 만약 허물을 알았다면 반드시 고쳐라

44 得能莫忘 능력을 얻었다면 잊지 말아야 한다
[얻을 득] [능할 능] [말 막] [잊을 망]

◆ (술+목)과 (부+술)의 두 절이 가정과 결과로 결합한 복문입니다. [得(술어)能(목적어)]+[莫(부정부사)忘(술어)]

◆ 得能 : 능력을 얻다('도움을 받다'의 뜻). 能은 능력(能力)의 뜻으로 타인의 힘, 재주를 말함. ex. 득력(得力) : 1. 도움을 받음. 2. 일에 숙달하여 일을 잘함. 3. 효험이 있음.

◆ 莫忘 : 잊을 수가 없다. 잊지 말 것이다. 잊지 말아야 한다.
 - 莫은 '~할 수가 없다'는 강한 금지의 뜻으로 勿이나 無 등에 비하여 단정(斷定)의 상(相)이 있는 금지사입니다. '~말라'는 뜻으로 '결코'의 의기를 함의하고 있습니다.
 - '勿·無+之'의 포합음(抱合音)으로도 알려져 있습니다. 여기서의 之는 상조사로 단정의 상을 나타내고 있습니다. 한국어의 의존명사의 기능과 동일합니다(풀이 시에 항상 한국어의 의존명사가 덧붙여져야 가장 적합한 풀이가 됩니다).

勿忘 : 잊지 말라
莫忘 : 잊을 수가 없다
無言 : 말을 못하다. 말이 없다
莫言 : 말할 수가 없다
 - 莫의 이러한 용법은 한(漢)나라 이후부터 점차로 단순한 부정사 및

금지사로 의미가 달라집니다. 물론 현대 중국어에까지 강조와 단정의 상을 가진 단어들이 여전히 남아 있긴 하지만, 그런 단어들은 현대 중국인의 언어 사고에 부합되지 않아 일종의 강식(强式)으로 규정하고 있습니다.

不大 : 크지 않다

莫大 : 클 수가 없다. '막대(莫大)한 피해를 입었다'의 본 의미는 '(더) 클 수 없는 피해를 입었다' 입니다.

- 이러한 '莫+형용사'의 개념은 어순만 바꾸면 한국어에서는 아주 자연스러운 언어입니다. 즉 '형용사+之(의존명사)+勿(금지/부정사)'로 하여, '사랑할 수가 없다, 행복할 수가 없다, 작을 수가 없다…', 얼마든지 쉽게 활용이 가능합니다.

- 한문(중국의 언어학자 王力의 표현을 빌리자면 '원시한문')은 주나라 이전의 어떤 시점을 기준으로 어순이 한국어와 같은 '주+목+술'에서 '주+술+목'으로 변경되었을 가능성이 있습니다. 동일한 민족의 언어가 세월의 흐름에 따라 자연히 어순이 바뀌는 경우는 불가능한 것이며, 이는 어족(語族)이 다른 이민족과 장구한 기간 동안의 긴밀한 결합이 있었음을 의미합니다. 고대에 있어서 이민족간의 결합은 지배와 피지배의 방식이었을 것입니다.

- 이 '莫+형용사'의 개념은 고대 중국 땅에서 한국 땅으로 전래된 것이긴 하지만, 중국어에서 한국어로 차용된 것은 아닙니다.

45 罔談彼短 타인의 단점을 말하지 않는다
[없을 망] [이야기 담] [저 피] [짧을 단]

◆ (부+술+목)의 문형입니다. 罔(부정금지사)談(술어)彼短(목적어)

◆ 罔은 '~하지 말라', '~하지 않는다'는 뜻의 부정금지사입니다. 無와 같습니다.

◆ 彼短 : 남의 단점(彼가 3인칭 대명사로 '저', '그들'의 뜻입니다).

46 靡恃己長 자신의 장점을 의지하지 않는다
[아닐 미] [믿을 시] [몸 기] [길 장]

◆ (부+술+목)의 문형입니다. 靡(부정부사)恃(술어)己長(목적어)

◆ 靡 : '~이 아니다. ~말라, ~없다' 등의 금지/부정사입니다.
 -『시경(詩經)』에서부터 無와 같은 의미로 사용됨.

◆ 恃 : 믿다. 의지하다. ex. 怙[믿을 호]와 호응하여, 怙恃는 '부모'의 뜻. 怙가 아버지, 恃가 어머니의 뜻입니다.

◆ 己長 : 자신의 장점. 己가 '자신'의 뜻입니다. 여기서의 長은 장점(長點)의 뜻이며, 때로 '어른[長者]'의 뜻으로도 사용됩니다.

47 信使可覆 신망(信望)은 덮을 수 있도록 한다

[믿을 신] [하여금 사] [옳을 가] [덮을 복]

◆ (주+조+술+보)의 문형입니다. 信(주어)使(조동사)可(술어)覆(보어)

◆ 使 : 사역동사로 '~하게 하다'의 뜻입니다. 보다 정형적인 문형은 '使(/令) A(명사) B(동사)' 구문으로 'A로 하여금 B되게 하다(만들다)'입니다. 여기서는 'A(명사)' 부분이 생략된 형태입니다.

◆ 可 : 부사어로 '가히, 정말로' 등의 의미로 자조적인 긍정과 단정의 어기를 나타냄. 또 '~해야 한다'는 조동사로도 사용됨.

◆ 覆 : '덮다'의 뜻입니다. 덮는 대상이 무엇인지 분명하게 나타나 있는 것은 아니지만, 다음 구문이 '기량은 헤아리기 어려울 정도로 크게 가져야 한다'라고 했으므로, 覆載[실을 재]의 의미로 보아 '온 세상을 다 덮을 정도'의 의미입니다.

- 覆載 : 덮고 싣는다. 하늘은 만물을 덮고, 땅은 만물을 싣는다는 뜻으로, '天地'의 뜻이지만, 널리 은덕을 베푼다는 의미로 인신되어 사용됩니다.

48 器欲難量　도량은 헤아리기 어려워야 한다
[그릇 기] [하고자할 욕] [어려울 난] [헤아릴 량]

◆ (주+조+술+보)의 문형입니다. 器(주어)欲(조동사)難(술어)量(보어)

◆ 器 : 기국(器局), 기량(器量)의 뜻. 재능과 식견으로 여기서는 '마음 속에 품고 있는 뜻'을 말하고 있습니다.

◆ 欲 : 조동사로 '~하려고 하다, ~해야 한다'의 뜻으로 사용되었습니다. 부사로 사용될 경우에는 '장차, 막' 등의 뜻으로 발생하지 않은 상황이나 의지를 나타냅니다.

◆ 難量 : 헤아리기 어렵다. 형용사 難(어렵다)이 자동사로 사용되어 보어 量을 취하고 있는 형태입니다.

49 墨悲絲染　묵자(墨子)는 실의 물들여짐을 슬퍼했다
[먹 묵] [슬플 비] [실 사] [물들일 염]

◆ (주+술+목)의 문형입니다. 墨(주어)悲(술어)絲染(목적어)

◆ 墨 : 묵자(墨子). 이름은 적(翟). 춘추시대(春秋時代)의 사상가(思想家)로 본래는 공자(孔子)의 가르침을 따르던 유학자였으나 겸애사상(兼愛

思想)으로 독자적인 길을 걸었다고 합니다.

◆ 絲染 : 실의 물듦. (수식어-피수식어) 관계입니다.

- 수식어 다음에 피수식어가 오는 문형은 한국어와 한문에서 동일한 구조입니다.

◆ 묵자비염(墨子悲染), 묵자읍사(墨子泣[울 읍]絲[실 사])의 고사(古事)를 다시 쓴 것입니다.

50 詩讚羔羊　『시경(詩經)』은 군자(君子)를 찬양한다
[글 시] [찬양할 찬] [새끼양 고] [양 양]

◆ (주+술+목)의 문형입니다. 詩(주어)讚(술어)羔羊(목적어)

◆ 詩 : 『시경(詩經)』. 주(周)나라 초기(B.C 11세기)부터 춘추시대 중기(B.C 6세기)까지의 시가(詩歌) 305편을 공자(孔子)가 편찬한 것으로 알려져 있습니다.

◆ 羔羊 : 1. 어린 양. 2. 염소와 양. 3. 『시경(詩經)』국풍(國風) 소남(召南)의 편명. 경대부(卿大夫)의 인품이 고결함을 비유한 데서 인신하여, 청렴하고 절조가 있는 사대부(士大夫)를 기리는 말. 염결(廉潔)한 군자의 비유.

51 **景行維賢** 경행이 현명함을 유지(維持)한다
[볕 경] [갈 행] [벼리 유] [어질 현]

◆ (주+술+목)의 문형입니다. 景行(주어)維(술어)賢(목적어)

◆ 景行 : 직역하면 '밝은 움직임'입니다. 수피관계입니다. 1. 큰 길[大道]. 2. 훌륭한 덕, 고상한 덕행(德行). 밝은 행위. 3. 우러러 사모함. 경앙(景仰[우러러볼 앙]).

◆ 維 : 유지(維持[지닐 지])하다.

52 **尅念作聖** 지극(至極)한 생각이 성인을 만든다
[이길 극] [생각할 염] [지을 작] [성스러울 성]

◆ (주+술+목)의 문형입니다. 尅念(주어)作(술어)聖(목적어)

◆ 尅念 : 지극한 생각. 尅은 '몹시, 지극히'의 뜻으로 極과 통합니다. 尅念을 (술+목)구조로 보아, '생각(잡스러운 생각)을 이기다'로 풀이할 수 있지만, 앞 구문과의 문형을 비견하여 (수피)관계구로 풀이하였습니다.

◆ 作聖 : 성스러움을 일으키다. 성스러움을 만들다.
  - 作과 爲는 모두 '만들다', '행하다'의 의미가 있습니다. 이 중에 作

이 보다 인위적이고 의도적인 면을 더 많이 함의하고 있습니다.

　◆ 가정과 결과의 구문에서 가정절은 若(/如)에 의해서 유도되며, 결과절은 則에 의해 유도될 수도 있습니다.

　- 若剋念則作聖 / 만약 생각을 이긴다면 성인이 된다

53　**德建名立**　덕이 세워지면 이름이 선다(덕을 널리 베풀면 자신의 명성이 난다는 뜻)
　[덕 덕] [세울 건] [이름 명] [설 립]

　◆ (주+술)구조의 두 절이 조건과 결과의 방식으로 결합한 문형입니다. [德(주어)建(술어)]+[名(주어)立(술어)]

　- 조건절은 접속사 則[곧 즉 : ~라면, ~라고 한다면]으로 유도될 수 있습니다.

　德建則名立 / 덕이 세워지면 명성이 선다

54　**形端表正**　몸이 단정해야 겉모습이 바르다
　[형상 형][바를 단] [겉 표] [바를 정]

　◆ (주+술) 구조로 이루어진 두 개의 절이 조건과 결과의 방식으로 결합한 문형입니다. [形(주어)端(술어)]+[表(주어)正(술어)]

　- 形端則表正 / 몸이 단정해지면 겉모습이 바르게 된다

55 空谷傳聲 빈 골짜기가 소리를 전한다(마음을
[빌 공] [골 곡] [전할 전] [소리 성] 비워야 더 잘 수용할 수 있다는 뜻)

◆ (주+술+목)의 문형입니다. 空谷(주어)傳(술어)聲(목적어)
- 空谷은 조건의 부사어로 '빈 골짜기라야' 정도로 풀이할 수 있습니다.
- 목적어 聲을 주어로 하여, '聲傳於空谷(소리는 빈 골짜기에 전해진다'로 (주+술+목) 구조의 보다 정형화된 문장으로 바꿀 수 있습니다.

◆ 空谷 : 직역하여, 1. '텅 빈 골짜기'이지만, 2. '어진 사람이 은거하는 곳'의 비유어로도 사용됩니다.
- 공곡족음(空谷足[발 족]音[소리 음]) : 텅 빈 골짜기에서 듣는 발소리. 좀처럼 듣기 어려운 훌륭한 말이나 논의의 비유어입니다.

56 虛堂習聽 빈방이 듣기가 잘 된다
[빌 허] [집 당] [익힐 습] [들을 청] (마음을 넓게 가져야 한다는 뜻)

◆ (주+술+보)의 문형입니다. 虛堂(주어)習(술어)聽(보어)
- 한국어로의 풀이 시에는 習을 '잘'이라는 부사로 하여 '허당이 잘 들린다/잘 들릴 수 있다'가 더 적합한 것이지만, 앞 구문과의 문장 구조상

Part 01_천자문 본문 풀이 | 91

(주+술+보)의 문형으로 풀이하였습니다.

◆ 習 : 익히, 잘.

57 禍因惡積 재앙은 악의 쌓음에 기인(基因)한다
[재앙 화] [인할 인] [악할 악] [쌓을 적]

◆ (주+술+보)의 문형입니다. 禍(주어)因(술어)惡積(보어)

◆ 因 : 기인하다. 기본이 되는 원인의 뜻을 나타내고 있습니다.
◆ 惡積 : 악의 쌓음
 - '수식어+피수식어' 구조로, 명사구를 이루어 술어 因의 목적어로 사용되고 있습니다. 술목구조로 풀이하면 '악을 쌓다'가 됩니다.

58 福緣善慶 복은 선경(善慶)에 연유(緣由)한다
[복 복] [인연 연] [착할 선] [경사 경]

◆ (주+술+보)의 문형입니다. 福(주어)緣(술어)善慶(보어)

◆ 緣 : ~에 연유하다. ~에 의하다. 앞 구문 '因'과 동일한 용도입니다.

◆ 善慶 : 잦은 착한 행실. 善이 여러 번, 자주의 뜻이며, 慶이 착한 행실의 뜻입니다. '선행하면 다복해진다'로 나중에 숙어(熟語)화 되었습니다. 앞 구문의 惡積(악의 쌓음)과 善慶(잦은 선행)은 모두 수피관계입니다.

59 尺璧非寶 척벽(尺璧)은 보배가 아니다
[자 척] [구슬 벽] [아닐 비] [보배 보]

◆ (주+술+보)의 문형입니다. 尺璧(주어)非(술어-부정 형용사)寶(보)

◆ 尺璧 : 1. 지름이 한 자나 되는 큰 보옥(寶玉). 매우 진귀함의 대명사 (여기서의 '尺'은 실제 단위 길이나 크기가 아니라 구슬의 지름이 1자나 되는 경우는 거의 불가능하기에 반어적인 표현으로 사용된 것입니다). 2. 아름다운 시문(詩文)의 비유.

◆ 非 : ~이 아니다. 명사의 부정사입니다(동사나 형용사의 부정사로는 不이 사용됨). 이는 명사를 보어로 취하여 불완전자동사의 문법적 기능을 하는 형용사입니다.

- 非는 '부정형용사'인 반면, 不은 동사나 형용사 앞에서 부정을 하므로 '부정부사'에 해당합니다.

60 寸陰是競 촌음(寸陰)이 바로 다툼이다
[마디 촌] [그늘 음] [이 시] [다툴 경]

◆ (주+술+보)의 문형입니다. 寸陰(주어)是(술어)競(보어)

◆ 是 : '그렇다, 맞다, 바로~이다'는 앞 구문의 非에 대응되는 것으로, '아니다, 그렇지 않다'의 반대되는 용도로 사용되었습니다.
- 때로 '是 ~也(바로~이다)'의 형태로 보다 강조적인 표현을 이끌어내기도 합니다.

寸陰是競也 / 촌음이 바로 다툼인 것이다(이 경우의 是는 앞에 나온 강조하고자 하는 성분[여기서는 寸陰]을 재지시하는 기능으로 강조/노출의 어감을 조성합니다)

◆ 寸陰 : 얼마 안 되는 짧은 시간. 촌각(寸刻). 촌시(寸時)

61 資父事君 아버지를 바탕으로 임금을 섬긴다
[재물 재] [아버지 부][일/섬길 사] [임금 군]

◆ (술+목)의 두 절이 결합한 문형입니다. [資(술어)父(목적어)]+[事(술어)君(목적어)]

◆ 資父 : 아버지를 바탕으로 하다(부친을 모시고 효도하는 마음을 본보기로 하다의 뜻입니다). 資가 의동동사로 사용되어 '~바탕으로 여기다, 삼다'의 뜻입니다.

◆ 事君 : 임금을 섬기다/받들다. 事가 '섬기다, 받들다'의 뜻임.

62 **曰 嚴 與 敬** 엄숙이라고 이르고 공경이라고 말한다
[가로 왈] [엄할 엄] [더불어 여] [공경할 경]

◆ (술+보)의 두 절로 앞 구문의 서술부입니다. [曰(술어)嚴(보어)][與(술어)敬(보어)]

◆ 曰 : ~라고 이르다. ~라고 부르다.
- 일반적으로 曰은 직접인용문을 이끌고, 云은 간접인용문을 이끕니다. 여기서의 직접인용과 간접인용은 한국어 문법상의 직접/간접과는 조금 다른 면이 있습니다. 대화의 내용이나 속담 등의 경우에는 曰이, 책이나 분명한 출전이 있는 내용의 인용일 경우에는 云이 사용됩니다.

◆ 與 : 말하다.

◆ 이 구문은 일반적으로 술(曰)+보어(嚴與敬)로 보아, '엄숙과 공경이라고 이른다'로 풀이되고 있습니다. 與를 명사 간을 잇는 접속사 '과/와'로 본 풀이입니다. 하지만, 앞 구문의 문형(술+목)과 비교해 보았을 때, 與가 '말하다'의 동사로 사용되었습니다.

63 **孝當竭力** 효라면 힘을 다한다

[효도 효] [마땅할 당] [다할 갈] [힘 력]

◆ 두 절이 접속사로 결합한 문형입니다. [孝(술어)]當(접속사)[竭(술어)力(목적어)]

◆ 當 : 접속사로 '곧, ~라면, 만약'의 뜻이며 연관관계를 나타냅니다. 則과 같습니다.

- 當을 조동사로서 '당연히~해야 한다'로 하여, '효는 당연히 힘을 다해야 한다'로 풀이할 수도 있지만, 다음 구문과의 문형을 비견해 보았을 때 접속사로 사용되었습니다. 孝(주어)當(조동사)竭(본동사)力(목적어)

◆ 竭力 : 힘을 다하다.

- 갈력능진(竭力盡能) : 있는 힘을 다하고 능력을 모두 발휘함.

64 **忠則盡命** 충성이라면 목숨을 다한다

[충성 충] [곧 즉] [다할 진] [목숨 명]

◆ 두 절이 접속사로 결합한 문형입니다. [忠(술어)]則(접속사)[盡(술어)命(목적어)]

- 忠이 화제로 제시된 단문으로 접속사 則에 의하여 이어지는 문장과

결합하여 하나의 품사(주어) 역할을 하고 있습니다.

◆ 則 : '그렇다면, ~이라면'
- 단문을 이어주는 접속사로서 앞 문장을 강조(노출)함과 동시에 전체 문장에서 하나의 품사로서 기능하도록 함. 즉, 두 문장을 보다 긴밀하게 결합시키는 역할을 합니다.
- 忠盡命 : 충성은 목숨을 다한다.(忠이 명사로서 주어로 사용됨)
- 忠則盡命 : 충성이라면 목숨을 다한다.(忠은 동사로서 '충성이다, 충성하다'의 뜻. 則과 결합하여 현대 문법의 동명사에 해당하는 기능을 합니다)
- 忠者盡命 : 충성이란 것은 목숨을 다한다. 여기서의 忠은 명사로 사용되었습니다.

◆ 盡命 : 목숨(명)을 다하다.(술목 구조) 이 구문에서는 '있는 힘을 다함'의 뜻이며, 때로 '천수(天壽)를 마침'의 뜻으로 사용되기도 합니다.

65 **臨深履薄** 심연에 임한 듯하고, 살얼음 밟은 듯하다(매우 조심함의 비유)
[임할 리] [깊을 심] [밟을 리] [엷을 박]

◆ (술+목) 구조의 두 절이 대등하게 연결된 문형입니다. [臨(술어)深(목적어)]+[履(술어)薄(목적어)]

◆ 臨 : '임하다, 직면하다, 당면하다'의 뜻입니다.

- 臨履 : 1. 臨深履薄의 준말. 2. 현장에 나가 조사하고 살핌.
- 履薄 : 살얼음을 밟음. 극히 위험한 지경에 처하여 조심함의 비유.

66 **夙興溫凊** 일찍 일어나서 따뜻하고 서늘하게 한다
[일찍 숙] [일어날 흥] [따뜻할 온] [서늘할 정]

◆ (부+술)과 (동사연동)의 두 절이 조건과 결과로 결합한 문형입니다.
[夙(부사어)興(술어)]+[溫(술어)凊(술어)]

◆ 夙興 : 일찍 일어나다. 숙기(夙起[일어날 기])
◆ 溫凊 : 따뜻함과 서늘함. 본래는 동온하정(冬溫夏凊)의 준말로, 겨울에는 이부자리를 자기의 몸으로 따뜻하게 하고, 여름에는 자리를 부채질하여 시원하게 한다는 뜻. 부모를 정성껏 섬김을 이르는 말입니다.

67 **似蘭斯馨** 난초(蘭草)의 향기와 같다
[같을 사] [난초 란] [이 사] [향기로울 향]

◆ (술+보)의 문형입니다. 似(술어)蘭斯馨(보어)

◆ 似 : ~와 같다.(如와 같은 뜻으로 사용되었습니다)
- 불완전자동사로서 명사구 '蘭斯馨'를 보어로 취하고 있습니다.

◆ 蘭斯香 : 난초(蘭草)의 향기.

- 斯 : 수식어와 피수식어 사이에서 수식관계를 나타내는 기능으로 한국어의 속격조사 '~의'와 비슷합니다. 『시경(詩經)』등과 같은 상고 시기의 문헌에 등장하며, 후대로 갈수록 사용빈도가 떨어지고 점차로 '之'가 일반적으로 사용됩니다.

- 어감상(語感上)으로는 수식관계의 보다 강조적인 표현으로 '바로 그것'의 의미를 함의(含意)하고 있습니다.

蘭香 / 난초 향기.   蘭斯香 / 난초(그것)의 향기

68 如松之盛 소나무의 무성(茂盛)함과 같다
[같을 여] [소나무 송] [어조사 지] [성할 성]

◆ (술+보)의 문형입니다. 如(술어)松之盛(보어)

◆ 如 : ~와 같다. 앞 구문의 似와 같습니다.

◆ 松之盛 : 소나무의 무성함.

- 之는 수식관계를 나타내는 속격조사로 한국어의 '~의'와 동일합니다. 앞 구문의 斯와 같은 뜻입니다.

69 川流不息 내는 흘러 쉬지 않는다
[내 천] [흐를 류] [아닐 불] [숨쉴 식]

◆ 두 절이 결합한 문형입니다. [川(주)流(술)][不(부)息(술)]

◆ 川流 : 내의 흐름. 하류(河流). 1. 끊임없이 정진함의 비유. 2. 모르는 사이에 조금씩 적심. 혜택이 어느 범위에 미침의 비유. 3. 냇물의 흐름처럼 조리(條理)가 분명한 일.

◆ 不息 : 쉬지 않는다.
- 不은 동사나 형용사를 부정하는 부정부사입니다.
非息 : 쉼이 없다. 非는 명사를 부정합니다.
不學 : 배우지 않는다 / 非學 : 배움이 없다, 학식이 없다.
學者(학문하는 사람)의 반대말로는 非學者가 사용됩니다.

70 淵澄取映 못은 맑아 햇살을 거둔다
[못 연] [맑을 징] [취할 취] [비출 영]

◆ 두 절이 결합한 문형으로의 풀이도 가능합니다. [淵(주)澄(술)][取(술)映(목)]

◆ 淵澄 : 못이 맑다. 淵에 '맑음, 깊음' 등의 뜻이 있어, '맑고 깨끗함, 깊고 맑음'의 의미로도 사용됩니다.

◆ 取映 : 햇살을 거둔다. 직역하면, '비추어짐을 취한다' 입니다.

71 **容止若思** 용모(容貌)와 행동거지(行動擧止)는 생각과 같게 한다
[얼굴 용] [그칠 지] [같을 약] [생각할 사]

◆ (주+술+보)의 문형입니다. 容止(주어) 若(술어) 思(보어)

◆ 容止 : 용모(容貌)와 행동거지(行動擧止).
 - 기거동작(起[일어날 기]居[살/머무를 거]動[움직일 동]作[일어날 작]). 사람의 일상생활의 행동.
 - 생김새와 몸가짐. 止[용모 지]

◆ 若思 : 생각과 같게 하다.
ex) 『논어(論語)』 「계씨(季氏)」편에 나오는 구사(九思)
1. 視思明 : 봄에는 분명함을 생각한다.
2. 聽思聰 : 들음에는 총명함을 생각한다.
3. 色思溫 : 얼굴빛에는 온화함을 생각한다.
4. 貌思恭 : 몸가짐에는 공손함을 생각한다.
5. 言思忠 : 말에는 충직함을 생각한다.
6. 事思敬 : 섬김에는 경건함을 생각한다(/일에는 조심함을 생각한다).

7. 疑思問 : 의문에는 물음을 생각한다.

8. 忿思難 : 성냄에는 어려움을 생각한다.

9. 見得思義 : 이득을 봄에는 의로움을 생각한다.

 (視[볼 시] 明[밝을 명] 聽[들을 청] 聰[총명할 총] 色[빛 색] 貌[용모 모] 恭[공손할 공] 忠[충성 충] 敬[경건할 경] 疑[의심할 의] 問[물을 문] 忿[성낼 분] 難[어려울 난] 見[볼 견] 得[이득 득] 義[의로울 의])

ex) 구용(九容).『예기(禮記)』에 나오는 '아홉 가지 몸가짐'에 관한 내용.

 - 容은 '지니다, 수용하다' 의 뜻입니다.

1. 足容重 : 발은 무게를 지닌다.

2. 手容恭 : 손은 공손함을 지닌다.

3. 目容端 : 눈은 단정함을 지닌다.

4. 口容止 : 입은 그침을 지닌다.

5. 聲容靜 : 목소리는 조용함을 지닌다.

6. 頭容直 : 머리는 곧음을 지닌다.

7. 氣容肅 : 호흡은 맑음을 지닌다.

8. 立容德 : 섦에는 덕을 지닌다.

9. 色容莊 : 얼굴빛은 장중함을 지닌다.

 (足[발 족] 重[무게 중] 手[손 수] 目[눈 목] 端[단정할 단] 聲[소리 성] 靜[고요할 정] 頭[머리 두] 直[곧을 직] 氣[기운/호흡 기] 肅[맑을 숙] 莊[장중할 장])

72 言 辭 安 定 　언사(言辭)는 결정에 따른다.
[말씀 언] [말씀 사] [편안할 안] [정할 정]

◆ (주+술)의 문형입니다. 言辭(주어)安(술어)定(보어)

◆ 言辭 : 말하는 사람의 말이나 말씨.
◆ 安定 : 마음이나 일이 편안하게 정하여짐. 안전하게 자리 잡음.

73 篤 初 誠 美 　도탑게 시작하면 진실로 아름답다
[도타울 독] [처음 초] [정성 성] [아름다울 미]

◆ (부+술)의 두 절이 가정과 결과로 결합한 문형입니다. [篤(부사어)初(술어)]+[誠(부사어)美(술어)]

◆ 篤初 : 독실(篤實)하게 시작(始作)하다. 篤는 '도탑다, 단단하다' 등의 의미로 여기서는 '매우 신중하게 일을 시작한다'는 뜻으로 사용되었습니다.

◆ 篤의 음 [독]은 한국어 '도탑다, 두껍다'와 관련이 있습니다. 한자는 사람의 음성언어를 문자로 표기함에 있어서 음을 하나하나 좇아가는 표음문자가 아니라, 한 단어(군어)를 하나의 음가로 포함하거나 대표음을 표기

하는 방식입니다. 특히 중국인의 음에 종성 [ㄱ]은 발음하기 어려움에도, 고대 한자의 원음에 종성 발음으로 'ㄱ'이 나타나는 것은 분명 동일 민족의 언어로부터 점진적으로 변화된 것이 아니라는 증거입니다. 중국어에서 종성의 발음은 원나라 이후 사라져버렸다고 하지만, 이러한 현상은 언어의 일반적인 상황이 아닙니다. 즉 본래부터 존재하지 않았고, 다만 문자를 읽을 시에만 존재하다가 그 독음의 어려움으로 인하여 포기한 것입니다.

◆ 誠 : 진실로, 참으로.

74 **慎終宜令** 조심스레 마치다면 당연히 영예(令譽)가 있다
[삼갈 신] [마칠 종] [마땅할 의] [하여금 령]

◆ (부+술)의 두 절이 가정과 결과로 결합한 문형입니다. [慎(부사어)終(술어)]+[宜(부사어)令(술어)]

◆ 慎終 : 조심스럽게 마치다. 끝까지 삼가고 조심함을 이르는 말입니다.

◆ 宜 : 부사로 '당연히', 형용사로 '마땅하다' 등의 뜻이 있습니다.

◆ 令 : '훌륭하다'의 뜻으로 사용되었습니다.
  - 영예(令譽[명예 예]) : 훌륭한 명예.

75 榮 業 所 基 영화로운 업적은 기틀이 된 것이다
[영화 영] [일 업] [바 소] [터 기]

◆ (주+술+보)의 문형입니다. 榮業(주어)所(술어)基(보어)

◆ 榮業 : 영화로운 업적. 榮은 영달(榮達 : 지위가 높고 귀하게 됨)이나 영로(榮路 : 벼슬길)의 뜻이며, 業은 '업적·성과'의 뜻입니다.

◆ 所基 : 기틀이 된 바이다. 기틀이 되었던 것이다.
 - 所의 기본적인 의미는 'A+所'의 형태로 사용되어 위치나 장소를 나타내는 '곳, 장소'의 의미입니다.
 - 구문에서처럼 '所+A'의 문형은 뒤따르는 동사나 형용사에 완료의 상을 부여하며, 또 위치적인 지점이 아닌 발화하는 기점으로부터 상황이나 상태가 종료된 어기를 만들어냅니다. '所+A'의 문형은 술목구조에 더 가깝습니다.(기존의 문법에서는 이런 형태로 사용된 所도 불완전명사로 처리합니다)

　基所라고 하면, '기틀인 곳'으로 所는 특정한 위치나 장소를 의미합니다.
　所基라고 하면, '기틀이 된 것/바'로 '기틀/기본'이란 상황이 완료되었음을 의미합니다.
　行所라고 하면, '행위하는 곳(장소/위치)'의 의미입니다.
　所行이라고 하면, '행하여 온 것, 행하여진 것'으로 所는 위치나 장소의 의미가 아니라, 상황이 완료되었음을 나타냅니다.
　이 구문에서는 所는 基에 완료의 상을 부여하고 있습니다. '榮業基'라고만 한다면 수피관계로 보아 '영업의 기틀' 혹은 주술관계로 보아 '영업은 기틀이다'로 풀이될 수 있습니다.

所를 덧붙여, 직역하여 '기틀이 된 것(/바)이다'로 완료의 상이 나타나는 것입니다. 이 所를 학자에 따라 '피동의 조동사'라고 규정하기도 하지만, 한국어에서 '느끼다'라는 기본동사에 접미사 '~이, ~히, ~기, ~리'가 덧붙여진 '느껴지다'는 피동형이 아니라, 느낌이라는 감각 형용사에서 의지적인 요소가 비교적 약한 '느낌'의 어감을 나타냅니다. 이러한 어감을 한국어와 같은 활용어미가 없는 다른 언어권에서는 '피동'으로 분석되는 것과 마찬가지 상황입니다. 所가 직접 피동의 용법을 가지고 있는 것은 아닙니다.

'榮業之所基'라고 한다면, '영화로운 업적의 기틀이 된 것이다/영화로운 업적의 기틀이 되었다'로 풀이할 수 있습니다.

76 籍甚無竟 드높음은 끝이 없다
[문서 적] [심할 심] [없을 무] [끝 경]

◆ (주+술+보)의 문형입니다. 籍甚(주어) 無(술어) 竟(보어)

◆ 籍甚 : 1. 드높음. 성대함. 2. 성하고 큼. 자자함, 또는 매우 뛰어남.
 - 명성(名聲)이 세상에 널리 퍼짐을 의미하는 것으로 자심(滋[불을 자]甚), 자/적심(藉甚) 등으로도 씁니다.

◆ 無竟 : 다함이 없음, 끝이 없음.

77 **學優登仕** 배움이 넉넉하면 벼슬에 오른다
[배울 학] [넉넉할 우] [오를 등] [벼슬 사]

◆ (주+술)과 (술+목)의 두 절이 결합한 문형입니다. [學(주어)優(술어)]+[登(술어)仕(목적어)]
- 가정·조건에 의한 결과절은 접속사 則에 의하여 유도되기도 합니다.
學優則登仕 / 배움이 넉넉하다면 벼슬에 오른다

78 **攝職從政** 직무를 보좌하여 정무에 종사한다
[잡을 섭] [직무 직] [따를 종] [정사 정]

◆ (술+목)의 두 절이 결합한 문형입니다. [攝(술어)職(목적어)]+[從(술어)政(목적어)]

◆ 攝職 : 직무를 대리하다. 지위를 보좌하다.
- 攝이 '돕다, 대리하다, 보좌하다'의 뜻입니다.

79 存以甘棠 계심에는 다만 감당나무이다

[있을 존] [써 이] [달 감] [팥배나무 당]

◆ (주+부+술)의 문형입니다. 存(주어)以(부사어)甘棠(술어)

◆ 存 : 존재하다. 여기서는 '계심'의 뜻입니다. 주나라 소공이 남국을 순행할 때, 감당나무 아래에서 정무를 처리했다고 한 고사에 대한 이야기입니다.

◆ 以 : 부사어로 '단지, 다만'의 뜻입니다. 어떤 상황이나 행위가 국한됨을 나타냅니다. 예제문에 나오지만 소공이 특별한 거처를 마련하지 않고 다만 감당나무 아래에서 기거했다는 의미입니다.

◆ 甘棠 : 1. 팥배나무, 또는 그 열매. 2. 『시경(詩經)』 소남(召南)의 편명으로 주무왕(周武王) 때 백성들이 소공(召公)의 선정을 칭송한 것입니다.

주소공이 남국(南國)을 순행할 때 팥배나무 아래에서 송사(訟事)를 처리했는데, 후세 사람들이 그의 선정을 사모하여 감히 그 나무를 자르지 못했다는 고사를 인용한 문구입니다.

- 甘棠之愛 : 관리의 선정을 앙모(仰慕)하는 정이 간절함의 비유로 사용됩니다.

- 棠陰 : 팥배나무 그늘. 선정이나 어진 관리의 은혜로운 행적의 비유로 사용됩니다.

- 棠陰之聽 : 공정한 재판의 비유에 사용됩니다.

80 去而益詠 떠남에는 오히려 더욱 기린다
[갈 게] [말이을 이] [더할 익] [읊을 영]

◆ (주+부+술)의 문형입니다. 去(주어)而(부사어)益詠(술어)

◆ 去 : 떠나다. 물러가다. 앞의 '存'에 대비되는 개념입니다.
◆ 而 : 부사어로 '오히려, 게다가'의 뜻으로 점층 관계를 나타냅니다.
◆ 益詠 : 더욱 기리다. 益이 '더욱'의 뜻으로 동사 詠을 수식하고 있습니다.

81 樂殊貴賤 음악은 귀천(貴賤)이 다르다
[음악 악] [다를 수] [귀할 귀] [천할 천]

◆ (주+술+보)의 문형입니다. 樂(주어)殊(술어)貴賤(보어)

◆ 樂 : 뜻에 따라 음이 다르게 읽힙니다. [음악 악] [즐거울 락] [좋아할 요]
◆ 貴賤 : 1. 부귀와 빈천. 2. 귀한 사람과 천한 사람. 3. 값의 비쌈과 쌈.

82 **禮別尊卑** 예도(禮度)는 높고 낮음을 구별한다

[예의 례] [다를 별] [높을 존] [낮을 비]

- (주+술+목)의 문형입니다. 禮(주어)別(술어)尊卑(목적어)

- 尊卑 : 신분이나 지위의 높고 낮음을 말합니다.

83 **上和下睦** 위에서는 화락(和樂)하고, 아래서는 화목(和睦)한다

[위 상] [화목할 화] [아래 하] [화목할 목]

- (주+술)의 두 절이 대등하게 결합한 문형입니다. [上(주어)和(술어)]+[下(주어)睦(술어)]
  - 上은 '윗사람'의 뜻임.

- 和睦 : 서로 뜻이 맞고 정다움. 화락하고 친목함. 화친(和親). 화합(和合).

84 夫唱婦隨 지아비는 부르고, 지어미는 따른다
[지아비 부] [부를 창] [지어미 부] [따를 수]

◆ (주+술)의 두 절이 사건의 발생 순서에 따라 대등하게 연결된 문형입니다. [夫(주어)唱(술어)]+[婦(주어)隨(술어)]

◆ 唱은 주창(主唱)으로 '앞장서서 주장하다'의 뜻입니다.

85 外受傅訓 밖에서는 스승의 가르침을 받는다
[밖 외] [받을 수] [스승 부] [가르칠 훈]

◆ (부+술+목)의 문형입니다. 外(부사어)受(술어)傅訓(목적어)

◆ 外 : 밖. 외부(外部). 다음 구문에 나오는 '집안'의 반대 개념으로 '집밖'의 의미입니다.

◆ 傅訓 : 스승의 가르침. 속격관계를 나타내는 조사 之로 연결할 수 있습니다. '傅之訓'

이 之가 사용되고 그렇지 못한 것에 대한 규정은 분명한 것이 아닙니다. 한국어의 '의'의 사용과 거의 동일합니다. 잦은 사용에 의하여 하나의 단어나 숙어로 성립된 경우에는 '의'를 사용하지 않지만, 또 때로 강조를 위하여 사용되기도 합니다.

86 **入 奉 母 儀** 들어와서는 어머니의 몸가짐을 받든다
[들 입] [받들 봉] [어미 모] [거동 의]

◆ (부+술+목)의 문형입니다. 入(부사어)奉(술어)母儀(목적어)

◆ 入 : 들어오다. 앞 구문의 '外'에 반대되는 개념으로 '집안에 들어오다'의 뜻입니다.

◆ 母儀 : 어머니의 거동. 어머니의 몸가짐.

87 **諸 姑 伯 叔** 모든 고모와 삼촌은
[모두 제] [시어미 고] [맏 백] [아재비 숙]

◆ 뒤에 이어지는 구문의 화제부(話題部)로 두 명사가 나란히 병치되어 있습니다.

◆ 諸 : 모두. 모든
- 한정적 범위 내에서의 '모두'의 의미로 보통 일정한 자격 성분이 부여되는 명사 앞에서 '(그 명사로) 지정받는 사람들 모두, 전부의 의미'입니다.

- 諸侯[임금 후]에서 '候'는 천자(天子)의 지배를 받는 제후국의 임금으

로, 본래는 제후국 임금 '모두'를 뜻하는 의미였으나 인신되어 그러한 자격을 가진 개별 사람 각각을 뜻하기도 합니다. '제군(諸君)'이라고 할 때, 君은 '그대(들), 당신(들)'을 뜻하는 2인칭으로서 화자와의 일정한 자격 관계가 발생하는 사람(들)의 의미입니다.

◆ 皆[다 개] : 수적인 총합으로 '모두'의 뜻입니다.

盡[모두 진] : '낱낱이, 빠짐없다'는 의미로서의 '전부, 다, 모두'의 의미입니다.

◆ 姑 : 시어머니, 고모. 여기서는 '고모'의 뜻으로 사용되었습니다.

◆ 伯叔 : 1. 형과 아우. 백중숙계(伯仲叔季[막내 계])의 준말로 '형제'의 뜻입니다. 2. 큰아버지.

88 猶子比兒 모든 아이들이 아들과 같다
[오히려 유] [아들 자] [나란할 비] [아이 아]

◆ (술+목+목)의 이중 목적어 문형입니다. 猶(술어)子(간접목적어)比兒(직접목적어)

직역하면 '모든 아이들을 아들에게 같게 하다'의 뜻입니다.

◆ 猶 : '~와 같다, ~와 마찬가지다'의 뜻입니다.
◆ 猶子 : 1. 형제의 아들. 조카. 2. 아들처럼 대하다.
◆ 比兒 : 모든 아이(조카)마다.
 - 比가 총괄의 의미와 함께 그 구성원 하나하나를 지칭하는 의미를

함의하는 '매/모든~(마다)'의 뜻으로 사용되었습니다(比時 : 매시간, 때마다).

89 孔懷兄弟   형제가 매우 그리워한다
[구멍 공] [품을 회] [맏 형] [아우 제]

◆ (술+보)의 문형입니다. 孔懷(술어)兄弟(목적어)

◆ 孔 : 매우. 심하게(甚[심할 심]과 같은 뜻입니다).
 - 형용사 혹은 동사 앞에서 부사로 사용되며, 동작/행위/성질/상태 등의 정도가 매우 심함을 나타냅니다.

◆ 孔懷 : 1. 대단히 사모함. 2. 형제간의 의가 좋음, 또 형제의 뜻. 3. 서로 매우 그리워함.

90 同氣連枝   동기는 이어진 가지이다
[같을 동] [기운 기] [이을 연] [가지 지]

◆ (주+술)의 문형입니다. 同氣(주어)連枝(술어)

◆ 同氣 : 직역하여 '같은 기질(氣質)'로 '형제'의 뜻입니다. 동포(同胞

[태줄 포])의 뜻으로도 사용됩니다. 앞 구문 孔懷는 '매우 그리워하다'로 부술 관계이며, 同氣는 '같은 기질'로 수식어(형용사)와 피수식어(명사) 관계입니다. 부술 관계도 수식어 피수식어 구조입니다.

◆ 連枝 : 두 나무의 가지가 이어져 함께 남. 또는 연접한 나뭇가지로 형제자매나 의좋은 부부를 이릅니다.

- 連理枝 : 근간(根幹)이 다른 두 나무 가지 결이 서로 연하여 하나가 된 것. 전하여 애정이 깊은 부부 관계의 비유에 사용됩니다.(理는 '결[나무, 살]'의 뜻입니다)

- 比翼鳥 : 두 마리의 새가 몸통이 하나로 연결되고, 날개가 각기 하나씩 있어 한 몸을 이룬 것을 말합니다.

◆ 同氣一身 : 형제자매는 한 몸이다.

91 交友投分 사귀고, 벗하고, 맞추고, 나눈다

[사귈 교] [벗 우] [던질 투] [나눌 분]

◆ 동사연동(動詞連動)에 의한 문장입니다.
- 4개의 동사가 나란히 병치되어 있습니다.

◆ 交友 : 벗을 사귐. 벗의 뜻으로 성어를 이루었지만, 여기서는 다음 구문과의 문형상 '사귀고 벗하다'로 풀이하였습니다. 友에는 '돕다'의 뜻도 있습니다.

◆ 投分 : 의기가 투합(投合)하여 친구가 됨을 이릅니다. 여기서는 다

음 구문과의 문형상 '맞추고 나눈다'로 하였습니다. 投가 '맞다, 맞추다'의 뜻입니다. 投合, 投分 모두 같은 뜻입니다.

◆ 分合 : 나눔과 합침의 뜻으로 '속셈이 맞다, 속셈을 맞추다'의 의미입니다.

92 **切磨箴規** 자르고 갈며 훈계하고 충고한다
[끊을 절] [갈 마] [바늘 잠] [법 규]

◆ 동사연동(動詞連動)에 의한 문장입니다. 切(자르다)磨(갈다)箴(훈계하다)規(간하다)
 - 4개의 동사가 나란히 이어짐.

◆ 切磨 : 자르고 갈다. 절차탁마(切磋琢磨)의 준말로 학문과 덕행을 연마함의 비유로 사용됩니다.

◆ 箴規 : 바르게 충고하다, 경계하여 바로잡다. 여기서는 문맥상 箴을 '훈계하다/경계하다', 規를 '간하다(잘못한 일을 고치도록 아뢰다)'로 풀이하였습니다.

◆ 잠언(箴言) : 경계가 되는 말.

93 **仁慈隱惻** 어질고 자애로움 측은히 여김은
[어질 인] [자애로울 자] [숨을 은] [슬퍼할 측]

◆ 다음 구문의 화제부입니다. 4개의 술어가 나란히 병치된 문형입니다.

◆ 仁慈 : 어질고 자애로움.
◆ 隱惻(惻隱) : 1. 가엾고 불쌍하다. 혹은 그러한 마음을 가지다. 2. 슬프고 가슴 아픔. 隱이 가엾어하다, 가엾게 여기다의 뜻입니다.

94 **造次弗離** 잠시도 떠날 수가 없다
[만들 조] [버금 차] [아닐 불] [떠날 리]

◆ (부사어+부정사+술어)의 형식으로, 앞 구문의 논평부(論評部)입니다. 造次(부사어)弗(부정사)離(술어)

◆ 造次 : 1. 급작스러움. 황망함. 또는 급한 때. 2. 말을 잘함. 3. 지극히 짧은 동안.
  - 여기서는 3의 의미로 사용되었습니다(造[갑자기 조], 次[어조사 차] : 어떤 상태나 상황을 나타내는 접미사. '~하려던 차'의 뜻).
◆ 弗離 : 떠나서는 안 된다, 떠날 수가 없다, 떠나지를 못한다.

- 弗은 不의 일반적인 변형으로 취급되기도 하지만, 본래는 분명한 용법상의 차이가 있었습니다(한대 이후로 弗과 不은 혼용되기 시작함).
- 弗의 본래 발음은 종성에 [-t]음을 포함하는 것으로, 이는 [不+조사가 하나의 음가로 포함되는 현상이며, 이 조사는 상(相)과 시제(時制)에 관여하는 것으로 한국어에서 어간에 활용어미나 기타 조사가 결합하는 것과 동일한 현상입니다.

예로, '안하다'라는 기본 부정사에 활용어미와 조사가 덧붙여진 형태로 '안해야 한다'로, 다시 '안해야만 한다' 등으로 의지와 단정의 상(相)이 부여되는데, 여기서의 '~히+야+만' 등의 이어진 음을 원래의 부정사에 포함시켜서 하나의 문자로 표기하는 방식인 것입니다. 이런 표기방식은 고립어에서는 발생할 수 없습니다.

'不離'는 '떠나지 않는다/못하다'의 의미로 객관적인 서술인 반면, '弗離'는 '떠나지지가 않는다, 떠나지를 못한다, 떠날 수 없다' 등으로 보다 강조적인 부정으로 의지와 감정적인 상(相)을 내포하게 되는 것입니다.

95 節義廉退 절개와 의리, 청렴과 사양은
[마디 절] [옳을 의] [청렴 염] [물러날 퇴]

◆ 다음 구문의 화제부입니다.

◆ 節義 : 절개(節槪)와 의리(義理).
◆ 廉退 : 겸손(謙遜)과 사양(辭讓). 겸손하게 물러섬. 겸양(謙讓).

96 **顚沛匪虧** 구르고 넘어지더라도 이지러지지 않는다
[구를 전] [넘어질 패] [아닐 비] [이지러질 휴]

◆ (부+술+보)의 문형입니다. 顚沛(부사어)匪(술어)虧(보어)

◆ 顚沛 : 본래의 뜻은 '구르고 넘어지다'이나, 여기서는 '잠시, 순간'의 의미로 사용되었습니다.
◆ 匪 : ~이 아니다, ~아니 한다.
- 弗이 不의 강조형인 반면, 匪는 非의 강조형입니다.
- 弗과 不은 부정부사로 뒤의 동사에 대한 부정의 의미를 가지고, 匪와 非는 명사를 보어나 목적어로 취하는 형용사나 동사로 사용됩니다.
- 여기서의 匪는 '非唯'의 개념으로, 동작이나 행위가 어떤 범위에 제한되지 않음을 나타내는 '~에 그치지 않다, ~뿐만 아니다' 등의 의미로 사용되었습니다.

97 **性靜情逸** 성품이 고요하면 속내가 편안하다
[성품 성] [고요할 정] [뜻 정] [편안할 일]

◆ (주+술) 구조의 두 절이 원인과 결과로 결합한 문형입니다. [性(주어)靜(술어)]+[情(주어)逸(술어)]

♦ 性情 : 1. 사람의 품성(稟性)과 기질(氣質). 2. 사람이 본디 가지고 있는 성질. 천성. 마음씨. 3. 생각이나 감정. 4. 사람의 마음을 이룬 두 개의 요소. 성질(性質)과 심정(心情). 5. 성격. 기질. 성질.
♦ 靜逸 : 조용하고 편안함.

98 心動神疲 마음이 동요되면 정신이 피로하다
[마음 심] [움직일 동] [정신 신] [피로할 피]

♦ (주+술)의 두 절이 원인과 결과로 결합한 문형입니다. [心(주어)動(술어)]+[神(주어)疲(술어)]

♦ 心動 : 1. 마음이 설레임, 마음이 흔들림. 2. 마음이 불안함.
♦ 神疲 : 정신이 피곤함.
♦ 心神 : 1. 마음. 심정. 2. 사고(思考)와 정력(精力).

99 守眞志滿 본성(本性)을 지키면 뜻이 찬다
[지킬 수] [참 진] [뜻 지] [찰 만]

♦ (술+목)과 (주+술)의 두 절이 가정과 결과로 결합한 문형입니다. [守(술어)眞(목적어)]+[志(주어)滿(술어)]

◆ 守眞 : 본성을 지키다. 천성(天性)을 보존(保存)함. 보진(保眞).
- 천진난만(天眞爛漫)함을 잃지 않는다는 뜻입니다.

100 **逐物意移** 외물(外物)을 쫓으면 뜻이 옮겨간다
[쫓을 축] [사물 물] [뜻 의] [옮길 이]

◆ (술+목)과 (주+술)의 두 절이 조건과 결과로 결합한 복합문입니다.
[逐(술어)物(목적어)]+[意(주어)移(술어)]

◆ 逐物 : 외물을 쫓다.
- 여기서의 物은 외물(外物)의 의미로, 심신(心神) 이외의 사물, 물욕(物慾), 부귀(富貴), 명리(名利) 따위를 말합니다.

101 **堅持雅操** 우아한 지조를 굳게 지닌다
[굳을 견][잡을 지][우아할 아][지조 조]

◆ (부+술+목)의 문형입니다. 뒷 구문의 가정절로 사용되고 있습니다.
[堅(부사어)持(술어)雅操(목적어)]

◆ 堅持 : 굳게 지닌다. 합성어로 '마음을 바꾸지 않고 한결같이 지냄

을 의미합니다. 견집(堅執[잡을 집])이라고도 합니다.
- ◆ 雅操 : 우아한 지조, 고상한 지조.
- ◆ 持操 : 절조(節操)를 지킴.

102 **好爵自縻** 좋은 술로 스스로 얽는다.
[좋을 호] [벼슬 작] [스스로 자] [얽을 미]

◆(주+부+술)의 문형입니다. 好爵(주어) 自(부사어) 縻(술어)

◆好爵 ; 1 좋은 벼슬. 좋은 작위(爵位). 2 좋은 술잔, 또는 맛 좋은 술.
- 爵은 본래는 '술잔'의 의미였으나, 고대(古代)에 제후(諸侯)가 천자(天子)를 조근(朝[조정/조회받을 조]覲[뵐 근]) 했을 때, 옥(玉)·금(金)·은(銀)·각(角) 등으로 만든 잔을 내리는 것에서 '벼슬'의 의미가 유래하였다고 합니다.

◆縻는 '얽는다' 는 뜻으로, 182번 구절 解組誰逼(인끈을 풀었는데 누가 핍박하겠는가?)에서 組[끈 조]가 관복의 혁대의 의미인 것에 반하여, 현실적인 부귀공명이 아니라, 유유자적한 삶이 가져다 주는 심리적 영화로움을 '스스로 두른 관복'으로 표현한 것입니다.

※ 일반적으로 이 구절을 '좋은 벼슬이 스스로 얽힌다' 라고 풀이하고 있습니다. 하지만 앞 구절 堅持雅操와 어우러져, '좋은 벼슬을 얻기 위하

여 우아한 지조를 굳게 지킨다'라는 기회주의적인 내용이 아니라, 지조 있는 선비나 군자의 청아한 삶을 비유적으로 표현한 문구입니다. 제3장 심화학습(p.292) 참조.

103 都邑華夏 도읍은 빛나고 크다
[도읍 도] [고을 읍] [빛날 화] [여름 하]

◆ 다음 구문의 화제부로 (주+술)의 문형입니다. 都邑(주어)華夏(술어-동사연동)

◆ 都邑 : 서울(수도), 또는 도시.
  - 都와 邑은 본래 토지 구별의 단위로, 5리(里)를 '邑'이라고 하고, 10읍(邑)을 '都'라고 합니다. 나중에 의미가 인신되어 서울 또는 도시의 의미로 사용되었습니다.

◆ 華夏 : 빛나고 크다. 두 형용사가 나란히 연동되고 있습니다.
  - 고대(한나라 이후) 중국인들이 자기 민족과 자신들의 땅을 자랑스럽게 이르는 말로, '華'는 '빛나다', '夏'는 '크다'의 뜻입니다.

104 東西二京 동서의 두 서울이다
[동녘 동] [서녘 서] [두 이] [서울 경]

- ◆ 앞 구문의 논평부(서술부)입니다. 東西(수식어)二京(피수식어)
- ◆ 여기서의 동경(東京)은 낙양(洛陽)을 말하며, 서경(西京)은 장안(長安)을 말합니다.

105 **背邙面洛** 망산(邙山)을 등지고 낙수(洛水)를 향한다
[등 배] [산이름 망] [낯 면] [물이름 락]

- ◆ (술+목)의 두 절이 대등하게 연결된 복문입니다. [背(술어)邙(목적어)]+[面(술어)洛(목적어)]

- ◆ 背邙 : 망산을 등지다, 망산을 등 뒤로하다.
 - 邙은 낙양의 북쪽에 있어 북망산(北邙山)이라고도 하는데, 한(漢)·위(魏) 이래로 왕후공경(王侯公卿)을 장사지내던 곳으로 묘지(墓地)의 범칭, 혹은 죽음의 비유어로도 사용됩니다.
- ◆ 面洛 : 낙수를 면하다, 낙수를 향하다.
 - 洛은 낙수(洛水)로 낙양(洛陽)의 남쪽에 있으며, 섬서성(陝西城)에서 발원하여 황하(黃河)로 흘러가는 강의 이름입니다.
- ◆ 동경, 낙양의 형세를 설명한 구문으로, 배산임수(背山臨水)의 지형임을 나타내고 있습니다.

106 **浮渭據涇** 위수(渭水)에 떠 있으며,
[뜰 부] [물이름 위] [의거할 거] [물이름 경] 경수(涇水)에 기댄다

◆ (술+목)의 두 절이 대등하게 연결된 복합문입니다. [浮(술어)渭(목적어)]+[據(술어)涇(목적어)]

◆ 浮渭 : 위수에 떠 있다. 위수에 접해 있음을 은유적으로 표현한 것입니다. 위수(渭水)는 감숙성(甘肅城)에서 발원하여 황하로 흘러드는 강입니다.

◆ 據涇 : 경수에 기댄다. 경수에 접해 있음에 대한 표현입니다. 경수(涇水)는 감숙성에서 발원하여 섬서성의 위수로 흘러드는 강입니다.

107 **宮殿盤鬱** 궁궐과 전각이 굽이굽이 울창하다
[집 궁] [전각 전] [소반 반] [울창할 울]

◆ (주+부+술)의 문형입니다. 宮殿(주어)盤(부사어)鬱(술어)

◆ 宮殿 : 왕의 거처. 궁궐(宮闕).
◆ 盤鬱 : 굽이굽이 울창하다.
  1. 구불구불 굽어져 그윽한 모양. 2. 구불구불하게 돌아 아름다운 모양.

108 **樓觀飛驚** 누각(樓閣)과 관대(觀臺)가 날듯이 놀랍다
[다락 루] [볼 관] [날 비] [놀랄 경]

◆ (주+부+술)의 문형입니다. 樓觀(주어)飛(부사어)驚(술어)

◆ 樓觀 : 누각과 관대. 궁전 따위의 높고 큰 집.
- 樓閣[다락집 각] : 높고 큰 집. 사방이 탁 트이게 높이 지은 다락집을 말합니다.(고대 건축 구조에서 2층으로 지은 건물은 1층을 閣, 2층을 樓라고 하였음)
- 관대(觀臺[대 대]) : 천상(天象)을 관측하기 위하여 높이 지은 건축물입니다.

◆ 飛驚 : 날듯이 놀랍다. 飛에는 '높다'의 뜻도 있으며, 樓觀이 높아서 '날으는 것 같다'는 은유적인 표현입니다.

109 **圖寫禽獸** 금수를 그리고 옮겨 놓았다
[그림 도] [베낄 사] [날짐승 금] [길짐승 수]

◆ (술+목)의 문형입니다. 圖寫(술어)禽獸(목적어)
◆ 圖寫 : 그려서 옮김. 묘사(描[그릴 묘]寫). 寫에 '묘사하다, 옮기다'의 뜻이 있습니다.(ex. 徙[옮길 사])
◆ 禽獸 : 짐승의 범칭. 禽은 날짐, 獸는 길짐승의 뜻입니다.

110 **畵綵仙靈** 신선(神仙)과 영묘(靈妙)를 그리고 칠하였다
[그림 화] [채색 채] [신선 선] [신령 령]

◆ (술+목)의 문형입니다. 畵綵(술어-동사연동)仙靈(목적어)

◆ 畵綵 : 그리고 칠하다.
- 두 동사가 연속해서 사용되고 있습니다. 이러한 구조를 '동사연동(動詞連動)'이라고 합니다. 동사연동은 일반적으로 시간이나 사건의 발생 순서에 의하여 기술됩니다.

◆ 仙靈 : 신선(神仙). 신선과 영묘.
- 고대에 궁이나 전각에는 각 방위를 수호하는 사신[四神 : 청룡(동방), 백호(서방), 주작(남방), 현무(북방)] 등을 그려 넣었습니다.

111 **丙舍傍啓** 병사(丙舍)가 곁으로 열려 있다
[남녘 병] [집 사] [곁 방] [열 계]

◆ (주+부+술)의 문형입니다. 丙舍(주어)傍(부사어)啓(술어)

◆ 丙舍 : 1. 궁중(宮中)의 정실(正室)의 양쪽에 있는 건물. 2. 무덤의 제실(齊室).

- 궁중에서 황제가 있는 정전(正殿)의 양옆으로 신하들이 거처하는 전각들을 지었는데, 이 신하들의 관사를 丙舍라고합니다.
◆ 傍啓 : 곁으로 열려 있다, 옆으로 늘어서다.
- 고대 궁궐(宮闕)에는 방위나 용도에 따라 등급을 매겼는데, 황제가 거처하는 궁을 갑(甲), 황후의 궁을 을(乙), 신하들의 궁을 병(丙)이라고 하고, 황제와 황후의 궁을 중심으로 양옆으로 병사(丙舍)가 펼쳐지듯이 배치된 것을 말합니다.

112 甲帳對楹 갑장은 마주서 기둥이다
[갑옷 갑] [휘장 장] [대할 대] [기둥 영]

◆ (주+술+목)의 문형입니다. 甲帳(주어)對(술어)楹(목적어)

◆ 甲帳 : 한무제(漢武帝) 때 신하 동방삭(東方朔)이 진귀한 진주를 모아서 만든 휘장을 두 개 만들었는데, 둘 중 더 좋은 갑장(甲帳)은 신전에 바쳤으며, 을장(乙帳)은 무제의 침실 장식용으로 바쳤다고 합니다. '찬란한 장식' 정도의 의미로 사용되고 있습니다.
- '甲'에는 '첫째, 최고'의 뜻이 있습니다.(甲富 : 첫째가는 부자)
- 동방삭(東方朔) : B.C 154~ 93. 한무제의 신하로 기이한 꾀와 재담으로 무제의 사랑을 받았다고 합니다.
◆ 對楹 : 마주서서 기둥이다. 對가 '대하다, 마주서다'의 뜻입니다. 술

목구조로 보아 '기둥을 대하고 있다'로의 풀이도 가능합니다. 기둥 주변에 장식용 커튼이 드리워져 있는 모습에 대한 형용입니다.

113 肆筵設席 자리를 깔고 잔치를 베푼다
[진열할 사] [자리 연] [베풀 설] [자리 석]

◆ (술+목)의 두 절이 결합한 복문입니다. [肆(술어)筵(목적어)][設(술어)席(목적어)]
- 두 행위가 발생하는 순서(순차발생)에 의해서 문장이 이어지고 있습니다.

◆ 肆筵 : 자리를 깔다.
- 肆가 '진열하다'의 뜻입니다. 肆는 또 '가게(점포)'의 뜻도 있는데, 이는 물건을 진열하는 것에서 가게의 뜻을 나타내는 것입니다.
◆ 設席 : 1. 깔개나 요를 펴다. 2. 술자리를 마련하다.
- 筵은 '좌석' 자체의, 즉 의자나 깔개를 뜻하지만, 席는 의자나 깔개가 있는 공간의 의미로서 '잔치자리'를 의미합니다.

114 鼓瑟吹笙 거문고 타고 생황을 불다

[북/두드릴 고][큰거문고 슬]　[불 취]　[생황 생]

◆ (술+목)의 두 절이 대등하게 연결된 문형입니다. [鼓(술어)瑟(목적어)][吹(술어)笙(목적어)]

◆ 鼓瑟 : 거문고를 타다.
- 鼓는 '두드리다, 타다'의 뜻으로, 타악기나 현악기를 연주하다의 표현에 주로 사용됩니다. 瑟은 흔히 [비파 슬]로 훈독되지만, 본래의 의미는 큰 거문고입니다. '琴[거문고 금]'은 '瑟'에 비하여 작은 거문고입니다.

◆ 瑟에는 '쓸쓸하다'의 뜻도 있는데, [슬] 음과 '쓸쓸하다'에서의 [쓸] 음은 관련이 있습니다. 또 '많은 모양'의 의성어로도 사용되는데, 한국어의 '솔솔'과도 관련이 있습니다.

◆ 吹笙 : 생황을 불다.
- 吹는 '불다'의 뜻으로 관악기를 연주하는 표현에 사용됩니다. 笙은 생황(笙簧)으로 관악기의 일종입니다. 제일 작은 관은 가운데에 두고 양 옆으로 점점 긴 관을 배열한 형태로 아악(雅樂)에 사용되는 악기의 하나입니다.

◆ 아악(雅樂) : 천지와 종묘 등의 제례에 연주되던 음악을 말합니다. 여기서의 '雅'는 '바른, 표준'의 뜻입니다.

115 陞階納陛 승진은 섬돌에 조아리게 한다
[오를 승] [계단 계] [들일 납] [섬돌 폐]

◆ (주+술+보)의 문형입니다. 陞階(주어)納(술어)陛(보어)
- 높은 관직으로 승진해서 직접 천자를 알현하게 됨을 말합니다. 승진해서 섬돌에 조아리다.

◆ 陞階 : 승진(陞進). 직역하여, '계단에 오르다' 입니다. 고대 관직의 등급을 품계(品階)라고 하였습니다. 품계가 오르다.
◆ 納陛 : 섬돌에 들이다, 섬돌에서 조아리다.
- 納은 '(안으로) 들이다'의 뜻과 '머리를 숙이다/조아리다'의 뜻이 있습니다.
- 陛는 대청마루의 아래나 처마와 잇닿는 부분의 바닥에 둔 돌을 말합니다. 낙숫물 등이 떨어져 바닥이 침하되는 것을 방지하기 위한 기능을 합니다. 고대에 신하가 이 섬돌에서 천자를 뵙고 진언을 하던 것에서 인신되어 폐하(陛下)는 임금에 대한 존칭으로 사용되었습니다.
◆ 納陛는 고대 천자가 특별한 공이 있는 제후에게 내리던 구석(九錫 [주석/줄 석])의 하나이기도 합니다. 구석에는 거마(車馬)·의복(衣服)·악칙(樂則)·주호(朱戶)·납폐(納陛)·호분(虎賁)·궁시(弓矢)·부월(鈇鉞)·거창(秬鬯)이 있습니다.

116 弁轉疑星 고깔의 나부낌은 별에 비긴다
[고깔 변] [구를 전] [의심할 의] [별 성]

◆ (주+술+보)의 문형입니다. 弁轉(주어)疑(술어)星(보어)

◆ 弁 : 고깔. 고대 신분별로 나뉘어져 있던 관(冠)입니다. 상례(常禮)에는 弁을 쓰고, 길례(吉禮)에는 冕[면류관 면]을 쓴다고 합니다.
◆ 轉 : '움직이다, 구르다'가 기본 의미이며, 여기서는 '펄럭이다, 나부끼다'의 의미로 사용되었습니다. 귀 아래로 늘어뜨린 고깔의 구슬 장식이 나부끼는 것을 말합니다.
◆ 疑星 : 별에 비긴다, 별로 의심하다, 별로 착각하다.(疑는 '擬[비길 의]'와도 통용되어, '~와 같다, ~라고 여기다'의 뜻입니다)

117 右通廣內 오른쪽으로 광내와 통한다
[우른 우] [통할 통] [넓을 광] [안 내]

◆ (부+술+보)의 문형입니다. 右(부사어)通(술어)廣內(보어)
- 右가 위치·방향의 부사어로 사용되고 있습니다.
◆ 廣內 : 서고(書庫). 책광(册廣). 본래는 한대(漢代)의 궁중 서고였으나 후대에 제왕의 서고를 일컫게 되었습니다. 廣은 담장이 없는 큰 건축물

의 의미를 나타내며, 內는 창고 형식의 집을 의미합니다.

◆ 內는 두 강물이 합치는 곳이나 강물이 굽이치는 곳의 의미로도 사용되는데, 內의 [내] 음(音)은 한국어 '냇가'와 관련이 있습니다.

118 **左達承明** 왼쪽으로 승명려(承明廬)에 이른다
[왼좌] [이를달] [받들승] [밝을명]

◆ (부+술+목)의 문형입니다. 左(부사어)達(술어)承明(목적어)
- 左가 위치·방향의 부사어로 사용되고 있습니다.

◆ 達 : 이르다. 도달하다.
- 通은 '처음부터 끝까지'의 의미이며, 達은 어떤 지점이나 위치에 도달함의 의미입니다.

◆ 承明 : 승명려(承明廬[초막 려]). 한나라 때 시신(侍[모실 시]臣)이 숙직하던 곳, 혹은 신하들이 대기하던 곳입니다. 承明은 '밝음을 잇는다'의 의미입니다. 숙직을 하며 아침이 밝아오기까지 기다린다는 의미이거나 광내(廣內)의 서적을 열람하거나 교열작업을 하여, 인문(人文)의 밝음을 잇는다는 의미로 지어진 이름으로 보입니다.

◆ 入承明廬 : 직역하여 '승명려에 들어가다'의 뜻이지만, 인신되어 임금과 조정에서 직접 정사를 논의할 수 있는 조신(朝臣)이 됨의 비유로 사용됩니다.

119 **旣 集 墳 典** 이미 삼분(三墳)과 오전(五典)이 모여 있다
[이미 기] [모을 집] [봉분 분] [책 전]

- ◆ (부+술+보)의 문형입니다. 旣(부사어)集(술어)墳典(보어)

- ◆ 旣 : 이미, 벌써. 부사로서 상황이나 사건의 종결을 나타냅니다.
- ◆ 墳典 : 삼분(三墳)과 오전(五典). 즉 삼황오제(三皇五帝)에 관한 책을 의미하며, 전하여 고전(古典)의 뜻으로도 사용됩니다. 현재는 전해지지 않고 있습니다.
  - 삼분(三墳) : 복희(伏羲)·신농(신농)·황제(황제)에 관한 책입니다.
  - 오전(五典) : 소호(少昊)·전욱(顓頊)·고신(高辛)·당(唐)·우(虞)에 관한 책입니다.
  - 墳은 옛 서적의 범칭으로도 사용되며, 典은 서적 중에서도 법칙이나 제도에 관계된 책을 이릅니다.

120 **亦 聚 群 英** 또 여러 영재(英才)들을 모았다
[또 역] [모을 취] [무리 군] [꽃부리 영]

- ◆ (부+술+목)의 문형입니다. 亦(부사어)聚(술어)群英(목적어)

◆ 亦 : 또, 또한. 동작이나 행위가 중복되거나 상이한 상황이 연속으로 이어짐을 나타냅니다.

◆ 群英 : 여러 영재(英才), 많은 현능(賢能)한 사람들.

121 **杜槀鐘隸** 두도(杜度)의 초서(草書)와
[막을 두] [마를 고] [술잔 종] [예서 례] 종요(鍾繇)의 예서(隸書)이다

◆ 두 명사구가 나란히 연결된 형태입니다. [杜槀(명사술어)][鐘隸(명사술어)]
  - 한문에서는 명사가 단독으로 술어로 사용되기도 합니다.

◆ 杜槀 : 두도(杜度)의 초서. 두도는 후한(後漢) 때 사람으로 초서를 잘 썼으며, 장제(章帝)가 두도의 초서체로 상소문(上疏文)을 올리도록 명한 것에서, 그의 초서체를 장초(章草)라고 합니다. 槀는 '초서'의 뜻입니다. '草[풀 초]'는 '풀'의 의미이며, '槀'는 '벼, 지푸라기'의 의미입니다. 흘림체.

◆ 鐘隸 : 종요(鍾繇)의 예서(隸書). 종요는 삼국 때 위(魏)나라의 명필로 각 서체에 모두 능하였으나, 특히 해서(楷書)와 예서(隸書)에 뛰어났습니다.

122 漆書壁經 칠서와(漆書) 벽경(壁經)이다
[옻칠] [글서] [벽벽] [경서경]

◆ 두 명사가 나란히 연결된 문형입니다. [漆書(명사술어)][壁經(명사술어)]

- 앞 구문과 마찬가지로 명사가 술어로 사용되었습니다.

◆ 漆書 : 옻으로 글씨를 쓴 죽간(竹簡). 옻칠은 보존을 위하여 칠해진 것입니다.

◆ 壁經 : 한무제(漢武帝) 말기 노(魯) 공왕(恭王)이 궁전을 확장할 때 공자(孔子)의 옛집 벽 속에서 발견했다는 상서(尙書)·예기(禮記)·춘추(春秋)·논어(論語)·효경(孝經) 등 고문(古文)으로 씌어진 책들을 말합니다. 벽중서(壁中書). 벽서(壁書).

◆ 고문(古文) : 진시황(秦始皇)이 천하를 통일하고 만든 서체인 전서(篆書) 이전에 있었던 글씨체로 위가 굵고 아래가 가늘어서 올챙이처럼 생겼다 하여 과두문자(蝌[올챙이 과] 蚪[올챙이 두]文字)라고 하는 글씨체입니다.

123 **府 羅 將 相** 관부(官府)에는 장수(將帥)와 재상(宰相)이 늘어서 있다
[곳집 부] [벌일 라] [장수 장] [서로/재상 상]

◆ (부+술+보)의 문형입니다. 府(부사어)羅(술어)將相(보어)
- 府가 위치의 부사어로 사용되고 있습니다.

◆ 府 : 관부(官府), 관청(官廳)의 뜻.
◆ 將相 : 장수(將帥)와 재상(宰相). 문무대신(文武大臣)의 범칭으로 사용되기도 합니다.

124 **路 夾 槐 卿** 길에는 공경(公卿)의 집들이 가까이 있다
[길 로] [낄 협] [홰나무 괴] [벼슬 경]

◆ (부+술+보)의 문형입니다. 路(부사어)夾(술어)槐卿(보어)

◆ 夾 : 끼다, 가깝다. 어떤 물건이 서로 아주 가까이 있음을 뜻합니다.
◆ 槐卿 : 삼공구경(三公九卿)을 말하며, 여기서는 문맥상 그들의 집의 뜻입니다.
- 주대(周代) 조정(朝廷)에 세 그루의 홰나무와 아홉 그루의 가시나무를 심어 공경대부(公卿大夫)가 그 나무 아래에 자리한 데서 온 말입니다.

125 戶封八縣 가문에 여덟 고을을 봉했다
[집 호] [봉할 봉] [여덟 팔] [고을 현]

- (부+술+목)의 문형입니다. 戶(부사어)封(술어)八縣(목적어)

- 戶 : 집, 가문(家門). 여기서는 개국(開國)이나 반정(反正) 등에 공(功)을 세운 가문을 말합니다.
- 封 : 봉하다. 제왕이 제후에게 식읍(食邑)으로 영지(領地)를 내려줌을 의미합니다.

126 家給千兵 가문에 천 명의 병사를 주었다
[집 가] [줄 급] [일천 천] [병사 병]

- (부+술+목)의 문형입니다. 家(부사어)給(술어)千兵(목적어)

- 家 : 앞 구문의 戶와 같은 의미로 사용되었습니다. 일반적으로 國은 제후(諸侯)가 다스리는 나라를 말하며, 家는 대부(大夫)에 의해서 다스려지는 지역을 말합니다.
- 千兵 : 천 명의 병사. 꼭 천 명의 병사를 내주었다는 이야기가 아니라 아주 많은 수의 병사를 내주었다는 의미입니다. 앞 구문의 八縣은 한고조

가 공신(功臣)에게 하사한 고을 수이긴 하지만, 동일한 의미로 보아야 하겠습니다.

127 **高冠陪輦** 높은 관으로 수레를 모신다
[높을 고] [갓 관] [모실 배] [수레 련]

◆ (부+술+목)의 문형입니다. 高冠(부사어)陪(술어)輦(목적어)

◆ 高冠 : 높은 관. 옛날 관(冠)은 신분의 상징이므로 고관대작(高官大爵)의 의미로 사용된 것입니다.
◆ 陪輦 : 수레를 모시다. 陪는 '모시다, 보좌하다'의 뜻입니다. 輦은 본래 사람이 손으로 끄는 수레를 뜻하였으나, 진한(秦漢) 이후로 임금이나 황후가 타는 수레의 의미로 사용되었습니다. 배승(陪乘)의 뜻으로 천자나 제왕을 모시고 수레에 탐을 의미합니다.

128 **驅轂振纓** 달리는 수레에 갓끈이 휘날린다
[말몰 구] [바퀴통 곡] [떨칠 진] [갓끈 영]

◆ (부+술+보)의 문형입니다. 驅轂(부사어)振(술어)纓(보)

◆ 驅轂 : 달리는 수레. 驅는 '몰다'의 뜻이며, 轂은 본래 '바퀴살, 바퀴통'의 뜻이나 인신되어 '수레'의 뜻도 나타냅니다.

◆ 振纓 : 振은 搖[흔들 요]에 비하여 상대적으로 강한 흔들림, 즉 '떨치거나 내두름'의 뜻입니다. 고관대작의 휘황찬란한 갓끈의 흔들림을 강조하고 있습니다.

129 **世祿侈富** 대대로 녹을 받아 풍성하고 부유하다
[대 세] [녹 록] [사치 치] [부유할 부]

◆ 두 술어절이 원인과 결과로 결합한 문형입니다. [世(부사어)祿(술어)]+[侈富(동사연동)]

◆ 世祿 : 대대로 녹을 받다. 대대로 받는 녹봉(祿俸). 祿은 '관리가 받는 봉급'의 뜻입니다.

◆ 侈富 : 풍성하고 부유(富裕[넉넉할 유])하다. 侈에는 '사치'의 뜻 외에도 '많다, 풍성하다'의 뜻도 있습니다.

130 車駕肥輕 수레를 타며, 말은 살찌고 옷은 가볍다
[수레 거] [탈것 가] [살찔 비] [가벼울 경]

◆ 두 술어절이 대등하게 연결된 문형입니다. [車駕(명사술어)]+[肥輕(동사연동)]

◆ 車駕 : 합성어로 '수레'의 뜻으로 말이 끄는 수레를 말합니다.(車는 수레의 범칭이며, 駕는 말이 끄는 수레) 고대에 말이 끄는 수레를 사람이 탄다는 것은 전투시가 아니면 아주 호사로운 것이었습니다. 車駕는 '임금'의 비유어로도 사용됩니다.
◆ 肥輕 : 비마경구(肥馬輕裘[갖옷 구])의 준말. 살찐 말과 가벼운 가죽 옷이라는 뜻으로 호사스러운 생활의 비유어로 사용됩니다.

131 策功茂實 공을 책정(策定)하여, 실적(實迹)을 융성하게 하다
[책정할 책] [공 공] [무성할 무] [열매 실]

◆ (술+목)의 두 절이 조건과 결과로 결합한 문형입니다. [策(술어)功(목적어)]+[茂(술어)實(목적어)]

◆ 策功 : '공을 책정하다/산정하다'의 뜻입니다.

Part 01_천자문 본문 풀이 | 141

◆ 茂實 : 實은 실적(實迹)의 뜻, 茂는 '융성하다'로 여기서는 '융성하게 대접하다'의 뜻으로 사용되었습니다. 즉 공을 책정하고 그 실적대로 융성하게 대접해준다는 의미입니다. 茂實은 '무성하고 열매가 많음', '훌륭한 덕업(德業)'의 뜻으로도 사용됩니다.

132 **勒 碑 刻 銘** 비석에 새겨 명문(銘文)을
[굴대/새길 륵] [비석 비] [새길 각] [명문 명] 각인(刻印)한다

◆ (술+보)와 (술+목)의 두 절이 결합한 문형입니다. [勒(술어)碑(보어)]+[刻(술어)銘(목적어)]

◆ 勒碑 : 비석에 글자를 새김.
- 늑공(勒功) : 돌에 공적을 새김. 또는 공을 세움을 이름.
◆ 刻銘 : 명문(銘文)을 각인(刻印)하다. 銘은 자신을 경계하거나 죽은 사람의 공덕(功德)을 기리기 위해 금석이나 기물에 새기는 글의 뜻입니다. ex. 좌우명(座右銘).
- 銘勒 : 죽은 사람의 공덕을 금석에 새기는 일.

133 **磻溪伊尹** 반계와 이윤은

[물이름 반] [시내 계] [저 이] [맏 윤]

◆ 두 명사가 다음 구문의 주어로 사용되고 있습니다. 磻溪(명사)+伊尹(명사)

◆ 磻溪 : 주(周) 무왕(武王)을 도와 주나라 건국에 큰 공을 세운 강태공(姜太公)의 이칭(異稱)입니다. 磻溪는 섬서성에서 시작되어 위수(渭水)와 합류되는 강 이름으로 강태공이 세상에 나갈 때를 기다리며 곧은낚시질을 하던 곳입니다.

◆ 伊尹 : 은(殷)의 재상(宰相)으로 이름은 伊, 또는 摯[잡을 지]라고도 합니다(尹은 벼슬이름). 탕왕(湯王)이 천하를 평정할 수 있게 잘 보필한 것으로 알려져 있습니다.

◆ 伊尹太公之謀 : 이윤과 태공의 계책. 천하를 평정하여 다스리게 하는 계책의 비유어로 사용됩니다.

134 **佐時阿衡** 시대를 도우고, 균형을 잡아주었다

[도울 좌] [때 시] [언덕 아] [저울 형]

◆ (술+목)의 두 절이 대등하게 연결된 문형입니다. [佐(술어)時(목적

어)]+[阿(술어)衡(목적어)]

- ◆ 佐時 : 시대를 돕다. 佐가 '돕다. 보좌(保佐)하다'의 뜻입니다.
- ◆ 佐命 : 천명을 받아 나라를 창건한 임금을 보좌함. 건국의 대업(大業)을 도움.
- ◆ 阿衡 : 균형을 잡아주었다.

- 阿衡은 은(殷)의 관직명으로 현재의 국무총리에 해당합니다. 이윤(伊尹)이 이 벼슬에 임명되었던 데서 이윤을 이르는 말이나 재상(宰相)의 범칭으로도 사용됩니다. 阿는 '의지하다, 의뢰하다'의 뜻이며, 衡은 '균형, 저울'에서 '태평함'의 의미를 함의합니다. 즉 천하의 백성들이 그에게 의지하여 공평함과 태평함을 얻는다는 의미로 지어진 관직명입니다.

135 **奄宅曲阜** 엄택(奄宅)과 곡부(曲阜)는
[가릴 엄] [집 택] [굽을 곡] [언덕 부]

- ◆ 두 명사구가 나란히 병치된 다음 구문의 화제부입니다. 奄宅(명사구)曲阜(명사구)

- ◆ 奄宅 : 가려진 집.
- ◆ 曲阜 : 굽은 언덕.

- 지명으로서의 曲阜는 중국 산동성(山東省)에 있는 마을로, 주 무왕(武王)이 아우 단(旦)을 봉한 노의 도읍지로 공자의 묘와 사당이 있는 곳입니

다. 주공(旦)은 성왕의 아버지인 무왕(武王)의 동생으로, 무왕의 사후(死後) 자신이 충분히 권력을 장악할 수 있었음에도 성왕을 보필하는 길을 택하였으며, 이후 반란의 제압 및 영토의 확장 등으로 주나라를 크게 융성시켰습니다. 그의 통치술 및 조직력은 후대 중국 왕조들의 본보기가 되었습니다.

◆ 奄宅와 曲阜는 '가려진 주택지'와 '굽이진 언덕'으로 같은 의미입니다. 즉 사람이 살기 좋은 곳의 뜻입니다. 또, '문득(奄) 곡부(曲阜)에 집(宅)을 짓다'로 풀이할 수도 있습니다.

136 **微旦孰營** 단(旦)이 아니라면 누가 경영 하겠는가

[적을/아닐 미] [아침 단] [누구 숙] [경영할 영]

◆ (술+보)와 (주+술)의 두 절이 [가정]+[결과]로 결합한 문형입니다. [微(술어)旦(보어)]+[孰(주어)營(술어)]

◆ 微旦 : 단이 아니라면.
- 微는 '~이 아니다'의 뜻으로 '非'와 동일한 의미이며, 여기서는 부정적 가설의 어기를 함의하여 '~이 아니라면'의 의미로 사용되었습니다.
- 旦은 주공(周公)의 이름입니다.
◆ 孰營 : 누가 경영하겠는가
- 孰는 의문사로 '누구'의 뜻입니다. 誰[누구 수]와 비교하여 誰는 '불특정다수인'의 의미를 나타내는 반면, 孰은 보다 한정적인 '어떤 누구'의

의미입니다.
 - 莫[말 막], 或[혹시 혹], 各[각각 각], 孰은 모두 종성이 [-k]로 끝나는데 (고대 원음은 한국에서의 음과 동일합니다), 이 글자들은 모두 한정적인 범위를 지정 받거나 함의하는 어기를 지닙니다. 이 글자들은 본래의 단어에 어떤 운미(韻尾)가 결합한 형태입니다.
 - 營은 '경영하다, 건설하다, 세우다' 등의 의미입니다.

137 桓公匡合 환공(桓公)의 바로잡고 규합(糾合)함은
[굳셀 환] [공 공] [바를 광] [합할 합]

◆ 다음 구문의 화제부입니다. 桓公와 匡合은 속격관계입니다. 속격관계는 之로 나타냅니다. 桓公之匡合.

◆ 桓公 : 춘추시대 제(齊)나라의 군주(B.C 685~643 재위)로, 포숙아(鮑叔牙)의 천거(薦擧)로 등용한 관중(管仲)의 도움을 얻어 제후들을 규합하여, 첫 번째로 춘추시대의 패자(覇者)가 되었습니다.
 - 公은 신분으로는 고대 최고의 계급에 속하였으며('公候伯子男'의 순서), 때론 2인칭 존칭어로 사용되기도 합니다.

◆ 匡合 : 바르게 하고 규합(糾꼴 규合)하다.
 - 제후(諸侯)를 규합하고 천하를 바로잡음을 이릅니다. 제 환공이 당시의 여러 제후들을 규합하여 초나라를 물리치고 동주(東周)의 내란을 진압하기도 하였는데, 이에 대한 이야기입니다.

138 **濟弱扶傾** 약한 자를 구제(救濟)함과 기우는
[구제할 제] [약할 약] [붙들 부] [기울 경] 자를 붙들어 줌이다

◆ (술+목)의 두 절이 대등하게 연결되어 앞 구문의 논평부입니다. [濟(술어)弱(목적어)]+[扶(술어)傾(목적어)]
- 절과 절을 잇는 접속사로는 而가 사용됩니다. 濟弱而扶傾.

◆ 濟弱 : 약한 자를 구제(救[구제할 구]濟)하다. 여기서는 폭정에 억압받는 백성을 구제해 줌을 의미합니다. 濟度[건널 도], 濟民.

◆ 扶傾 : 기운 것을 붙들다/부축하다. 위태로운 국면(局面)을 바로 세움의 비유어로 사용됩니다.

139 **綺回漢惠** 기리계(綺里季)는 한(漢)나라
[비단 기] [돌 회] [나라이름 한] [은혜 혜] 혜제(惠帝)를 돌아오게 했다

◆ (주+술+목)의 문형입니다. 綺(주어)回(술어)漢惠(목적어)

◆ 綺 : 기리계(綺里季). 한나라 때의 은사(隱士)로 상산사호(商山四皓)의 한 사람입니다. 한고조(漢高祖) 유방(劉邦)은 본래 조강지처(糟糠之妻)인 여후(呂后)가 낳은 아들(惠帝)을 태자로 책봉하였는데, 나중에 후처인

척(戚)부인의 소생을 총애하여 태자를 폐하려 할 때, 기리계를 비롯한 상산사호가 이를 무마시킨 내용입니다.

    - 상산사호(商山四皓[흴 호])는 '상산에 숨어 있는 백발의 네 은사'란 뜻으로, 동원공(東園公), 기리계(綺里季), 하황공(夏黃公), 각리선생(角里先生)을 말합니다. 진나라의 난을 피해 상산에 은거했다고 합니다.

    ◆ 回漢惠 : 한나라 혜제를 돌아오게 했다. 回가 사역형동사로 '~돌아오게 했다'의 의미로 사용되었습니다. 이 경우는 문맥에 의하여 파악해야 합니다.

140　説感武丁　부열(傅說)은 무정을 감복시켰다
[기뻐할 열] [느낄 감] [호반 무] [장정 정]

    ◆ (주+술+목)의 문형입니다. 說(주어)感(술어)武丁(목적어)

    ◆ 說 : 부열(傅說). 노예 신분이었으나, 은 고종(武丁)에 의해서 발탁되어 재상(宰相)이 되었으며, 이후 3년 동안 둘은 아무 말도 하지 않으면서도 은 제국을 강성하게 하였다고 전해집니다.

    ◆ 感武丁 : 무정을 감복시켰다. 感이 사역형동사로 '감복시켰다'의 의미로 사용되었습니다. 문맥에 의하여 파악해야 하는 경우입니다.

    - 武丁 : 은 고종(高宗). 퇴락해 가는 은나라를 부흥시키고자 농업과 부국강병에 힘써 은 제국 최고의 전성기를 이룩하였다고 하며, 농사의 시기를 놓치지 않도록 친히 명령을 내려 씨를 뿌리게 하였다고도 합니다. 꿈에

천제의 계시로 보게 된 현신(賢臣)을 그림으로 그려 노예 신분이던 부열을 찾아 재상으로 등용했다고 합니다.

141 俊乂密勿 준예(俊乂)들이 힘써 일한다

[준걸 준] [풀벨 예] [빽빽할 밀] [말 물]

◆ (주+부+술)의 문형입니다. 俊乂(주어)密(부사어)勿(술어)

◆ 俊乂 : 재주와 덕이 출중한 사람. 乂俊. 俊은 천 명 중에 한 명 있는 뛰어난 인물을 말하며, 乂는 백 명 중에 한 명 있는 뛰어난 인물을 말한다고도 합니다.

◆ 密勿 : 부지런히 힘씀. 密密, 勿勿 모두 같은 의미입니다. 密에는 '용의주도함'의 뜻이, 勿에는 '분주한 모양'의 뜻이 있으나 이는 나중에 풀이하는 과정에서 덧붙여진 것이며, 의태어로 보여집니다. 密勿은 하나의 성어(成語)이지만, 다음 구문과의 문맥상 (부사어+술어)의 문형으로 풀이하였습니다.

142 **多士寔寧** 많은 인재들이 정말로 편안하게
[많을 대] [선비 사] [이 식] [편안할 녕] 하였다

- (주+부+술)의 문형입니다. 多士(주어)寔(부사어)寧(술어)

- 多士 : 많은 인재들. 士는 고대 직급으로는 대부(大夫)의 다음 등급에 속하여 상사(上士), 중사(中士), 하사(下士)로 나누기도 했으며, 또 벼슬아치의 통칭으로도 사용되었습니다.
- 寔 : 진실로, 참으로, 확실히, 정확히. 동작이나 행위, 상황 등의 강한 긍정을 나타냅니다.
- 寧 : 편안하게 하다. 앞 구문들에서 나왔던 많은 인재들로 인하여 나라와 백성이 편안하게 되었다는 의미로, 문맥상 사역동사로 파악해야 합니다.

143 **晉楚更霸** 진나라와 초나라가 패권을 번갈았다
[나라 진] [나라 초] [고칠 경] [두목 패]

- (주+술+목)의 문형입니다. 晉楚(주어)更(술어)霸(목적어)

- 晉楚 : 진나라와 초나라. 모두 주(周)나라의 제후국(諸侯國)입니다.
- 更霸 : 패권을 번갈다.

- 更 : 번갈다(/교대하다). '다시'의 의미로 사용될 때에는 [갱]으로 발음됩니다.
- 覇 : 한문에서 [패]음에는 거칠고 난폭하고 폭력적이거나 기존 질서에 위배되는 행위의 어기를 함의하고 있습니다.
- 패도(覇道)는 인의(仁義)를 멀리하고 무력과 권세로서 백성들을 통치하는 것을 말합니다. 왕도(王道)의 대(對)가 되는 개념입니다. 또, 패려(悖[어그러질 패]戾[어그러질 례])는 성질이 뒤틀려 있음을 의미하여 거칠고 예모가 없음의 뜻입니다.
- 정통성이 없이 힘과 세력으로 기존의 천자(天子)나 왕권(王權)에 대항하고 더욱 권세를 부리는 경우를 패자(覇者)라고 합니다.

144 **趙魏困橫** 조나라와 위나라가 연횡책(連橫策)으로 곤경하게 되었다
[나라 조] [나라 위] [곤할 곤] [가로 횡]

◆ (주+술+보)의 문형입니다. 趙魏(주어)困(술어)橫(보어)
- 한국어로의 풀이에 의하여 橫이 방법과 원인의 부사어로 되지만, 한문문형은 형용사 困이 보어 橫을 취하고 있습니다. 또, 주어 趙魏는 동사 困의 행위자가 아니라, 피동의 주체입니다(문맥상 파악). 이럴 경우 동사는 피동형이나 사역형으로 전성되어 '곤란하게 되었다'가 됩니다. 주어와 보어의 위치를 바꾸어 '橫困趙魏'은 '연횡책이 조위를 곤란하게 하였다'로 풀이할 수 있습니다.

- ◆ 趙魏 : 조나라와 위나라. 모두 주(周)의 제후국입니다.
- ◆ 橫 : 연횡책(連橫策).

- 전국(戰國) 말기 강력해진 진(秦)나라를 견제하기 위하여 한(韓)·위(魏)·제(齊)·초(楚)·연(燕)·조(趙) 6개국이 연합하여 진나라에 대항하여야 한다고 주장한 것이 합종책(合縱策)이며, 이에 대응하여 장의(張儀)는 진나라가 주변 6개국 중 한 나라와 연합하여 나머지 나라들을 붕괴시켜 나가자고 한 것을 연횡책(連橫策)이라고 합니다. 6개국의 지형적인 위치가 남북, 즉 세로로 이어져 있었기에 이들의 연대를 합종이라 한 것이며, 진나라는 서쪽에 위치하고 있어 6개국 중 한 국가와 연대를 맺는 것은 동서, 즉 가로로 이어지는 것이기에 연횡이라고 합니다.

145 假途滅虢 길을 빌려서 괵나라를 멸하였다
[빌릴 개] [길 도] [멸할 멸] [나라 괵]

- ◆ (술+목)의 두 절이 결합한 문형입니다. [假(술어)途(목적어)]+[滅(술어)虢(목적어)]

- 진(晉)나라 헌공(獻[드릴 헌]公)이 괵(虢)나라를 치고자 우(虞)나라에 귀중한 옥과 명마(名馬) 등을 보내어 환심을 산 뒤 길을 빌려 괵나라를 공격하여 멸망시켰는데, 우나라의 궁지기(宮之奇)가 이후 우나라도 진나라에 멸망하게 될 것을 염려해 극구 간언하였으나 받아들여지지 않았습니다. 진나라 군대는 돌아오는 길에 우나라마저도 멸망시켰습니다.

◆ 滅虢 : 괵나라를 멸망시키다.

- 虢은 주 왕실의 분봉(分封) 친족인 희(姬)씨 성의 제후국입니다(주 문왕의 아우인 괵중[虢 仲]이 봉해진 국가). 황하 유역의 비교적 강력한 국가에 속하였으며, 주나라의 제도와 예법을 철저히 지킨 나라이기도 합니다.

146 **踐土會盟** 땅을 밟고 맹세를 모았다
[밟을 천] [흙 토] [모일 회] [맹세 맹]

◆ (술+목)의 두 절이 결합한 복문입니다. [踐(술어)土(목적어)]+[會(술어)盟(목적어)]

◆ 踐土 : '땅을 밟다'로 살고 있는 지방의 뜻도 있습니다.

- 천토는 정(鄭)나라에 있는 지명으로 진문공(晉文公)이 제후들과 모여서 주(周)나라 왕실에 복종할 것을 맹세한 곳이기도 합니다. 주왕실과 진문공은 같은 희(姬)씨로 혈족관계입니다.

◆ 會盟 : 맹세를 모았다(술목), 모여서 맹세를 하다(부술).

- 제후들이 모여서 동맹(同盟)을 맺는 것을 말합니다. 본래는 주(周)나라 때의 제도로 국가나 읍간의 분쟁이 생기면 각기의 대표자들이 모여서 약속을 체결하는 의식을 말합니다. 춘추시대부터 주나라의 권위가 쇠퇴하게 되자 제후의 실력자가 회맹을 도맡아 관리하였는데, 질서를 바로잡는다는 구실로 침략을 은폐하여 작은 나라를 예속시키기도 하였습니다.

147 **何 遵 約 法** 소하(蕭何)는 약법(約法)을 따랐다
[어찌 해] [좇을 준] [묶을 약] [법 법]

◆ (주+술+목)의 문형입니다. 何(주어)遵(술어)約法(목적어)

◆ 何 : 소하(蕭[산쑥 소]何).
- 한고조의 공신으로 명재상입니다. 하나라의 법률, 의식, 제도 등을 제정하였으며, 특히 한고조의 약법삼장(約法三章)에 의거하여 구장률(九章律)의 법률을 제정하였다고 합니다.

◆ 約法 : 직역하여 '약속한 법(수피구조)'.
- 한고조 유방(劉邦)이 진(秦)나라를 물리치고 민심수습책으로 내 놓았던 법률입니다. '살인자는 사형에 처하고, 남을 다치게 한 자는 그 죄를 물으며, 진나라의 법은 폐지한다(約法三章)' 등의 내용입니다. 하지만 이 법은 지나치게 간략하여 당시 발생하는 모든 상황에 대처하기 곤란하자 소하가 이 약법에 의거하여 구장률(九章律)의 법령을 만들어 제정하였다고 전해집니다.

148 韓 弊 煩 刑

[나라 한] [해질 폐] [번거로울 번] [형벌 형]

한비자(韓非子)는 번거로운 형벌에 폐(弊)하였다

◆ (주+술+보)의 문형입니다. 韓(주어)弊(술어)煩刑(보어)

◆ 韓 : 한비자(韓非子, B.C 280~233).
- 전국(戰國) 때 한(韓)의 공자(公子)로 이사(李斯)와 함께 순자(荀子)에게 배움. 진(秦)나라가 한나라를 공격했을 때 한왕이 한비를 사신으로 파견했는데, 당시의 진왕은 한비의 글을 읽고 높이 평가하고 있었던 지라 높은 관직을 주려고 했으나, 진의 승상이었던 이사가 한비가 이심(二心)을 가졌다고 모함한 뒤 감옥에 가둔 다음 스스로 독약을 마시게 하여 자살하게 만들었다고 합니다. 그의 저서 『한비자』는 법가사상을 총괄한 것으로 정평이 나 있습니다.

◆ 弊 : 이 문장에서는 '죽음'을 의미합니다.
◆ 법가 사상가인 한비자가 자신이 주창(主唱)한 형벌 조항에 의해 스스로 죽임을 당한 고사(故事)에 대한 이야기입니다.

149　起翦頗牧　백기(白起), 왕전(王翦)과 염파
　　[일어날 기] [가위 전] [자못 파] [칠 목]　(廉頗), 이목(李牧)은

◆ 인명이 열거된 것으로 다음 구문의 주어부입니다.
- 백기(白起)와 왕전(王翦)은 진(秦)나라 장수들이었으며, 염파(廉頗)와 이목(李牧)은 진나라에 끝까지 항거한 조(趙)나라 장수들입니다.

150　用軍最精　군대를 씀이 가장 정예(精詣)로왔다
　　[쓸 용] [군사 군] [가장 최] [자세할 정]

◆ (술+목)과 (부+술)의 두 절이 [주어]+[서술]로 결합한 복문입니다. [用(술어)軍(목적어)]+[最(부사어)精(술어)]

◆ 用軍 : 군대를 쓰다. 군사를 발동시켜 전쟁을 함의 뜻입니다. 用武.
- 用兵 : 1. 군사를 씀. 2. 무기를 사용함. 3. 전투에서 군사를 지휘함.
◆ 最精 : 가장 정예롭다. 最는 부사로서 상황이나 행위가 최고나 최상의 상태에 이름을 나타냅니다.

151 **宣威沙漠** 위엄(威嚴)을 사막에 떨쳤다
[베풀 선] [위엄 위] [모래 사] [사막 막]

◆ (술+직목+간목)의 문형입니다. 宣(술어)威(직접목적어)沙漠(간접목적어)

◆ 宣 : '선양(宣揚[날릴 양])하다, 떨치다, 베풀다' 등의 뜻입니다.
◆ 沙漠 : 사막. 여기서는 고비사막을 이릅니다.
- 아주 멀리까지 드날리게 했다는 비유적인 표현입니다.

152 **馳譽丹靑** 명예(名譽)를 단청(丹靑)에 치달았다
[달릴 치] [명예 예] [붉을 단] [푸를 청]

◆ (술+직목+간목)의 문형입니다. 馳(술어)譽(직접목적어)丹靑(간접목적어)

◆ 馳 : 본래는 힘껏 말을 몬다는 '치구(馳驅[말몰 구])'의 뜻이나, 베풀다, 알리다 등의 뜻도 있습니다.
◆ 丹靑 : 붉은색과 푸른색의 화려하게 채색한 그림(여기서는 초상화)을 의미하지만, 단서(丹書)와 청사(靑史)로 '역사(歷史)'의 의미도 있습니

다. 단서는 주로 임금이 공신에게 내리는 글을 의미하며, 청사는 고대에 기록을 죽간(竹簡 : 대쪽)에 기록한 것에서 대나무의 푸른색으로 역사서를 의미합니다.

- 한(漢)의 선제(宣帝)와 후한(後漢)의 명제(明帝)가 공신들의 초상화를 그려서 내걸고는 그 명예로움을 천하에 떨치게 하였는데, 그에 대한 문구입니다.

153 **九州禹跡** 구주(九州)는 우(禹)임금의 자취이다

[아홉 구] [고을 주] [우임금 우] [자취 적]

◆ (주+술)의 문형입니다. 九州(주어)禹跡(술어)

◆ 九州 : 고대 중국 지역 전체를 9개 주로 나누었던 것을 말합니다. 의미가 인신되어 중국 전체를 말하기도 합니다. 순(舜) 임금 때에는 12주였으며, 우임금 때부터 9주로 나뉘어졌다고도 하며, 황제(黃帝)가 나누었다고도 하고, 그 손자인 전욱이 나누었다고도 합니다. 진나라 때는 36군으로, 한나라 때에는 103군으로 나누었습니다. 신라 통일 후에도 전국을 9주로 나누었습니다.

◆ 禹跡 : 우임금의 발자취. '수식어-피수식어' 구문입니다.

154 **百郡秦幷** 모든 군(郡)으로 진나라가 아우렀다
[백 백] [고을 군] [나라 진] [아우를 병]

◆ (부+주+술)의 문형입니다. 百郡(부사어)秦(주어)幷(술어)

◆ 百郡 : 모든 군. 한문에서 10의 배수인 百, 千, 萬은 '모든, 온통, 전체, 매우'의 뜻으로 사용됩니다. 百姓, 萬百姓, 百家, 千軍萬馬, 千金, 千斤.
- 진나라가 전국(戰國)을 통일한 후 9주를 36군으로 재편성한 군현제(郡縣制) 내용의 구문입니다. 군현제(郡縣制)는 주나라 때의 봉건제에 의한 제후국들의 세력 확장과 그에 의한 춘추전국이라는 폐해를 강력한 중앙집권제로 바꾸어, 기존의 제후국을 군현(郡縣)으로 왕권의 통치 아래에 두고자 한 제도입니다.

◆ 秦 : 주효왕(周孝王)이 백익(伯益)의 후손을 봉한 나라. 진시황에 이르러 중국 전체를 통일 제국으로 건설하였습니다.

155 **嶽宗恒岱** 오악(五嶽)은 항산(恒山)과 대산(岱山)을 마루로 한다
[큰산 악] [마루 종] [항상 항] [대산 대]

◆ (주+술+목)의 문형입니다. 嶽(주어)宗(술어)恒岱(목적어)

♦ 嶽 : 오악(五嶽). 동악(東嶽)인 태산(泰山), 서악(西嶽)인 화산(華山), 남악(南嶽)인 형산(衡山), 북악(北嶽)인 항산(恒山), 중악(中嶽)인 숭산(嵩山)을 말합니다.

- 우리나라의 오악은 금강산, 묘향산, 지리산, 백두산, 삼각산을 말합니다. 또 사람의 이마, 코, 턱, 좌우의 광대뼈를 오악이라고도 합니다.

♦ 宗 : 마루(최정상의 높게 이어진 곳), 흘러들다(향하여 가다), 사당, 조상, 겨레붙이, 높이다, 근본 등의 뜻이 있습니다.

♦ 岱 : 대산(岱山). 태산의 딴 이름입니다.

156 **禪主云亭**
[양위할선] [주인 주] [이를 운] [정자 정]
봉선(封禪)은 운운산(云云山)과 정정산(亭亭山)에서 주제(主祭)한다

♦ (주+술+보)의 문형입니다. 禪(주어) 主(술어) 云亭(보어)

♦ 禪 : 제사의 종류. 제왕(帝王)이 하늘과 땅에 제사지내는 의식을 봉선(封禪)이라고 합니다. 태산(泰山) 위에 제단(祭壇)을 쌓고 제사지내어 하늘의 공(功)에 보답하는 것을 '封'이라고 하며, 태산 아래 양보산(梁甫山) 가운데에 있는 운운산과 정정산에서 터를 닦고 제사지내어 땅의 은혜에 보답하는 것을 '禪'이라고 합니다.

- 운운산의 '云云'에는 '왕성(旺盛)하고 많거나 빙 돌려 퍼지는 모양' 등의 어기가 있으며, 정정산의 '亭亭'에는 '높이 솟은 모양, 까마득히 먼

모양, 고귀하고 위엄 있는 모양' 등의 어기가 있습니다.
- ◆ 主 : 주제(主祭)하다. '제사를 주관하다' 의 뜻입니다.

157 雁門紫塞 안문산(雁門山)과 자새(紫塞)
[기러기 안] [문 문] [붉은빛 자] [변방 새]

- ◆ 두 명사가 나란히 이어지고 있습니다. 雁門(명사)紫塞(명사)

- ◆ 雁門 : 안문산(雁門山). 중국 산서성 북방에 있는 산 이름. 봉우리가 아주 높아, 높이 나는 철새인 기러기들의 관문(關門)이라는 의미로 붙인 이름입니다.
- ◆ 紫塞 : 만리장성(萬里長城)의 딴 이름. 흙이 자줏빛인 것에서 온 말입니다.
  - 塞는 '변방/요새' 의 뜻일 때는 [새]로 읽히며, '막다' 의 뜻일 경우에는 [색]으로 읽힙니다.
- ◆ 雁塞 : 기러기가 많이 서식한다는 산으로, 그 위치가 촉(蜀)나라와 한(漢)나라 경계인 것에서 북쪽 변새(邊塞 : 변방 요새)의 범칭으로도 사용됩니다. 또, 塞雁은 변방의 기러기란 뜻으로, 멀리 떠나온 사람이 고향에 대한 그리움을 표시하는 말로도 쓰입니다.

158 鷄田赤城 계전(鷄田)과 적성(赤城)

[닭 계] [밭 전] [붉을 적] [성 성]

◆ 두 명사가 나란히 이어지고 있습니다. 鷄田(명사) 赤城(명사)

◆ 鷄田 : 기주(冀州)에 있는 역참(驛站)으로 광막한 지형입니다. 주문왕(周文王)이 암탉을 꿈꿔서 왕이 되었으며, 진목공(秦穆公)도 암탉을 꿈꿔서 패권을 이룩했습니다. 또 계림(鷄林)은 신라 경주의 옛 지명으로, 원래는 시림(始林)이었으나 경주김씨의 시조인 김알지(金閼智)가 태어난 뒤 계림이라 고치고 나라 이름으로도 사용했습니다. 닭이 새벽에 홰를 치며 울어 새로운 날의 시작을 알리는 것에서 의미를 부여한 것입니다.

◆ 赤城 : 현재의 선부(宣府) 지역으로 전설상의 거인족의 우두머리인 치우(蚩尤)가 다스리던 지역입니다.

- 치우는 염제의 후손이며 동이족의 고대 지도자로도 알려져 있습니다. 황제 헌원과의 전투에서 져서 죽임을 당하며 그 피가 단풍나무 숲을 이루었다고 합니다. 후에 전쟁의 신으로 받들어져 큰 전쟁을 앞두고 제왕이나 장군이 치우에게 제사를 지내기도 합니다. 황제와 염제 신화는 모두 동이족의 신화이기도 합니다. 단군 8가의 한 사람이며, 신라 안압지의 귀면상은 치우상으로도 통합니다.

159 昆池碣石 곤지와 갈석산

[형곤] [못지] [비석갈] [돌석]

◆ 두 명사가 나란히 이어져 있습니다. 昆池(명사)碣石(명사)

◆ 昆池 : 지명으로 곤명지(昆明池). 1. 한무제(漢武帝)가 수군(水軍)을 훈련시키기 위하여 장안성(長安省) 서쪽에 판 못. 2. 중국 운남성(雲南省) 곤명(昆明) 남쪽에 있는 큰 호수로 해발 2천 미터 가까운 고원에 위치하고 있음. 여기서는 2로 지명입니다.

◆ 碣石 : 지명. 여러 설이 있지만, 하북성(河北省) 창려현(昌黎縣)의 서북쪽에 있다는 설이 유력합니다.

- 갈석산의 위치는 중국의 역사 왜곡 작업인 동북공정의 핵심을 이룹니다. 동북공정의 시발점은 한무제(漢武帝)가 고조선 수도에 한(漢)나라의 식민 통치기관인 낙랑군(樂浪郡)을 설치했는데, 그 자리가 현재의 평양 일대라는 것에서부터입니다. 갈석산에는 진시황을 비롯해 다수의 황제들이 올랐던 것으로도 기록이 있으며, 『서경(書經)』과 『사기(史記)』에도 나오는 지명입니다. 사료상 갈석산은 평양에 있을 수가 없습니다.

160 鉅野洞庭 거야(鉅野)와 동정(洞庭)

[클/갈고리 거] [들 야] [골짜기 동] [뜰 정]

◆ 두 명사가 나란히 이어져 있습니다. 鉅野(명사)洞庭(명사)

◆ 鉅野 : 중국 산동성(山東省)에 있는 큰 들.
◆ 洞庭 : 동정호(洞庭湖). 호남성(湖南省) 북부에 위치하는 중국에서 제일 큰 호수.
- 洞에는 '그윽하고 깊다'의 뜻이 있으며, 庭에는 '구간 사이가 멀다'의 뜻이 있어 '그윽하고 멀다'의 뜻으로도 사용됩니다.

161 曠遠綿邈 광원은 끊임없이 아득하다

[빌 광] [멀 원] [솜/이어질 면] [멀 막]

◆ (주+술)의 두 절이 대등하게 연결된 문형입니다. 曠遠(주어)綿邈(술어 : 동사연동)

◆ 曠遠 : 曠은 '먼 곳'의 의미이며, 遠은 '변경'의 의미입니다. '나라 끝' 정도의 어기입니다. 또, 아득히 멂, 혹은 시간이나 공간 등이 막힘이 없이 틔어져 있음의 뜻으로도 사용됩니다.

◆ 綿邈 : 끊임없이 아득하다. 綿의 본뜻은 '솜'입니다. 아주 가는 실이 이어지듯 끊임없이 이어짐의 의미로 인신되어 사용됩니다. 綿綿은 '길게 이어져 끊이지 않는 모양'을 형용하는 의성어입니다.

162 **巖岫杳冥** 바위 봉우리가 아득하고 감감하다
[바위 암] [산봉우리 수] [아득할 묘] [어두울 명]

◆ (주+술)의 문형입니다. 巖岫(주어)杳冥(술어-연동)

◆ 巖岫 : 바위 봉우리. 岫에는 '굴'의 뜻이 있어, '바위 굴'의 의미로도 사용됩니다.

◆ 杳冥 : 아득하고 감감하다.

 - 杳과 冥 모두 빛이 없는 어두움에 대한 형용입니다. 이는 빛 자체가 없는 것과 함께 멀어서 시각적으로 분간할 수 없는 '아스라함, 까마득함' 등의 의미를 나타냅니다. 여기서는 산봉우리의 장대함과 유구한 세월을 지켜온 자연의 뜻을 나타내고 있습니다.

163 **治本於農** 다스림의 근본은 농사에 있다
[다스릴 치] [근본 본] [어조사 에] [농사 농]

◆ (주+술+보)의 문형입니다. 治本(주어)於(술어)農(보어)

◆ 治本 : 다스림의 근본(根[뿌리 근]本). 국가가 백성을 다스림을 말합니다.

◆ 於農 : 농사에 있다. 於(~에 있다)가 동사로 사용된 예입니다. '~에 있다'는 於의 기본 뜻이긴 하지만 위치나 장소의 보어를 이끄는 개사로 '~에서, ~로부터'의 의미로 주로 사용되어 동사로서의 기능으로는 거의 사용되지 않습니다.

164 **務茲稼穡** 힘쓴다면 바로 심고거둠이다
[힘쓸 무] [이 자] [심을 가] [거둘 색]

◆ 두 절이 (주+술)로 결합한 복문입니다. [務(주어)][茲(부사어)稼穡(술어)]
 - 務는 동사(절)로 접속부사 茲에 의하여 문장 성분화(주어)된 것입니다. 務(則)茲稼穡

- ◆ 務 : '힘쓰다'의 뜻 외에도 '권면하다(/장려하다)'의 뜻도 있습니다.
- ◆ 玆 : '이에, 그렇다면, 곧' 등의 어기를 나타내는 부사어입니다.
- ◆ 稼穡 : 심고 거두다. 농사(農事), 농업(農業).
  - 稼穡翁[늙은이 옹] : 농부

165 俶載南畝 비로소 남쪽 밭을 일구었다
[비로소 숙] [해/일 재] [남녘 남] [밭/이랑 묘]

- ◆ (부+술+목)의 문형입니다. 俶(부사어)載(술어)南畝(목적어)

- ◆ 俶載 : 비로소 일하다. 처음으로 실시하다. 俶은 '비로소, 처음으로'의 뜻이며, 載는 '일하다, 실행하다'의 뜻입니다.
- ◆ 南畝 : 남쪽(남향)의 농지. 햇볕을 잘 받는 남향의 농경지를 말합니다.

166 我藝黍稷 우리가 서직(黍稷)을 심는다
[나 아] [재주/심을 예] [기장 서] [메기장 직]

- ◆ (주+술+목)의 문형입니다. 我(주어)藝(술어)黍稷(목적어)

- ◆ 我 : 1인칭 대명사로 '나, 우리'의 뜻입니다. 주어나 목적어로 주로

사용됩니다. 한문에서는 인칭대명사의 단/복수 구별이 없습니다.

◆ 藝 : '(식물을) 심다'가 본뜻입니다. 후에 재주나 기술의 의미로 인신되었습니다. 영어의 'culture(문화)'와 'cultivation(경작)'은 어원이 같습니다. 동서양을 막론하고 고대사회에서의 농업은 모든 문화와 산업의 핵심임을 의미합니다.

◆ 黍稷 : 찰기장과 메기장. 곡물(穀物)의 범칭.

167 **稅熟貢新** 익은것을 구실거두고, 새것을 바친다
[구실 세] [익을 숙] [바칠 공] [새 신]

◆ (술+목) 구조의 두 절이 대등하게 연결된 복문입니다. [稅(술어)熟(목적어)]+[貢(술어)新(목적어)]

◆ 稅 : 조세하다. 과세하다. 구실거두다. [벗을 탈(脫)]로도 훈독됩니다.
◆ 貢新 : 새것을 바친다. 햅쌀이나 햇과일과 같은 한 해의 첫 수확물을 공물(貢物)로 바친다는 의미입니다.

168 **勸賞黜陟** 북돋고 상주며 내치고 올린다.
[권할 권] [상줄 상] [내칠 출] [오를 척]

◆ 네 개의 술어가 나란히 연결된 연동식 구문입니다. 勸(술어)賞(술어)黜(술어)陟(술어)

◆ 勸賞 : 권장하고 상을 주다. 상주기를 좋아하다.
◆ 黜陟 : 내치고 올리다. 인재의 진퇴나 관리의 승진과 강직(降職)을 말합니다.
 - 陟에는 '맞아떨어지다'의 의미도 있는데, 한국어의 의성어 중에 '척척'과 비슷한 어감입니다. 척척박사, 척척 잘 진행되다 등.

169 **孟軻敦素** 맹자는 바탕을 도탑게 한다
[맏 맹] [수레 가] [도타울 돈] [바탕 소]

◆ (주+술+목)의 문형입니다. 孟軻(주어)敦(술어)素(목적어)

◆ 孟軻 : 맹자(孟子, B.C 372~289).
 - 이름은 軻. 전국시대(戰國時代) 추(鄒)나라 사람. 제후에게 왕도(王道)와 인정(仁政)을 유세했으며, 성선설(性善說)을 주장하였음. 공자(孔

子) 다음이라 하여 아성(亞[버금 아]聖)으로 추앙받고 있음.
- 鄒丘 : 맹자와 공자의 병칭(並稱). 丘는 공자의 이름입니다.
◆ 敦素 : 바탕을 도탑게 하다(술목구조). 돈후(敦厚)하고 소박(素朴)하다(연동구문).

170 史魚秉直 사어는 곧은 도리를 지켰다
[역사 사] [물고기 어] [잡을 병] [곧을 직]

◆ (주+술+목)의 문형입니다. 史魚(주어)秉(술어)直(목적어)

◆ 史魚 : 춘추시대 위(衛)나라의 현신(賢臣). 이름은 추(鰌[미꾸라지 추]). 자(字)는 자어(子魚). 史는 관직명.
- 사어는 죽을 때 현신인 거백옥(蘧伯玉)을 등용시키지 못하고, 간신(奸臣) 미자하(彌子瑕)를 쫓아내지 못한 죄가 크다고 하여 자신의 장례를 치르지 말고 시신을 거적에 말아 마당에 둘 것을 유언하여, 위령공(衛靈公)이 자신의 잘못을 깨우치고 사어가 유언으로 남긴 간언(諫言)을 받아들였는데, 이를 시간(屍諫)이라고 합니다.
◆ 秉直 : 곧음을 잡다(견지하다). 곧은 도리를 지키다.
- 직도(直道). 올바른 길. 바른 도리. 정도(正道). 직로(直路)

171 庶幾中庸 거의 중용이다
[많을 세] [얼마 기] [가운데 중] [떳떳할 용]

◆ (부+술)의 문형입니다. 庶幾(부사어)中庸(술어)

◆ 庶幾 : 아마도, 거의, 희망하다.
- 추측이나 바램을 나타내는 부사어(술어나 구의 앞에 사용됨)입니다. 이는 단언이나 명백함에서 얼마간의 차이가 있음을 나타내며, 이런 추측 어기사로는 殆[거의/위태할 태], 其 등이 있습니다. 단언이나 명백함에 其는 깨우침에 가까운 '거의(아마도, 그렇게)'의 뜻이며, 庶幾는 보다 단언에 가까운 '거의'의 뜻입니다. 즉 其보다는 庶幾가 단언에 가까운 어기를 가집니다.

◆ 中庸 : 한 쪽으로 치우치지 않고 똑바름의 의미.
- 중은 과불급(過不及)이 없음의 뜻이며, 용은 불변(不變)의 뜻입니다.

172 勞謙謹勅 공로(功勞)에도 겸손하고, 삼가고 조심한다
[수고할 노] [겸손 겸] [삼갈 근] [신칙할 칙]

◆ (부+술)의 문형입니다. 勞(부사어)謙謹勅(술어 : 동사연동)

Part 01_천자문 본문 풀이 | 171

◆ 勞謙 : 수고하고도 겸손하다. 勞에는 '공로'의 뜻이 있어, 공이 있으면서도 뽐내지 않고 겸손하다의 의미입니다.

◆ 謹勅 : 삼가고 타이르다. 스스로 삼가고 근신함을 말합니다. 勅은 칙신(勅身)으로 자기 몸을 삼가고 조심함의 뜻입니다.

173 **聆音察理** 소리를 듣고서 이치를 살핀다

[들을 령] [소리 음] [살필 찰] [이치 리]

◆ (술+목)의 두 절이 조건과 결과로 결합한 복문입니다. [聆(술어)音(목적어)]+[察(술어)理(목적어)]

◆ 聆音 : 소리를 듣다. 聆은 '귀를 기울여 들음'의 뜻으로, '듣다, 깨닫다'의 의미입니다. 音은 '말소리'의 뜻입니다.

◆ 察理 : 이치를 살핀다. 察은 '살핀다, 알아차린다'의 뜻입니다. 察의 [찰]음은 '차리다'와 관련이 있습니다.

1. 理에는 容止, 즉 행동거지(容止)의 의미가 있어 말소리를 듣고서 그 사람의 의중을 알아차린다는 뜻으로 볼 수 있습니다.

ex. 察言觀色 : '말을 듣고서 안색(顔色 - 속내, 의중의 뜻)을 알아차린다'의 뜻입니다.

2. 聆察을 聽察로 보아, 송사를 듣고서 심리함의 뜻. 즉 聆은 송사를 들음의 뜻으로, 察은 법리(法理)의 뜻으로도 볼 수 있습니다.

ex. 聽覽은 '듣고 보다'로 일반적으로 정무를 처리함을 이릅니다.

174 **鑑貌辨色** 용모를 살펴서 낌새를 분별한다
[거울/살필 감] [용모 모] [분별할 변] [빛 색]

◆ (술+목)의 두 절이 조건과 결과로 결합한 복문입니다. [鑑(술어)貌(목적어)]+[辨(술어)色(목적어)]

◆ 鑑貌 : 용모를 살피다/보다. 鑑은 '거울'의 뜻으로 '살펴보다'의 의미도 나타냅니다. 貌는 외모(外貌), 즉 겉모습을 말합니다.
  ex. 貌言 : 겉치레의 말. 건성으로 말함.
◆ 辨色 : 낌새를 분별하다, 색깔이 변하다. 色은 안색(顔色 - 속내, 의중의 뜻)의 의미로, 낌새의 뜻입니다. 辨色은 '동틀 무렵'의 뜻으로도 사용됩니다.

175 **貽厥嘉猷** 그 아름다운 생각을 물려준다
[줄 이] [그 궐] [아름다울 가] [꾀 유]

◆ (술+목)의 문형입니다. 貽(술어)厥(관형어)嘉猷(직접목적어)

◆ 貽 : '물려주다, 전하여주다'의 뜻.
◆ 嘉猷 : 아름다운 생각. 아름다운 계책.

◆ 貽厥은 본래 자손, 후사나 손자(孫子)의 이칭이지만, 자손을 위하여 행하다의 의미로도 사용됩니다. 여기서는 다음 구문과의 문형상 厥을 관형어로 풀이하였습니다.

176 **勉其祗植** 그 공경과 곧음을 면려(勉勵)하라
[힘쓸 면] [그 기] [공경 지] [심을 식]

◆ (술+목)의 문형입니다. 勉(술어)其(관형어)祗植(목적어)

◆ 勉 : 면려하다. 권장하다.
◆ 祗植 : 공경과 곧음. 植은 '(식물 따위를) 심다'의 뜻 외에도, '곧다'의 뜻이 있습니다.

177 **省躬譏誡** 자신을 살펴서 나무라고 잡도리한다
[살필 성] [몸 궁] [나무랄 기] [경계 계]

◆ (술+목)과 (동사연동)의 두 절이 조건과 결과로 결합한 복문입니다. [省(술어)躬(목적어)]+[譏(술어)誡(술어)]

◆ 省躬 : 자신을 살핀다. 省은 '살피다/깨닫다'의 뜻일 때에는 [성]으로

발음하며, '덜다/간략하다'의 뜻일 때에는 [생]으로 발음합니다. 躬은 '스스로, 자기 자신, 몸소'의 의미입니다.

- 譏誡 : 나무라고 잡도리하다. 誡는 '잡도리하다, 훈계하다'의 뜻입니다.

178 **寵增抗極** 총애(寵愛) 받더라도 더욱 항절
[괼 총] [더할 증] [막을 항] [다할 극] (抗節)하고 극존(極尊)한다.

- (단독술어)와 (부+술)절이 조건과 결과로 결합한 복문입니다. [寵(술어)]+[增(부사어)抗極(술어)]

- 寵 : '총애하다, 괴다(특별히 사랑하다)'의 의미입니다.
- 增 : 본뜻은 '더하다, 늘다'이지만, 여기서는 점층(漸層)의 의미를 나타내는 부사어 '더욱, 더하여'의 의미로 사용되었습니다.
- 抗極 : 항절(抗節)과 극존(極尊). 항절은 절개를 지켜 자신의 의견을 굽히지 않음을 말하며, 극존은 지극히 존중함의 뜻입니다.

179 **殆辱近恥** 장차 욕되려 하고, 부끄러움이
[위태할/자못 태] [욕될 욕] [가까울 근] [부끄러울 치] 다가오다

- (부+술)과 (술+보)의 두 절이 결합한 복문입니다. [殆(부사어)辱(술

어)]+[近(술어)恥(보어)]

◆ 殆辱 : 장차 욕되려하다. 殆가 부사어로 발생하지 않은 상황에 대한 '장차~하려 하다. 거의 ~이다'의 의미입니다. 殆盡 : 거의 다 없어지다.

 - 殆辱을 술목구조로 '욕됨이 다가오다(/임박하다)'로 풀이할 수도 있습니다. 한문 문형상 품사의 규정은 이해를 위한 분석입니다.

◆ 近恥 : 부끄러움이 다가오다. 近에도 '거의(가깝다), 아마도' 등의 의미가 있습니다.

180 林皋幸卽 자연으로 나아가기를 바란다

[수풀 림] [언덕/물가 고] [바랄/다행 행] [곧/나아갈 즉]

◆ (부+술+목)의 문형입니다. 林皋(부사어)幸(술어)卽(목적어)

◆ 林皋 : 숲과 물가. 세속(世俗)을 벗어난 한거(閑居)의 상태를 의미합니다.
 - ex. 林居 : 벼슬에서 물러나 한가로운 자연 속에서의 삶.

◆ 幸卽 : 가기를 바라다. 幸은 '바라다, 원하다'의 뜻이며, 卽은 '나아가다'의 뜻입니다. 卽位(지위로 나아가다).

◆ 林皋(부사어)幸(부사어)卽(술어) : 자연으로 구하여서 나아가라.
  林皋(부사어)幸(술어)卽(술어) : 자연으로 구하고 나아가라.

181 **兩 疏 見 機** 두 명의 소(疏)는 기미(機微)를
[두 량] [성길 소] [볼 견] [기계/기미 기] 예견(豫見)했다

◆ (주+술+목)의 문형입니다. 兩疏(주어) 見(술어) 機(목적어)

◆ 兩疏 : 두 명의 소. 소광(疏廣)과 소수(疏受). 兩이 인명 疏의 관형어로 사용되었습니다.
 - 한선제(漢宣帝) 때 태자의 태부(太傅)였던 소광과 소광의 조카로 태자의 소부(小傅)인 소수는 벼슬로 이름을 얻을 것을 후회하여 스스로 벼슬을 그만 둔 것으로 사람들의 칭송을 받았습니다. 특히 소광은 조카와 함께 날마다 잔치를 열어 즐기고, 자손에게는 재산을 남기지 않으면서 '재산이 많으면 현명한 사람은 그 뜻을 손상하고 어리석은 사람은 그 과오를 더한다'라고 하였습니다.

◆ 見機 : 기미를 예견(豫見)하다. 機가 기미, 조짐, 징조의 의미로 사용되었습니다.

182 **解 組 誰 逼** 인끈을 풀었는데, 누가 핍박(逼迫)
[풀 해] [짤/끈 조] [누구 수] [핍박할 핍] 하겠는가

◆ (술+목)과 (주+술)의 두 절이 결합한 수사의문문입니다. [解(술어)組

(목적어)]+[誰(의문대사)逼(술어)]

◆ 解組 : 인끈(印-)을 풀다. 組는 '끈'으로 고대 복식에서 도장이나 패옥을 차는 끈으로, 인신하여 벼슬아치나 벼슬의 뜻입니다. 벼슬을 놓다. 사직하다. 解綏[끈 수].

◆ 誰逼 : 누가 핍박(逼迫[닥칠 박])하겠는가

- 誰는 '누가, 누구를, 무엇이(/을)' 등의 의문대사입니다. 주어나 목적어 모두 사용가능하지만 목적어일 경우에도 동사에 선행합니다. 이 구문에서는 誰가 부정적인 대답을 요구하는 수사의문문을 이끌고 있는데, 문맥에 의해서 파악해야 합니다. 이는 한국어에서도 마찬가지로, '누가 알겠는가?'는 수사의문문인 반면, '누가 아는가?'는 문맥에 따라 수사의문문으로도 단순의문문으로도 사용됩니다.

183 **索居閑處** 한가한 곳에서 홀로 산다
[쓸쓸할/노 색] [살 거] [한가할 한] [곳 처]

◆ (부+술+보)의 문형입니다. 索(부사어)居(술어)閑處(보어)

◆ 索居 : 따로 살다. 홀로 살다. 索은 [노(새끼, 줄) 삭], [찾을 색]이 기본 의미이며, [흩어질/쓸쓸할 삭]의 의미도 있습니다.

◆ 閑處 : 한가한 곳.

184 沈默寂寥 잠잠하고 침묵하며 고요하고 쓸쓸하다
[잠길 침] [묵묵할 묵] [적막할 적] [쓸쓸할 요]

◆ 4개의 동사가 나란히 이어진 연동식 구문입니다. 沈(술어)默(술어)寂(술어)寥(술어)

◆ 沈默 : 물에 잠긴 듯이 묵묵하다. 아무 말이 없음을 의미합니다.
◆ 寂寥 : 고요하고 쓸쓸하다. 적적하다. 때로 마음의 담박(淡泊)하고 편안함이나 광활함을 의미하기도 합니다.

185 求古尋論 예를 구하고 언론(言論)을 찾는다
[구할 구] [예 고] [찾을 심] [논할 론]

◆ (술+목)의 두 절이 대등하게 연결된 문형입니다. [求(술어)古(목적어)]+[尋(술어)論(목적어)]

◆ 求古 : 예를 구하다/찾다. 古는 '전통'의 의미입니다.
◆ 尋論 : 언론(주장, 관점, 학설)을 찾다. 論에는 '도리[륜]'의 뜻도 있어, '도리를 찾다'로 풀이할 수도 있습니다. 심사(尋思[생각할 사]) : 곰곰이 생각하다.

186 **散慮逍遙** 걱정을 흘어버리고 한가롭게 지낸다
[흩을 산] [생각할 려] [거닐 소] [멀 요]

◆ (술+목)과 (동사연동)의 두 절이 결합한 복문입니다. [散(술어)慮(목적어)]+[逍遙(동사연동)]

◆ 散慮 : 걱정을 흘어버리다. 慮는 걱정, 우려(憂[근심 우]慮)의 뜻입니다.

◆ 逍遙 : 逍에는 '거닐다, 편안하고 한가롭다' 등의 뜻이 있으며, 遙에는 '멀다, 길다(시간), 떠돌다' 등의 뜻이 있어, 한가롭게 지내다, 유유자적(悠[멀 유]悠自適[갈 적]), 배회/방황 등의 뜻을 나타냅니다.

187 **欣奏累遣** 기쁨이 모이고, 근심이 떨쳐진다
[기쁠 흔] [아뢸 주] [여러 루] [보낼 견]

◆ (주+술)의 두 절이 대등하게 결합된 복문입니다. [欣(주어)奏(술어)][累(주어)遣(술어)]

◆ 欣奏 : 기쁨이 모이다. 또 奏에는 '연주(演奏)하다'의 뜻이 있어 '기쁨의 소식이 울려 퍼지다'로 풀이할 수도 있습니다.

◆ 累遣 : 근심이 떨쳐지다. 累는 '폐해, 허물'의 뜻이며, 遣은 '보내다, 떨쳐 버리다'의 뜻입니다. 累解[풀 해] : 근심이 풀리다.

188 **感謝歡招** 슬픔이 사그라지고 기쁨이 초래(招來)된다
[슬플 척] [사례할 사] [기쁠 환] [부를 초]

◆ (주+술)의 두 절이 대등하게 연결된 문형입니다. [感(주어)謝(술어)]+[歡(주어)招(술어)]

◆ 感謝 : 슬픔이 사그라지다. 謝가 '물러나다, 사그라지다'의 뜻입니다.
◆ 歡招 : 기쁨을 불러들인다. 招는 招來로 '불러들이다, 불러 모으다'의 뜻입니다.

189 **渠荷的歷** 도랑의 연꽃은 훤하고 또렷하다
[도랑 거] [연꽃 하] [과녁/밝을 적] [지낼/또렷할 력]

◆ (주+술)의 구조입니다. 渠荷(주어)的歷(술어)

◆ 渠荷 : 도랑의 연꽃. 渠는 인공적으로 판 수로를 말합니다.

◆ 的歷 : 선명(鮮明)한 모양. 的은 '밝다, 확실하다, 선명하다'의 뜻이며, 歷은 '또렷하다'의 뜻입니다. 의성어입니다.

190 園莽抽條 동산의 풀은 뽑고 벤다
[동산 원] [풀 망] [뽑을 추] [가지/벨 조]

◆ (주+술)의 문형입니다. 園莽(주어)抽條(술어)

◆ 園莽 : 동산의 풀. 수식관계입니다. 두 명사가 수식관계로 놓일 때는 사이에 속격조사 之로 그 관계를 명확히 할 수 있습니다. 園(之)莽

◆ 抽條 : 뽑고 가지 치다. 條는 '베다(가지 치다)'의 뜻입니다.

191 枇杷晚翠 비파나무는 늦도록 푸르다
[비파나무 비] [비파나무 파] [늦을 만] [비취 취]

◆ (주+부+술)의 문형입니다. 枇杷(주어)晚(부사어)翠(술어)

◆ 枇杷 : 장미과에 속하는 상록수. 아열대 식물로 중국 중동부가 원산지로 알려져 있습니다. 잎과 과일은 약재 및 식용합니다.

◆ 晚翠 : 겨울에도 변하지 않는 초록의 푸른색을 의미합니다. 늦어서

도 지조를 바꾸지 않음의 비유어로도 사용됩니다.
- 翠 : 비취옥(翡[비취 비]翠玉). 푸른색을 띠는 반투명의 보석입니다.

192 **梧桐早凋** 오동나무는 일찍 시든다
[오동 오] [오동 동] [이를 조] [시들 조]

◆ (주+부+술)의 문형입니다. 梧桐(주어)早(부사어)凋(술어)

◆ 梧桐 : 벽오동(碧梧桐). 옛날에 벽오동 나무를 오동나무 혹은 오(梧)라고 불렀으며, 울릉도가 원산지로 알려져 있는 오동나무는 동(桐)이라고 불렀습니다. 재질이 가볍고 단단하기 때문에 가구나 악기 등을 만들었으며, 고대로부터 봉황이 깃들이는 신성한 나무로 여겼습니다.

193 **陳根委翳** 묵은 풀뿌리 굽고 말랐다
[베풀/묵을 진] [뿌리 근] [맡길/굽을 위] [가릴/마를 예]

◆ (주+술)의 문형입니다. 陳根(주어)委翳(술어)

◆ 陳根 : 묵은 뿌리. 겨울에 죽지 않고 해를 넘긴 풀. 인신되어 '죽은 친구'의 의미로도 사용됩니다.

◆ 委翳 : 굽고 말랐다. 翳는 나무가 말라 죽었음을 나타냅니다.

194 **落葉飄颻** 떨어진 잎사귀 나부껴 흩날린다
[떨어질 낙] [잎 엽] [나부낄 표] [날아오를 요]

◆ (주+술)의 문형입니다. 落葉(주어)飄颻(술어)

◆ 落葉 : 떨어진 나뭇잎. (수피)관계입니다.
◆ 飄颻 : 의태어로 바람에 나부끼고 흩날리는 모습에 대한 형용입니다. 飄飄와 颻颻 모두 흩날리는 모습에 대한 형용으로, '팔랑팔랑, 훨훨, 펄펄' 정도의 어감을 나타냅니다.

195 **遊鯤獨運** 헤엄치는 곤어(鯤魚)는 홀로 움직인다
[헤엄칠 유] [곤어 곤] [홀로 독] [움직일 운]

◆ (주+부+술)의 문형입니다. 遊鯤(주어)獨(부사어)運(술어)

◆ 遊鯤 : 헤엄치는 곤어. 수피관계입니다. 鯤은 『장자(莊子)』「소요유(逍遙遊)」에 나오는 전설상의 거대한 물고기로 길이가 수 천리에 달하며 새로 변하면 붕(鵬)새가 되는데, 붕새는 한 번에 9만리를 날고, 6개월을 날고 나서야 쉰다고 합니다.

196 凌摩絳霄 붉게 물든 하늘에 다가간다

[업신여길/ [문지를/ [진홍 강] [하늘 소]
가까울 능] 가까울 마]

◆ (술+보)의 문형입니다. 凌摩(술어)絳霄(보어)

◆ 凌摩 : 접근하다. 가까이가다. 凌과 摩 모두 '가깝다, 가까이하다'의 뜻입니다.

◆ 絳霄 : 붉은 하늘. 붉게 물들인 하늘. 絳은 동터 오르는 동녘 하늘의 붉은색의 뜻입니다.

◆ 絳河 : 은하수. 하늘.

197 耽讀翫市 독서를 즐기고, 시장에서 탐낸다

[즐길 탐] [읽을 독] [장난할/ [저자 시]
탐낼 완]

◆ (술+목)과 (술+보)의 두 절이 대등하게 연결된 복문입니다. [耽(술어)讀(목적어)]+[翫(술어)市(목적어)]

◆ 耽讀 : 독서를 즐기다(술목구조), 즐겨 읽다(부술구조).
◆ 翫市 : 시장에서 즐기다/탐내다.
- 『논형(論衡)』의 저자인 후한(後漢) 왕충(王充)이 집안이 가난하여 책

Part 01_천자문 본문 풀이 | 185

을 사 읽지 못하고 저자거리에 있는 서점에서 책을 읽었다는 고사에 관한 내용입니다. 왕충은 이렇게 읽은 책이지만 눈여겨보는 것만으로도 그 책의 내용을 분명하게 기억했다고 합니다.

◆ 耽翫 : 대단히 좋아함.

198 寓目囊箱 눈만 붙여도 주머니와 상자가 된다
[붙일/맡길 위] [눈 목] [주머니 낭] [상자 상]

◆ (술+목)과 (동사연동)의 두 절이 조건과 결과로 결합한 문형입니다. [寓(술어)目(목적어)]+[囊箱(동사연동)]

◆ 寓目 : 눈을 붙이다. 주의해서 봄을 의미합니다. 寓는 맡기다, 붙이다로 '눈을 떼지 않고 붙이고 있다'는 정도의 어기를 나타냅니다.

◆ 囊箱 : 주머니와 상자. 눈여겨보는 것만으로도 주머니 속과 상자 속에 가둔 것처럼 확실하게 기억하게 된다는 의미입니다.

- 囊과 箱은 각각 자원으로만 보면 주머니와 상자로 명사이지만, 문장 내에서 동사로 사용되었을 경우에는 '주머니에 넣다, 상자에 담다'가 됩니다.

199 **易輶攸畏** 쉽고 가벼움이 두려운 것이다

[쉬울 이] [가벼울 유] [바 유] [두려울 외]
바꿀 역

◆ (주+술+보)의 문형입니다. 易輶(주어)攸(술어)畏(보어)

◆ 易輶 : 쉽고 가벼움. 易은 [쉬울/가벼울 이]와 [바꿀/주역 역]으로 훈독됩니다. 여기서의 쉽고 가벼움이란 소홀하고 경솔함으로 군자가 두려워해야 할 대상이라는 뜻입니다.

◆ 攸畏 : 두려운 바, 두려운 것. 攸는 所와 같은 문법적 기능을 합니다. 일반적인 견해로는 의존명사로서 사람, 장소, 일, 시간 등을 나타내며 '것, 바'로 풀이됩니다. 또 다른 견해로는 재지시대명사로 앞에 나온 말 '易輶'을 재지시하여 '쉽고 가벼운 (그)것은 두렵다'로 보기도 합니다.

- 攸(所)는 동사 접두어로 동사 앞에서 동사의 상과 시제에 관계된 역할을 합니다. '두렵다[畏]'라는 단순한 형용에 攸(所)가 앞 붙여지면서 '완료나 단정' 등의 상과 시제를 부여합니다. 어떤 상과 시제인지는 고정적인 것이 아니라 문장 내에서 유기적으로 발생되어집니다.

- '行'은 '행동하다, 행하다'라는 단순한 동사인 반면, '所行'이라고 하면 '행해진 것(이다), 행해져버린 것(이다), 행하였던 것(이다)' 등처럼 완료의 어기가 가미됩니다. 이 所行이 합성어로 굳어지면서 명사구 '행한 것' 등의 의미로 사용되면서 所를 의존명사, 혹은 불완전명사로 보게 된 것입니다. 하지만 실제 문장에서 所行은 명사구로 고정된 것이 아니라 동사로도, 명사성분으로도 사용됩니다.

200 屬耳垣牆 담장이 주의 깊게 듣는다

[이을 촉/   [귀 이]   [울타리 원]   [담 장]
 무리 속]

◆ (부+술+보)의 문형입니다. 屬(부사어)耳(술어)垣牆(보어)

◆ 屬耳 : 주의해서 듣다. 엿듣다. 屬은 '주목하다, 주의하다'의 뜻입니다. [이를/붙을/닿을 촉], [무리 속]으로 훈독됩니다.
 - 屬耳目 : 이목을 집중하다.
 - 屬垣 : 귀를 담에 대고 들음. 몰래 엿들음.

◆ 垣牆 : 담장. 울타리. 垣은 울타리의 둘러쳐진 형태를 의미하며, 牆은 울타리를 만든 자재를 나타냅니다. 牆은 가공한 목재로 만든 담장의 의미입니다.

201 具膳飧飯 찬을 갖추어 밥을 먹는다

[갖출 귀]   [반찬 선]   [저녁/   [밥 반]
                      먹을 손]

◆ (술+목)의 두 절이 시간의 순차에 의하여 결합한 복문입니다. [具(술어)膳(목적어)]+[飧(술어)飯(목적어)]

◆ 飧飯 : 밥을 먹는다. 飧은 저녁밥(夕+食)의 뜻이며, 飡으로도 쓰는데,

'물로 밥을 말다'로 식사를 끝내고 나서 남은 밥을 깨끗이 비우기 위한 것으로 '먹기를 끝냈다'는 뜻입니다. 자형이 '冫[얼 빙]+食'인데, 冫은 '冬[겨울 동]'의 축약으로 冬과 '終[마칠 종]'은 통자입니다. 즉, 밥 먹기를 마치다의 뜻입니다. 飯은 곡류를 익힌 음식물을 말합니다.

◆ 飧饔[아침밥 옹] : 아침밥과 저녁밥의 뜻으로, 인신되어 '밥을 먹다'의 뜻으로 사용됩니다.

202 適口充腸 입에 맞으면 배를 채운다
[맞을 적] [입 구] [채울 충] [창자 장]

◆ (술+목)의 두 절이 가정과 결과로 결합한 문형입니다. [適(술어)口(목적어)]+[充(술어)腸(목적어)]

◆ 適口 : 입에 맞다. 適은 '가다, 맞다, 알맞다' 등의 뜻이 있습니다.
  ex. 適口之餠[떡 병] : 입에 맞는 떡.
◆ 充腸 : 배를 채우다. '허기를 메우다'의 뜻입니다.

203 飽飫烹宰 삶고 썬 것을 배부르게 먹는다
[배부를 포] [실컷먹을 어] [삶을 팽] [재상/도살할 재]

◆ (부+술+목)의 문형입니다. 飽(부사어)飫(술어)烹宰(목적어)

◆ 飽飫 : 배부르게 먹다. (부술)관계입니다.
◆ 烹宰 : 삶고 자르다. 烹이 '삶다, 요리하다'의 뜻이며, 宰가 '도살하다, 자르다' 등의 뜻입니다.

204 飢厭糟糠 굶주림에 지게미와 조를 배불리 먹는다
[주릴 기] [싫어할 염] [지게미 조] [겨 강]

◆ (부+술+목)의 문형입니다. 飢(부사어)厭(술어)糟糠(목적어)

◆ 飢 : 주리다, 굶주리다. '饑'는 흉년에 의한 굶주림의 뜻입니다.
◆ 厭糟糠 : 조강을 배불리 먹다. 조강에 만족하다. 조강을 만족하게 여기다.

- 食은 단순한 '먹다'나 '먹을거리'의 의미인 반면, 厭은 '배불리 먹다'의 뜻입니다. 배불리 먹는 것에서 '싫증나다'를 뜻하는 염증(厭症)의 의미로도 사용됩니다. 糟는 술을 거르고 난 찌꺼기이며, 糠는 곡식의 껍질로,

'변변치 않은 음식'의 은유입니다.

- 조강지처(糟糠之妻[아내 처]) : 지게미와 쌀겨를 함께 먹고 지낸 아내. 가난할 때 고생을 함께한 아내를 의미합니다.

205 **親 戚 故 舊** 겨레붙이와 오랜 친구는
[가까울 친] [겨레 척] [연고 고] [오랠 구]

◆ 두 명사(합성어)가 병렬되어 다음 구문의 주어로 사용되고 있습니다. 親戚(명사)故舊(명사)

◆ 親戚 : 친척. 겨레붙이. 親은 '가깝다'의 뜻이며, 戚은 '일가, 친하다, 가까이하다'의 의미입니다. 음형상(音形上) '隻[짝 척]'과 관련이 있어 '부속된 종류'의 뜻입니다. 한국어의 '~붙이'와 일치하는 의미입니다. '겨레붙이'는 '곁에 붙다[親戚]'의 명사형입니다. 親은 '어버이'의 뜻으로도 사용됩니다.

◆ 故舊 : 오랜 친구. 오래 전부터 사귀어온 친구를 말합니다. 舊는 '오래되다, 평소' 등의 뜻입니다.

206 老少異糧 늙고 젊음에 음식을 달리한다
[늙을 노] [젊을 소] [다를 리] [양식 량]

◆ (부+술+목)의 문형입니다. 老少(부사어)異(술어)糧(목적어)

◆ 老少 : 늙은 사람과 젊은 사람. 조건의 부사어로 사용되었습니다.
◆ 老小 : 늙은이와 어린이. 小가 다 자라지 않아 '작다'의 뜻으로 쓰였습니다. 小臣, 小人에서의 小는 신분이 '낮다'의 뜻입니다.

207 妾御績紡 첩은 길쌈을 한다
[첩 첩] [모실 어] [자을 적] [자을 방]

◆ (주+술)의 문형입니다. 妾御(주어)績紡(술어)

◆ 妾御 : 첩. 본처 이외에 데리고 사는 여자를 말합니다. 첩실(妾室), 첩시(妾侍[모실 시])라고도 합니다.
◆ 績紡 : 길쌈하다. 績은 실을 자아내는 것을 말하며, 紡은 베를 짜는 것을 말합니다. 紡績.

208 **侍巾帷房** 수발과 잠자리를 시중든다
[모실 시] [수건 건] [휘장 유] [방 방]

◆ (술+목)의 문형입니다. 侍(술어)巾帷房(목적어)

◆ 侍巾 : 직역하여, '수건을 시중들다' 입니다.
- 巾은 건즐(巾櫛[빗 즐] : 수건과 빗)의 준말로, 수건과 빗을 들고 모심의 뜻입니다.
◆ 帷房 : 휘장을 친 방으로 내실(內室)의 의미입니다.

209 **紈扇圓潔** 환선(紈扇)은 둥글고 깨끗하다
[비단 환] [부채 선] [둥글 원] [깨끗할 결]

◆ (주+술)의 문형입니다. 紈扇(주어)圓潔(술어)

◆ 紈扇 : 흰 깁으로 만든 부채.(깁 - 명주실로 짠 비단의 한 종류)

210　**銀 燭 煒 煌**　은촛대는 밝게 빛난다
[은 은]　[촛불 촉]　[빨갈 위]　[밝을 황]

◆ (주+술)의 문형입니다. 銀燭(주어)煒煌(술어)

◆ 煒煌 : 밝게 빛나다. 煒는 선명한 붉은색의 의미입니다. 붉게 빛나다.

211　**晝 眠 夕 寐**　낮에는 졸고, 밤에는 잔다
[낮 주]　[잠잘 면]　[저녁 석]　[잠잘 매]

◆ (부+술)의 두 절이 대등하게 연결된 복문입니다. [晝(부사어)眠(술어)]+[夕(부사어)寐(술어)]
  - 晝, 夕이 각각 시간의 부사어로 사용되었습니다.

◆ 眠과 寐은 모두 '잔다'는 의미입니다. 자형상(字形上) 眠은 눈을 감은 상태를 의미하며, 寐은 침상에 누운 상태를 나타내고 있습니다. 이 구문은 일상의 편안함을 말하고 있습니다.
  - 주경야독(晝耕夜讀) : 낮에는 밭을 갈고 밤에는 책을 읽는다.

212 **藍筍象牀** 쪽빛 대가마이고 상아의 평상이다
[쪽 람] [죽순 순] [코끼리 상] [평상 상]

◆ 수피관계의 두 명사구가 각기 술어로 사용되었습니다. [藍(수식어)筍(피수식어)]+[象(수식어)牀(피수식어)]

◆ 藍筍 : 쪽빛 대가마. 筍이 '대나무로 만든 가마'의 뜻입니다.
- 남여(藍輿[가마 여]) : 쪽빛 가마.

213 **絃歌酒讌** 현가(絃歌)와 주연(酒讌)은
[줄 현] [노래 가] [술 주] [잔치 연]

◆ 두 명사가 나란히 병렬되어 주어부를 이루고 있습니다. 絃歌(명사) 酒讌(명사)

◆ 絃歌 : 연주하며 노래하다. 絃은 현악기(絃樂器)를 의미하며, 歌는 시가(詩歌)를 말합니다. 현송(絃誦[욀 송])과 같은 뜻으로, 학문에 힘씀의 뜻으로도 사용됩니다. 誦은 讀과 같은 뜻으로 고문이나 시가 등을 외운다는 의미입니다.

◆ 酒讌 : 술잔치. 讌은 '여럿이 모여 이야기를 나누며 즐김'의 뜻입니다. '醼[잔치 연]'은 술이 더 위주인 자형입니다.

214 **接杯擧觴** 잔을 부딪치고, 잔을 들어 올린다
[이을 접] [술잔 배] [들 거] [술잔 상]

◆ (술+목)의 두 절이 대등하게 연결된 문형입니다. [接(술어)杯(목적어)]+[擧(술어)觴(목적어)]

◆ 接杯 : 잔을 부딪치다. 接에는 '대접하다'의 뜻도 있어 '잔(술)을 대접하다'로의 풀이도 가능합니다.
◆ 杯觴 : 술잔. 술을 마심. 杯는 나무로 만든 술잔이나 대접을 의미하며, 觴은 짐승의 뿔로 만든 술잔을 의미합니다.

215 **矯手頓足** 손을 치켜들고 발을 구른다
[바로잡을 교] [손 수] [조아릴 돈] [발 족]

◆ (술+목)의 두 절이 대등하게 연결된 문형입니다. [矯(술어)手(목적어)][頓(술어)足(목적어)]

◆ 矯手 : 손을 치켜들다. 矯는 '들다'의 뜻이며, 擧에 비하여 의지적인 행동의 어기가 함의되어 있습니다. ex. 矯首[머리 수 : 머리를 치켜들다.
◆ 頓足 : 발을 구르다. 여기서의 頓은 '조아리다, 두드리다'를 뜻하는

의성·의태어로 한국어의 '발을 동동 구르다'에서의 '동동' 정도의 어감을 나타냅니다. '頓脚[다리 각]'라고도 합니다.

216 **悅豫且康** 기뻐하고 즐거워하며, 또 편안하다
[기쁠 열] [미리 예] [또 차] [편안할 강]

◆ 술어절이 접속사에 의하여 연결된 문형입니다. [悅豫(동사연동)]且(접속사)[康(술어)]

◆ 悅豫 : 기뻐하고 즐거워하다. 悅樂[즐거울 락]
◆ 且 : 또. 또한. 접속사로서 점층관계를 나타냅니다. 且夫는 '게다가'의 뜻입니다.

217 **嫡後嗣續** 정실이 대통을 잇는다
[정실 적] [뒤 후] [이을 사] [이을 속]

◆ (주+술+보)의 문형입니다. 嫡(주어) 後(술어) 嗣續(보어)

◆ 嫡은 정실(正室)로 본처(本妻)의 뜻입니다.
◆ 嗣續은 '대(代)를 잇는 자식, 대통을 잇다'는 뜻입니다.

◆ 嫡後嗣(주어)續(술어)의 관계로 보아, '정실의 후사가 잇는다'로 풀이할 수도 있습니다. 이 경우 嫡後嗣는 속격관계입니다. 嫡(之)後嗣 : 정실의 후사

218 **祭祀蒸嘗** 증상(蒸嘗)을 제사지낸다
[제사 제] [제사 사] [찔 증] [맛볼 상]

◆ (술+목)의 문형입니다. 祭祀(술어)蒸嘗(목적어)

◆ 蒸嘗 : 겨울 제사[蒸]와 가을 제사[嘗]. 또 제사의 범칭으로도 사용됩니다.

219 **稽顙再拜** 이마를 조아려 두 번 절한다
[상고할 계] [이마 상] [두 재] [절 배]

◆ (술+목)과 (부+술)의 두 절이 결합한 문형입니다. [稽(술어)顙(목적어)]+[再(부사어)拜(술어)]

◆ 稽顙 : 이마를 조아리다. 꿇어 엎드려 이마를 땅에 대고 하는 절로 고대 부모의 상(喪)이나 용서를 빌 때 하는 절입니다. 명절이나 웃어른을 뵐

때 하는 절의 방식입니다.

◆ 再拜 : 두 번 절하다. 공경을 표시하던 고대의 예법입니다.

- 再는 횟수상의 2번을 의미합니다. 즉, 두 번째로 발생했음을 나타냅니다. 수량상의 두 개는 兩이나 二를 쓰며, 한 번 더(중복, 다시)의 경우에는 復[다시 부]를 사용합니다. 두 번째나 두 차례의 경우에는 동사 앞에 再를 사용해야 하며, 兩 또는 二는 사용하지 못합니다.

- 이는 한국어의 입말과 일치하는 것입니다. 한국어의 입말에서 '두'는 再와 용법이 일치합니다. '절을 두 차례 했다, 절을 두 번째로 했다'로 사용하지, '절을 이(二)번 했다, 절을 이(二) 번째로 했다'라고는 쓰지 않습니다.

220 **悚懼恐惶** 송구(悚懼)하고 공황(恐惶)하다

[두려울 송] [두려울 구] [두려울 공] [두려울 황]

◆ 동사연동 구문입니다. [悚懼(동사연동)]+[恐惶(동사연동)]

◆ 悚懼 : 두려워함.
◆ 恐惶 : 몹시 두려워함. 恐慌[어리둥절할 황]으로도 씁니다.
◆ 惶恐 : 1. 몹시 두려워함. 2. 자신을 공손하게 겸칭하는 말.

221 **牋牒簡要** 서찰은 간략(簡略)하고 요령(要領) 있게 쓴다
[종이 전] [문서 첩] [대쪽 간] [요긴할 요]

◆ (주+술)의 문형입니다. 牋牒(주어)簡要(술어)

◆ 牋牒 : 서찰(書札). 편지(便紙). 牋은 종이를 말하며, 牒은 서판으로 글을 쓰기 위한 나무나 대나무 조각을 말합니다.
 - 牋은 임금에게 올리는 글을 통칭하여 말하였으나 후대로 오면서 격식의 변화가 발생하여, 천자에게 올리는 글은 表, 제왕에게 올리는 글은 啓, 황후나 태자에게 올리는 글은 牋으로 나뉘어졌습니다.

◆ 簡要 : 간결하고 중요로움. 간략하고 요령 있음. 簡도 '대나무조각'으로 편지의 의미가 있습니다.(牋簡 : 종이와 대나무 패. 전하여, 문서의 뜻, 簡札 : 편지)

222 **顧答審詳** 도리어 답은 자세하게 살펴서 한다
[되돌아볼 고] [대답 답] [살필 심] [자세할 상]

◆ (부+주+술)의 문형입니다. 顧(부사어)答(주어)審詳(술어)

◆ 顧 : 도리어, 오히려. 부사어로서 앞과 뒤가 서로 상반됨의 뜻을 나타

냅니다.

◆ 審詳 : 1. 자세하게 알다. 2. 자세하게 살피다. 審에도 '자세하다, 깨닫다' 등의 뜻이 있습니다. 동일한 의미의 동사가 나란히 사용되었습니다.

223 **骸垢想浴** 몸이 더러우면 목욕을 생각한다
[뼈 해] [때 구] [생각할 상] [목욕 욕]

◆ (주+술)과 (술+목)의 두 절이 결합한 원인과 결과로 결합한 문형입니다. [骸(주어)垢(술어)]+[想(술어)浴(목적어)]

◆ 骸垢 : 몸이 더러워지다. 骸는 '뼈, 몸'의 뜻입니다.
◆ 想浴 : 목욕을 생각한다. 浴에는 '수양하다'의 의미가 있어, 앞의 骸를 몸속 깊은 곳(뼈), 즉 마음의 더러움으로 하여 '마음이 더러워졌으면 수양(修養)을 생각한다' 정도로 의역할 수 있습니다.

224 **執熱願凉** 뜨거운 것을 잡으면 서늘함을 바란다
[잡을 집] [뜨거울 열] [원할 원] [서늘할 량]

◆ (술+목)의 두 절이 가정의 원인과 결과로 결합한 문형입니다. [執(술어)熱(목적어)][願(술어)凉(목적어)]

- 뜨거운 것을 잡아야 한다면 손을 식힐 수 있는 방법을 먼저 생각 하라는 의미입니다.

◆ 執熱 : 뜨거운 것을 잡다/쥐다.
◆ 執熱不濯 : 뜨거운 것을 쥐려는데, 손을 물에 적시지 아니함. 작은 수고를 아끼다가 큰일을 이루지 못함을 이르는 말.

225 **驢騾犢特** 당나귀와 노새, 송아지와 소들이
[당나귀 려] [노새 래] [송아지 독] [수소 특]

◆ 네 명사가 나란히 병렬되어 다음 구문의 주어부를 이루고 있습니다.
驢(명사)騾(명사)犢(명사)特(명사)

◆ 騾 : 노새. 수나귀와 암말 사이에서 태어난 트기를 말합니다.
◆ 騾驢 : 노새와 당나귀. 용호(龍虎)가 비범한 사람을 이르는 반면, 나려(騾驢)는 평범한 사람을 이릅니다.

226 **駭躍超驤** 놀라 뛰고 넘어 달린다
[놀랄 해] [뛸 약] [넘을 초] [달릴 양]

◆ (부+술)의 두 절이 대등하게 결합된 문형입니다. [駭(부사어)躍(술어)]+[超(부사어)驤(술어)]

◆ 超는 일정한 거리를 한 번에 뛰어 건넘의 뜻이며, 驤에는 '오르다'의 뜻도 있습니다.

227 **誅斬賊盜** 도적을 베어 죽인다
[벨 주] [목벨 참] [도적 적] [도둑 도]

◆ (술+목)의 문형입니다. 誅斬(술어)賊盜(목적어)

◆ 賊盜 : 도적(盜賊). 사회적 풍기를 해치는 불효 불충한 사람을 賊이라고 하며, 남의 물건을 훔치는 사람을 盜라고 합니다.

228 **捕 獲 叛 亡** 배반하고 달아난 자들을
[잡을 포] [얻을 획] [배반할 반] [망할 망] 잡아들인다

◆ (술+목)의 문형입니다. 捕獲(술어)叛亡(목적어)

◆ 捕獲 : 잡아들이다. 짐승이나 적군 등을 사로잡음을 뜻합니다.
◆ 叛亡 : 배반하고 달아나다. 亡은 '도망가다, 멸망하다, 달아나다' 등의 뜻이며, [없을 무 : 無와 동자로도 훈독됩니다.

229 **布 射 僚 丸** 여포(呂布)의 활쏘기와
[베 포] [쏠 사] [동료 요] [둥글 환] 웅의료(熊宜僚)의 구슬

◆ 두 명사구가 나란히 병치되어 있습니다. 布射(명사구-속격관계)僚丸(명사구-속격관계)

◆ 布射 : 여포의 활쏘기. 원술이 유비를 치려함에 여포의 지원을 두려워하여 사전에 여포에게 쌀 20만 섬을 주고 유비를 지원하지 말아줄 것을 당부하고, 이후 공격하려 하자 유비가 여포에게 지원을 요청하였습니다. 유비와의 의리와 원술과의 약속 사이에서 지원을 안 할 수도 할 수도 없게 된 여포가 원술의 휘하장수인 기령과 유비를 초청한 후, 150보 밖에 세운

자신의 창을 활로 맞춘다면 원술이 회군할 것을, 못 맞춘다면 자신은 이 전쟁에 관여하지 않을 것이라고 제안하였습니다. 기량은 이 제안을 받아들이지 않으면 여포가 틀림없이 유비를 지원할 것을 알았기에 받아들였는데, 여포는 단 한 번에 명중시켜 전쟁을 막아 의리와 약속을 동시에 지켰다는 고사를 말하고 있습니다.

◆ 遼丸 : 웅의료의 구슬 돌리기. 초나라 웅의료라는 사람이 송나라와의 싸움에 나가게 되었습니다. 그러나 초나라의 패전이 짙어가던 상황에서 웅의료는 송나라 병사들 앞에서 공 돌리기를 했는데, 얼마나 솜씨가 좋았던지 송나라 군사들이 전쟁 할 생각은 않고 넋이 나간 채로 공 돌리기를 구경했고, 초나라는 이때 공격을 개시하여 전쟁을 승리로 이끌었다는 고사를 말하고 있습니다.

230 **嵇琴阮嘯** 혜강(嵇康)의 거문고와 완적(阮籍)의 휘파람
[산이름 혜] [거문고 금] [나라이름 완] [휘파람 소]

◆ 두 명사구가 나란히 병치되어 있습니다. 嵇琴(명사구-속격관계)阮嘯(명사구-속격관계)

◆ 嵇琴 : 혜강의 거문고.
- 혜강(嵇康) : 삼국(三國) 때 위(魏)나라 사람으로 죽림칠현(竹林七賢)의 한 사람. 손재주가 뛰어나 당시에는 천민들이 하던 금속공예를 직접 함으로써 주변을 경악시키기도 하였으며, 거문고의 명인으로도 알려진 사람

입니다.

- ◆ 阮嘯 : 완적(阮籍)의 휘파람.
- 완적(阮籍) : 혜강과 함께 죽림칠현의 한 사람이었으며, 시와 휘파람으로 유명하였습니다.

231 **恬筆倫紙** 몽념(蒙恬)의 붓과 채륜(蔡倫)의 종이
[편안할 염] [붓 필] [인륜 윤] [종이 지]

- ◆ 두 명사구가 나란히 병치되어 있는 문형입니다.
  恬筆(명사구 - 속격관계)倫紙(명사구 - 속격관계)

- ◆ 恬筆 : 몽념(蒙[덮어쓸 몽]恬)의 붓.
- 몽념은 진시황의 휘하 장수로 제나라를 멸망시키는데 공을 세웠으며, 주로 북쪽 변경을 지키는 장수로서 활약하였으나 진시황의 사후 모함을 받아 투옥되고 죽임을 당했습니다. 붓은 진나라 이전부터 존재했습니다. 갑골문에도 아랫부분이 가닥 나뉜 - 붓을 맨 - 형태의 聿[붓 율] 자형이 보입니다. 몽념은 이 붓을 개량한 것으로 보입니다.

- ◆ 倫紙 : 채륜(蔡[성 채]倫)의 종이.
- 채륜은 후한의 관리로 환관이었습니다. 몽념과 마찬가지로 채륜이 종이를 직접 발명한 것이 아니라, 이전부터 있었던 종이의 질과 제조법을 개량한 것으로 보입니다.

232 鈞巧任釣
[서른근 균][교묘할 교][맡길 임][낚시 조]

마균(馬鈞)의 솜씨와
임공자(任公子)의 낚시

◆ 두 명사구가 나란히 연결된 문형입니다. 鈞巧(명사구-속격관계)任釣(명사구-속격관계)

◆ 鈞巧 : 마균(馬鈞)의 솜씨. 마균은 위(魏)나라의 신하로 많은 생산기구를 개량하고 개발한 사람입니다. 巧는 巧妙로 '정교하고 기묘함'의 뜻입니다.

◆ 任釣 : 임공자(任公子)의 낚시. 임공자는 물고기를 잘 잡았다는 전설상의 사람으로, 커다란 노끈과 50마리의 황소를 미끼로 하여 낚시를 하였다고 합니다. 강태공은 곧은낚시를 한 것으로, 임공자는 대물낚시를 한 것으로 비견됩니다.

233 釋紛利俗
[풀 석][어지러울 분][이로울 리][세속 속]

분규(紛糾)를 풀고 세상을
이롭게 했다

◆ (술+목)의 두 절이 대등하게 결합한 문형입니다. [釋(술어)紛(목적어)]+[利(술어)俗(목적어)]

◆ 紛 : 어지럽다. 얽히다. 분규(紛糾[꼴 규])의 뜻입니다.
◆ 俗 : 세속, 세상(사람).

234 竝皆佳妙 모두 다 아름답고 묘한 것이다
[나란할 병] [다 개] [아름다울 가] [묘할 묘]

◆ (부+부+술)의 문형입니다. 竝(부사어)皆(부사어)佳妙(술어)

◆ 竝皆 : 모두 다. 앞의 상황이나 말에 대하여 빠짐이 없음을 의미하며, 유사한 의미의 부사어가 병렬되면서 강조의 어기를 만들어내고 있습니다. '幷皆'로도 씁니다.
◆ 佳妙 : 아름답고 묘하다. 美妙.
◆ 妙工 : 기묘한 기술이나 그런 재주를 가진 사람.

235 毛施淑姿 모장(毛嬙)과 서시(西施)는 아름답다
[터럭 모] [베풀 시] [맑을 숙] [모양 자]

◆ (주+술)의 문형입니다. 毛施(주어)淑姿(술어)

◆ 毛施 : 모장(毛嬙[궁녀 장])과 서시(西施). 춘추시대의 미인으로 모장

은 오왕(吳王)의 애희였으며, 서시는 월왕(越王)의 애희입니다. 미인의 대명사로 불립니다.

◆ 淑姿 : 얌전하고 착한 모습. 고운 모습. 아리따운 자태. 淑은 '맑다, 착하다, 얌전하다'의 뜻이며, 姿는 '모양, 자태'의 뜻입니다.

236 **工顰姸笑** 공교(工巧)하게 찡그리고,
[장인 공] [찡그릴 빈] [고울 연] [웃을 소] 곱게 웃는다

◆ (부+술)의 두 절이 대등하게 연결된 문형입니다. [工(부사어)顰(술어)]+[姸(부사어)笑(술어)]

◆ 工顰 : 공교하게 찡그리다. 工이 공교의 뜻으로, 정교(精巧)하고 아름다움의 의미입니다.

◆ 가슴앓이가 있는 서시가 가슴에 손을 대고 얼굴을 찡그리는 모습이 아름답다고 회자되자 다른 여자들도 가슴에 손을 대고 얼굴을 찡그리는 모습을 흉내 내었다는 서시빈목(西施顰目), 서시봉심(西施捧[받들 봉]心)의 고사가 있는데, 함부로 남을 흉내 내다가 웃음거리가 됨의 뜻으로 사용됩니다.

237 **年矢每催** 세월은 화살처럼 항상 재촉한다
[해 년] [화살 시] [매양 매] [재촉할 최]

◆ (주+술)과 (부+술)의 두 절이 결합한 복문입니다. [年(주어)矢(술어)][每(부사어)催(술어)]

◆ 每 : 매양. 항상, ~할 때마다, ~마다. 每時(시간마다), 每年(해마다).

238 **曦暉朗曜** 햇빛은 빛나고 달빛은 비친다
[햇빛 희] [빛 휘] [밝을 랑] [빛날 요]

◆ (주+술)의 두 절이 결합한 복문입니다. 曦(주어)暉(술어)朗(주어)曜(술어)

◆ 曦는 태양의 빛남을 말하며, 朗은 달의 밝음을 말합니다.
- 曦光 : 햇빛, 朗月 : 밝은 달 曦月 : 해와 달

239 **璇璣懸斡** 선기(璇璣)는 매달려서 돈다

[옥돌 선] [옥돌 기] [매달 현] [돌 알]

◆ (주+부+술)의 문형입니다. 璇璣(주어)懸(부사어)斡(술어)

◆ 璇璣 : 1. 천체(天體)를 관측하는 기구인 선기옥형(璇璣玉衡)의 운전하는 부분, 인신하여 천체의 관측기. 2. 북두칠성(北斗七星)의 첫째부터 넷째까지의 별로, 인신하여 북두칠성을 의미. 3. 북극성. 4. 제위(帝位)의 비유어.
 - 옥형(玉衡[저울 형]) : 천체를 관측하는 기구.

240 **晦魄環照** 그믐달은 둘레만 비춘다

[그믐 회] [넋 백] [둥근옥 환] [비출 조]

◆ (주+부+술)의 문형입니다. 晦魄(주어)環(부사어)照(술어)

◆ 晦魄 : 어두운 달. 晦는 '어둡다, 그믐'의 뜻이며, 魄에는 '달'의 뜻이 있습니다. 晦日(그믐날)

241　**指薪修祐** 손가락으로 장작을 때듯이
　　[손가락 지][땔나무 신] [닦을 수] [도울 우]　베풀고 돕는다

◆ (부+술)과 (동사연동)의 두 절이 결합한 문형입니다. [指(부사어)薪(술어)]+[修祐]

◆ 指薪 : 손가락으로 장작을 지피다.
◆ 修祐 : 베풀고 돕는다. 修에 '닦다(몸을 수양하다)'의 뜻 외에 '베풀다'의 뜻도 있습니다. 祐를 '돕다' 아닌 '복'의 뜻으로 본다면, '修福'으로 '몸을 수양해서 복을 구하다'의 의미가 됩니다. 다음 구문과 문형과 의미를 맞추어 '修祐'을 동사연동구문으로 풀이하였습니다.

242　**永綏吉邵** 오래도록 편안하며,
　　[길 영] [편안할 수] [길할 길][아름다울 소]　길하고 아름답다

◆ (부+술)과 (동사연동)의 두 절이 결합한 문형입니다. [永(부사어)綏(술어)][吉邵]

◆ 永綏 : 길이길이 편안함. 오래도록 편안함.

243 矩步引領 반듯하게 걷고 목을 당긴다
[곱자 귀] [걸음 보] [당길 인] [옷깃/목 령]

◆ (부+술)과 (술+목)의 두 절이 대등하게 결합한 문형입니다. [矩(부사어)步(술어)]+[引(술어)領(목적어)]

◆ 矩步 : 법도에 맞는 걸음. 矩에는 '곱자, 법, 직각, 네모' 등의 뜻이 있습니다.

◆ 引領 : 1. 옷깃을 여민다. 2. 목을 빼다/당기다.(멀리 바라보는 모습으로 절망이나 간절한 기원의 뜻) 3. 거느리다.(引 : 인솔하다, 領 : 다스리다) 여기서는 뒤에 옷을 단정히 함에 대한 구문이 나오므로 몸가짐에 대한 2의 의미로 풀이하였습니다.

244 俯仰廊廟 나라에 숙이고 우러른다
[숙일 부] [우르를 앙] [행랑 랑] [사당 묘]

◆ (술+목)의 문형입니다. 俯仰(술어 : 동사연동)廊廟(목적어)
- 술어와 목적어의 관계는 직접적인 관계가 아닙니다. 직접적인 관계라면, '조정을 숙이고 올린다'가 됩니다. 또 여기서의 廊廟(조정/국가)는 직접 고개를 숙이거나 올려 쳐다볼 수 있는 대상이 아니라 관념적인 대상

입니다. 이런 경우의 동사목적어 관계를 '위동(爲動)관계'라고 합니다. 위동이란 '~을 위(爲)하여 ~하다'의 의미입니다. 이 위동동사는 한국어에서는 필요하지 않은 개념이기도 합니다. 이 구문의 풀이처럼 처격조사 '~에'로 그 의미를 분명히 나타낼 수 있기 때문입니다. 현대 중국어는 이런 관계 구문에서 전치사 '爲(~를 위하여)'를 사용해야 합니다.

◆ 俯仰 : 본뜻은 '굽히고 우러르다'이지만, 인신되어 남에게 복종함(남이 하라는 대로 그대로 따름의 의미), 기거동작(일상의 모든 행동), 하늘을 우러르고 세상을 굽어봄, 고개를 숙이고 올리는데 필요한 시간으로 '잠시 동안' 등의 의미로 사용되기도 합니다. 여기서는 복종이나 충성의 의미로 사용되었습니다.
- 부앙불괴천지(俯仰不愧[부끄러울 괴]天地) : 우러르고 굽어서 천지에 부끄러움이 없다. 공명정대(公明正大)하여 천지 사이에 부끄러울 것이 없음을 이름.
◆ 廊廟 : 나라의 정치를 하는 궁전(宮殿). 정궁(正宮). 묘당(廟堂).
- 낭묘지기(廊廟之器) : 조정의 중요한 정사를 맡아볼만한 인재.

245 束帶矜莊 띠를 묶고 근엄하고 장중히 한다

[묶을 속] [띠 대] [자랑 긍] [장중할 장]

◆ (술+목)과 (동사연동)의 두 절이 결합한 복문입니다. [束(술어)帶(목적어)]+[矜莊(동사연동)]

◆ 束帶 : 띠를 묶다. 의관정제(衣冠整齊), 즉 의관을 단정히 하여 위의 (威儀)를 갖춤을 의미하며, 때로 '관복(官服)을 입다'로 공무를 집행함을 나타내기도 합니다.

◆ 矜莊 : 근엄(謹[삼갈 근]嚴[엄할 엄])하고 장중(莊重)함.

246 **徘徊瞻眺** 배회하며 멀리 바라본다

[배회할 배][배회할 회] [볼 첨] [바라볼 조]

◆ 네 동사가 두 개씩 짝을 이룬 문형입니다. [徘徊(동사연동)][瞻眺(동사연동)]

◆ 徘徊 : 이리저리 거니는 모습에 대한 형용입니다. 그리워서 선뜻 떠나지 못하고 머뭇거림이나 천천히 편안하게 움직이는 모습의 의미로도 사용됩니다.

◆ 瞻眺 : 멀리 바라봄.

247 **孤陋寡聞** 고루하고 과문하다

[외로울 고] [더러울 루] [적을 과] [들을 문]

◆ 두 합성어가 나란히 술어로 사용된 문형입니다. [孤陋(동사연

동)]+[寡聞(동사연동)]

◆ 孤陋 : 견문이 적어서 성품이 추하고 용렬함. 孤는 '어리석다'의 뜻이며, 陋는 '좁다, 추하다'의 뜻입니다.

◆ 寡聞 : 듣고 본 바가 적다. 寡는 '적다'의 뜻이며, 聞은 '견문(見聞)'의 뜻입니다.

248 愚蒙等誚 어리석고 아둔해서 꾸짖을 만하다
[어리석을 우] [덮을 몽] [같을 등] [꾸짖을 초]

◆ (부+조+동)의 문형입니다. 愚蒙(부사어)等(조동사)誚(동사)

◆ 愚蒙 : 어리석고 아둔하다. 蒙에 '어리석다, 덮어쓰다, 받다' 등의 뜻이 있습니다.

◆ 等 : 조동사로 동사 앞에서 주어가 동사의 상황이나 성질 등과 같음을 나타냅니다. 주로 '~와 같다, ~와 마찬가지다' 등으로 풀이되며, 문맥에 맞춘 풀이가 요구됩니다.

249 **謂 語 助 者** 언어의 조자를 (焉哉乎也라고)
[이를 위] [말씀 어] [도울 조] [놈 자] 이른다

- (술+목)의 문형입니다. 謂(술어)語助者(목적어)

- 謂 : ~라고 부른다, ~라고 이르다. '謂 A B : A를 B라고 부른다'의 뜻입니다. 여기서의 B는 다음 구문입니다.
- 語助者 : 언어의 조자는. 助者는 어조사(語助辭)를 말합니다.

250 **焉 哉 乎 也** 언재호야
[어찌 언] [어조사 재] [어조사 호] [어조사 야]

- 앞 구문의 보어입니다.
- 한문에서 어조사(語助辭)로 사용되는 대표적 네 글자입니다.

天地玄黃 하늘땅은 까마득히 누렇다
宇宙洪荒 우주는 넓고 거칠다
日月盈昃 해와 달은 차고 기운다
辰宿列張 별자리가 벌려지고 펼쳐지다
寒來暑往 추위가 오면 더위가 간다
秋收冬藏 가을에 거둬들이고 겨울에 갈무리 한다
閏餘成歲 윤달이 해를 완성한다
律呂調陽 율려는 음양을 조화시킨다
雲騰致雨 구름이 올라서 비를 내리게 한다
露結爲霜 이슬이 맺혀서 서리가 된다
金生麗水 금은 여수에서 생산된다
玉出崑岡 옥(玉)은 곤륜산에서 나온다
劍號巨闕 칼은 거궐을 호명한다 (부르짖는다)
珠稱夜光 구슬로는 야광(夜光)을 일컫는다
果珍李柰 과일로는 오얏과 능금을 보배로 여긴다
菜重芥薑 나물로는 겨자와 생강이 중요하다
海鹹河淡 바다는 짜고 강은 담담하다
鱗潛羽翔 비늘로 자맥질하고, 날개로 난다
龍師火帝 용사(龍師)이고 화제(火帝)이다
鳥官人皇 새의 벼슬이고, 사람의 임금이다
始制文字 처음으로 문자를 지었다
乃服衣裳 이에 옷을 입었다
推位讓國 자리를 추어주고 나라를 양보하였다
有虞陶唐 유우씨(有虞氏)와 도당씨(陶唐氏)이다
弔民伐罪 백성을 불쌍히 여기고 허물을 벌한다
周發殷湯 주나라의 발왕(發王)이고
坐朝問道 조정(朝廷)에 앉아서 도를 묻는다
愛育黎首 백성을 사랑으로 기른다
臣伏戎羌 융족과 강족을 신하로 엎드리게 했다
遐邇壹體 멀고 가까움이 한 몸이다
率賓歸王 온 세상이 몰춪는다
鳴鳳在樹 봉황이 나무에 있다
白駒食場 백구(白駒)가 마당에서 먹고 있다
化被草木 덕화(德化)가 초목에까지 입힌다
賴及萬方 힘입음이 만방(萬方)에 미친다
蓋此身髮 대저 이 온몸에는
四大五常 네 가지 큼과 다섯 가지 떳떳함이 있다
恭惟鞠養 굽어 양육함을 공손히 생각한다
豈敢毁傷 어찌 감히 헐고 다치게 하겠는가
女慕貞烈 여자는 정열을 본받는다
男效才良 남자는 재주와 어짊을 본받는다
知過必改 허물을 알았으면 반드시 고친다
得能莫忘 능력을 얻었다면 잊지 말아야 한다
罔談彼短 타인의 단점을 말하지 않는다
靡恃己長 자신의 장점을 의지하지 않는다
信使可覆 신망(信望)은 덮을 수 있도록 한다
器欲難量 도량은 헤아리기 어려워야 한다
墨悲絲染 묵자(墨子)는 실의 물들여짐을 슬퍼했다
詩讚羔羊 『시경(詩經)』은 군자(君子)를 찬양한다
景行維賢 경행이 현명함을 유지(維持)한다
剋念作聖 지극(至極)한 생각이 성인을 만든다
德建名立 덕이 세워지면 이름이 선다(덕을 널리

PART 2

풀이 및 작문연습

이 장은 천자문 본문을 통하여 익혔던 한문 문장의 문형을 기존의 성어에 적용시켜 직역으로 풀이하고, 문형을 스스로가 분석함으로써 한문 문형을 익힐 수 있도록 하였습니다. 복습하는 의미에서 앞에 나왔던 문형들을 간추려 정리하였습니다.

기본 5문형

1. 주어+술어
2. 주어+술어+목적어
3. 주어+술어+보어
4. 주어+술어+목적어(직접목적어)+보어(간접목적어)
5. 주어+술어+보어(간접목적어)+목적어(직접목적어)

◆ 목적어와 보어가 동시에 출현하는 문장은 (목적어+보어)가 기본 순서이긴 하지만, 반드시 고정되어 있는 것은 아니며, 특히 보어가 사람일 경우에는 목적어 앞에 출현하기도 합니다. 직접목적어(목적어에 해당)와 간접목적어(보어에 해당)도 이와 같은 문형입니다. 이는 한국어의 구어와도 같습니다.

부차 조건

1. 부사는 명사나 술어 앞에 위치합니다.
2. 수식어는 반드시 피수식어 앞에 위치합니다.(한국어와 동일)

풀이 연습

다음의 성어들을 직역하고 문형을 분석하십시오.

> [예] **佳人薄命**
> 아름다운 여인은 운명이 기구하다.
> 佳人(주어-수피관계)薄(술어)命(보어)

1. **家無擔石**
   (擔[메다/짐 담]은 두 섬, 石은 한 섬을 의미하며, 얼마 되지 않는 곡식의 뜻입니다)

   _____
   _____

2. **刻骨難忘** (刻[새길 각] 難[어려울 난] 忘[잊을 망], 難은 '어찌 ~하랴'의 뜻입니다)

   _____
   _____

3. **甘呑苦吐** (呑[삼킬 탄] 苦[괴로울/쓰다 고] 吐[토할 토])

   _____
   _____

4. 改過遷善 (改[고칠 개] 過[허물 과] 遷[옮길 천])

5. 開門納賊 (開[열 개] 納[들일 납] 賊[도둑 적])

6. 去者日疎 (去[갈 거] 疎[성길/멀어질 소])

7. 見蚊拔劍 (蚊[모기 문] 拔[뽑을 발])

8. 結草報恩 (結[맺을 결] 草[풀 초] 報[갚을 보] 恩[은혜 은])

9. 骨肉相殘 (殘[잔인할/해칠 잔])

10. 空前絶後 (絶[끊을 절])

11. 過猶不及
(過[지날 과] 猶[오히려 유] 及[미칠 급], 猶는 '~와 같다. ~와 마찬가지다' 의 뜻입니다)

12. 口蜜腹劍 (蜜[꿀 밀] 腹[배 복])

13. 屈而不信 (而는 접속사로 '그리고'의 뜻이며, 信은 '펴다'의 뜻입니다)

14. 錦上添花 (錦[비단 금] 添[더할 첨])

15. 多多益善

16. 登高自卑 (登[오를 등] 自[스스로/~로부터 자] 卑[낮을 비])

17. 燈下不明

18. 莫上莫下

19. 莫逆之友 (逆[거스를 역])

20. 明若觀火 (若[같을 약] 觀[볼 관])

21. 明哲保身 (哲[밝을 철] 保[보호할 보])

22. 無所不爲

23. 聞一知十 (聞[들을 문] 知[알 지])

24. 拔本塞源 (拔[뽑을 발] 塞[막을 색] 源[근원 원])

25. 傍若無人 (傍[곁 방])

26. 百家爭鳴 (爭[다툴 쟁] 鳴[울 명])

27. 報怨以德 (報[갚을 보] 怨[원한 원] 以[사용할 이])

28. 覆水不收 (覆[엎어질 복])

29. 不問曲直 (直[바를 직])

30. 駟不及舌 (駟[사마 사] 及[미칠 급] 舌[혀 설], 駟는 '네 마리의 말'입니다)

31. 事必歸正

32. 生口不網 (網[그물 망])

33. 脣亡齒寒 (脣[입술 순] 齒[이 치] 寒[찰 한], 寒은 '시리다'의 뜻입니다)

34. **暗中摸索** (暗[어두울 암] 摸[찾을 모] 索[찾을 색], 中은 '~의 속에서'의 뜻입니다)

35. **良藥苦口** (藥[약 약])

36. **如魚得水** (如는 '~인 듯하다'의 뜻입니다)

37. **溫故知新** (溫[따뜻할/익힐 온])

38. **欲速不達** (欲[하고자할 욕] 速[빠를 속] 達[이를 달])

39. **以心傳心** (以는 '사용하다'의 뜻입니다)

40. **因人成事**

(因[인할 인] 因은 '~에 의해서'의 뜻이며, 한문에서 단독으로 쓰인 人은 '타인, 남'의 뜻입니다)

41. **日就月將** (就[나아갈 취] 將[나아갈 장])

42. **自强不息**

(强[강할 강] 息[쉴 식], 强은 '강제하다, 강요하다, 힘쓰다'의 뜻입니다)

43. **賊反荷杖** (賊[도둑 적] 荷[맬 하] 杖[몽둥이 장])

44. **前代未聞** (聞[들을 문])

45. 朝令暮改 (令[명령 령] 改[고칠 개])

46. 千載一遇 (載[해 재] 遇[만날 우], 載는 '한 해'의 뜻입니다)

47. 齒亡舌存

48. 兎死狗烹 (狗[개 구] 烹[삶을 팽])

49. 抱薪救火 (抱[안을 포] 救[구원할/막을 구])

50. 狐假虎威 (假[거짓/빌릴 가] 威[위엄 위])

풀이 연습의 답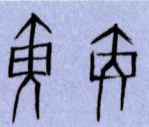

1. 집에 담석도 없다. 家(주어-주격보어)無(술어)儋石(보어)
   -儋石 : 얼마 되지 아니하는 곡식(穀食)이나 분량(分量)의 비유어로 사용됩니다.
2. 뼈에 새겨져 어찌 잊겠는가? [刻(술어)骨(보어)]+[難(부사어)忘(술어)]
3. 달면 삼키고 쓰면 뱉는다. [甘(주어)呑(술어)]+[苦(주어)吐(술어)]
4. 허물을 고쳐서 착함으로 옮겨간다. [改(술어)過(목적어)]+[遷(술어)善(보어)]
5. 문을 열고 도둑을 들인다. [開(술어)門(목적어)]+[納(술어)賊(목적어)]
6. 떠난 사람은 날로 소원해진다. 去者(주어)日(부사어)疎(술어)
   - 去者는 '형용사(형용사로 전성된 동사)+者' 구문으로, 풀이상으로는 형용사가 명사를 수식하는 관계이며, 이때 者는 집단명사나 한정 받지 않은 가정적 상황에 의한 사람의 뜻입니다. '盜人'은 '훔치는(/훔치고 있는) 사람'의 뜻이며, '盜者'는 '도둑 제반'의 뜻입니다.
7. 모기 보고 칼을 뽑는다. [見(술어)蚊(목적어)]+[拔(술어)劍(목적어)]
8. 풀을 엮어서 은혜에 보답한다. [結(술어)草(목적어)]+[報(술어)恩(보어)]
9. 골육이 서로 해친다. 骨肉(주어)相(부사어)殘(술어)
   - 骨肉 : '골육지친(骨肉之親)'의 준말로 '혈육(血肉)'의 뜻입니다.
10. 앞을 공허하게 하고 뒤를 끊어버린다. [空(술어)前(목적어)]+[絶(술어)後(목적어)]
    - 空前 : 앞을 공허하게 하다. 술목관계는 일반적으로 지배와 피지배의 관계입니다. 하지만 空前에서처럼 그런 관계가 성립되지 못할 경우에는 동사가 사역형이나 피동형으로 전성됩니다. '앞이 비워지다/비워지게 되다'나 '앞을 공허하게 하다'로 풀이합니다.
11. 지나침은 미치지 못함과 같다. 過(주어)猶(술어)不及(보어)

12. 입에는 꿀, 배에는 칼. [口(주어)蜜(목적어)][腹(주어)劍(목적어)]
    - 술어가 생략된 형태로 '口有蜜腹有劍' 이 원문입니다. 두 수피관계가 병치된 것으로 '입의 꿀, 배의 칼' 로의 풀이도 가능합니다.

13. 굽히고 펴지 않는다. [屈(술어)]而(접속사)[不(부정부사)信(술어)]
    - 不信은 형용사가 보어를 취한 것으로 분석할 수도 있습니다. 不(술어)信(보어)

14. 비단 위에 꽃을 더한다. 錦上(주어)添(술어)花(목적어)

15. 많을수록 더욱 좋다. 多多(부사어)益(부사어)善(술어)
    - 多多는 대단히 많은 모양의 형용으로, '많을수록' 의 뜻입니다.

16. 높은 곳에 오르려 한다면 낮은 곳부터(이다). [登(술어)高(목적어)][自(술어)卑(보어)]
    - 自는 개사로 '~로부터' 의 뜻입니다. 따라서 '自卑' 를 '개사+목적어' 구조로 보아, 술어가 생략된 것이 일반적인 문법으로 정의내리고 있습니다. 여기서는 自가 술어로 사용된 것으로 분석합니다.

17. 등잔 밑이 어둡다. 燈下(주어)不(부정부사)明(술어)
    - 燈下 : '등잔의 아래' 의 뜻으로, '수피관계' 입니다.
    - 不明 : 한문에서 '不+형용사' 는 중성적인 개념이 아니라 반대의 개념입니다. 즉 '不明' 은 의미적으로는 '희미하다' 라는 중성적인 개념은 제외된 '어둡다' 의 뜻입니다. '不善' 은 '착하지도 나쁘지도 않은 보통의 성격' 이 아닌 '악하다' 의 개념입니다. 한국어도 이와 개념이 비슷하지만 다른 언어권에서는 혼동이 발생하기도 합니다.

18. 위일 수 없으며, 아래일 수 없다. 莫(술어)上(보어)莫(술어)下(보어)
    - 莫은 '~ㄹ 수 없다' 의 뜻입니다. 이는 '無(/毋)+之' 의 개념입니다. 여기서의 之는 의존명사로서 다음에 오는 형용사나 동사 성분을 명사형으로 전성시켜 주는 역할을 합니다. 한국어에서 '없다' 라는 술어는 형용사를 보어나 목적어로 취하지 못합니다. '아름다울 없다(×).' 보어나 목적어는 항상 명사여야 합니다. '아름다울 수 없다' 에서처럼 의존명사 '수' 가 덧붙여져야 합니다. 또 '莫+형용사' 에서 莫이 부정하는 것은 다음에 오는 형용사가 아니란 것에도 주의하여야 합니다. '莫大' 에서 莫은 大의 부정이

아니며(不大는 '크지 않다'로 不이 大를 부정하는 구조입니다), 大는 莫의 대비적 기준으로 다음에 오는 상황에 대한 가정적인 불가함의 의미를 나타냅니다. '莫大한 피해가 발생했다'에서 '大'는 '피해'의 기준이 됩니다. '클 수 없는 피해가 발생했다'의 뜻입니다. '最大의 피해가 발생했다'는 객관적인 상황의 기술로 '전자에 비교해서'라는 객관적인 기준이 있지만, '莫'은 가정과 미완의 상을 나타낸다고 할 것입니다. 한국어에서의 'ㄹ+의존명사'는 미완시제로 사용되지만, 가정의 경우에 사용될 경우에는 강조의 상을 가지게 됩니다. '莫'이 이와 똑같은 문법구조를 가지고 있습니다. 한(漢)나라 이후로 들어서면서 '莫'은 '부정사의 강조형'으로 '결코, 절대'의 어기를 가지는 형태로 다음에 오는 형용사를 부정하는 의미로 문법이 달라집니다.

'莫+형용사'의 한나라 이전의 문법구조는 한국어에서는 아주 자연스럽게 구현되고, 한국 사람이라면 아주 간편하게 조어시킬 수 있을 것입니다. 이는 설명하였듯이 한국어의 '~ㄹ 수 없다'에 그대로 적용시켜서 어순만 바꾸면 되기 때문입니다. 아름다움에 대한 표현으로 '莫美'라고 한다면, '(더) 아름다울 수 없다'로 '앞으로 비견 가능한 그 어떤 것도 이것보다 아름다울 수 없다'는 의미가 됩니다. 즉, 아름다움을 부정하는 것이 아니라 앞으로 발생할 가정적인 상황에 대한 미완으로 강조의 표현을 나타냅니다. 이는 한국어의 표현과 완전히 일치하는 구조입니다. '莫+형용사' 결구는 분명 고대 중국에서 한국으로 전해진 조어이긴 하지만, 중국어에서 한국어로 전해진 것은 아닙니다.

19. 거스를 수 없는 우정. 莫逆之友(명사구).
20. 명확하기가 불을 보는 것과 같다. 明(주어)若(술어)觀火(보어)
    - 若은 형용사(한문과 한국어에서 형용사는 불완전자동사로 사용됩니다)로 '~와 같다'의 뜻입니다. 이는 如도 동일합니다.
21. 명철하여 몸을 보전한다. 明哲(부사어)保(술어)身(목적어)
    - 明哲은 비슷한 의미의 형용사가 나란히 병치되어 '밝고 명확하다'로 '세태(世態)나 사리(事理)에 밝음'의 뜻입니다.
22. 행하지 못한 바가 없다. 無所(술어)不爲(보어)

- 無所는 관용격식으로 '~한 것(/바)가 없다'의 뜻입니다. '莫'은 '無+之'로, 之가 미완의 어기를 함의하는 반면 '無所'에서의 '所'는 완료의 어기를 나타냅니다. '이것은 누구의 所行인가?'에서 所行은 '행한 것'이라는 단순한 상황의 표현이 아니라 '(이미) 행한 것(완료)'으로, 행해온 바(/것)'가 됩니다. 爲는 '행위하다'의 뜻입니다.

23. 하나를 들으면 열을 안다. [聞(술어)一(목적어)]+[知(술어)十(목적어)]
24. 근본을 뽑고 근원을 막는다. [拔(술어)本(목적어)]+[塞(술어)源(목적어)]
25. 곁에 사람이 없는 듯하다. 傍(부사어)若(술어)無人(보어)
26. 백가가 다투어 운다. 百家(주어)爭(부사어)鳴(술어)
    - 鳴은 '운다'로 '(학설 따위를) 주장하다'라는 의미의 비유어로 사용되었습니다.
27. 원한을 덕으로써 갚는다. [報(술어)怨(보어)]+[以(술어)德(보어)]
    - 직역하여 '원한을 갚는데, 덕을 사용하다'입니다. 한국어에서 '~으로써'는 '~을 쓰다'와 동일한 의미입니다. 음의 축약으로 보여집니다.
28. 엎어진 물은 거두지 못한다. 覆水(주어)不(부정부사)收(술어)
    - 覆水은 형용사가 명사를 수식하는 수피관계입니다.
29. 굽고 바름을 묻지 않는다. 不(부사)問(술어)曲直(목적어)
30. 네 마리 말이 혀에 미치지 못한다. 駟(주어)不(부사어)及(술어)舌(보어)
31. 일은 반드시 바르게 돌아간다. 事(주어)必(부사어)歸(술어)正(보어)
32. 산 입에 그물 치지 않는다. 生口(주어)不(부정부사)網(술어)
    - 網이 동사로서 '그물 치다'의 뜻입니다.
33. 입술이 사라지면 이가 시리다. [脣(주어)亡(술어)]+[齒(주어)寒(술어)]
34. 어둠 속에서 더듬어 찾는다. 暗中(부사어)摸索(술어연동)
35. 좋은 약은 입에 쓰다. 良藥(주어)苦(술어)口(보어)
36. 물고기가 물을 얻은 듯하다. 如(부사어)魚(주어)得(술어)水(목적어)
37. 옛것을 익히고 새것을 안다. [溫(술어)故(목적어)]+[知(술어)新(목적어)]
38. 빨리 하려 하면 이루지 못한다. [欲(조동사)速(술어)]+[不(부정부사)達(술어)]
39. 마음으로써 마음을 전한다. 以心(부사어)傳(술어)心(목적어)

- 以心 : 以의 본뜻은 동사로 '사용하다' 이지만, '以+목적어'는 개사가 목적어를 취한 '개목구조'로 도구의 부사어로 사용되었습니다.

40. 남에 의해서 일을 이룩하다. 因人(부사어)成(술어)事(목적어)
41. 날로 나아가고 달로 나아가다. [日(부사어)就(술어)]+[月(부사어)將(술어)]
    - 日과 月이 시간의 부사어로 사용되었습니다.
42. 스스로 강제하고 쉬지 않는다. [自(부사어)强(술어)][不(부사어)息(술어)]
43. 도둑이 도리어 몽둥이를 멘다. 賊(주어)反(부사어)荷(술어)杖(목적어)
44. 앞대에 들어본 적이 없다. 前代(부사어)未(부사어)聞(술어)
    - 未는 미완과 강조의 상부정사입니다. '아직, 결코'의 의미를 함의합니다. 이와 반하는 개념으로는 '旣(이미, 벌써)'가 있습니다.
45. 아침에 명령하고 저녁에 고친다. 朝(부사)令(술어)暮(부사)改(술어)
46. 천년에 한 번 만나다. 千載(주어)一(부사어)遇(술어)
47. 이가 없어져도 혀는 존재한다. [齒(주어)亡(술어)]+[舌(주어)存(술어)]
48. 토끼가 죽으면 개는 삶겨진다. [兎(주어)死(술어)]+[狗(주어)烹(술어)]
    - 狗烹 : 일반적인 문형에서 주어는 동사의 행위자이어야 합니다. 이 구문에서 주어인 狗가 동사 烹의 피동의 대상입니다. 이런 경우에 동사는 피동이나 사역형으로 풀이해야 합니다. 兎死의 경우에는 토끼가 사냥에 의하여 죽임을 당하는지 아니면 다른 이유로 죽어버린 것인지에 대하여서는 비교적 객관적인 상황입니다. '토끼가 죽게 되다(사역형)'나 '토끼가 죽다(단순서술)'로의 풀이가 모두 가능합니다.
49. 땔나무를 안고 불을 끄다. [抱(술어)薪(목적어)]+[救(술어)火(목적어)]
50. 여우가 호랑이의 위세를 가장하다. 狐(주어)假(술어)虎威(목적어)

작문 연습

천자문에 나오는 글자에 한하여 작문하며, 괄호 안의 숫자는 천자문의 구문 번호입니다.

1. 하늘은 높고 바다는 넓다. (127, 2)

2. 자신을 살펴 마음을 고친다. (177, 43, 98)

3. 어버이의 은혜는 끝이 없다. (205, 139, 76)

4. 형은 위이고 동생은 아래다. (89, 83)

5. 흐르는 내는 강에 도달한다. (69, 118, 17)

6. 책을 읽고 깊이 생각한다. (197, 65, 71)

7. 하늘과 땅이 바로 사람이다. (60, 20)

8. 몸을 단정히 하고 어른을 대한다. (54, 112, 46)

9. 짧은 시간이 가장 귀하다. (60, 150, 81)

10. 모든 집에 화목함이 가득하다. (154, 125, 83, 99)

11. 새는 날짐승이고 길짐승이 아니다. (20, 109, 59)

12. 경서는 천금에 비긴다. (122, 116, 126, 11)

13. 비로소 세상이 밝게 빛난다. (21, 129, 118, 14)

14. 빈 수레가 쉽게 기운다. (55, 130, 199, 3)

___

15. 소나무 숲이 매우 아름답다. (68, 180, 89, 73)

___

16. 멀리 떠나고는 돌아오지 않는다. (161, 94, 69, 32)

___

17. 삶은 떨어지는 잎과 같다. (11, 68, 194)

___

18. 예는 서로 존중하는 마음이다. (82, 123, 98)

___

19. 늦은 가을에 과일을 수확한다. (191, 6, 15)

___

20. 어찌 감히 가르침을 잊겠는가? (40, 44, 85)

___

21. 남편은 성실하고 아내는 현명하다. (84, 73, 51)

___

22. 안색을 살펴 마음을 본다. (173, 174, 108, 98)

23. 문자는 뜻과 소리이다. (21, 100, 173)

24. 선비가 관직에 즉위한다. (142, 180, 23, 20)

25. 멀리 바라보고 두 번 절한다. (246, 219)

26. 빈 마음으로 시를 짓는다. (56, 52, 50)

27. 기러기가 광야를 날아간다. (157, 108, 161, 160)

28. 그곳으로 누가 가는가? (182, 51, 176, 183)

29. 흰 망아지가 놀라 뛴다. (34, 226)

30. 아버지가 나으시고 어머니가 기르셨다. (61, 11, 86, 29)

31. 큰아버지는 엄하고 고모는 자애롭다. (87, 62, 93)

32. 귀와 입은 얼굴에 있다. (200, 202, 33, 105)

33. 해가 가면 달이 온다. (3, 5)

34. 마음이 고요하면 정신이 맑다. (150, 90, 68)

35. 처음과 끝을 돈독히 삼간다. (73, 74)

36. 이미 도적이 사라졌다. (119, 188, 227)

37. 돌은 서늘하고 나무는 따뜻하다. (159, 66, 35)

38. 명예가 만방에 치달렸다. (152, 36)

39. 여름은 덥고 겨울은 춥다. (103, 5, 6)

40. 볏짚은 가볍고 쇠종은 무겁다. (121, 130, 16)

41. 잠시도 움직이지 않는다. (94, 98)

42. 밤길이 아득하고 깜깜하다. (14, 124, 162)

43. 아홉 나무의 한 잎. (153, 33, 194)

44. 젊은이가 약한 노인을 부축한다. (206, 138)

45. 붉고 푸름이 선명하고 또렷하다. (152, 189)

46. 인재를 천거하고 어리석음을 꾸짖는다. (214, 42, 248)

___

47. 봉황이 오동나무에서 운다. (30, 192)

___

48. 우수한 선비가 정치에 종사한다. (77. 78)

___

49. 선을 권하고 악을 내친다. (168, 58, 57)

___

50. 동쪽은 산이며 서쪽은 바다이다. (104, 17)

___

작문 연습의 답

1. 天高海洪
2. 省躬改心
3. 親惠無竟
4. 兄上弟下
5. 流川達河
6. 讀書深思
7. 天地是人
8. 端形對長
9. 寸陰最貴
10. 百戶和滿
11. 鳥禽非獸
12. 經疑千金
13. 始世明光
14. 空車易戾
15. 松林孔美
16. 遠離不歸
17. 生如落葉
18. 禮相尊心
19. 晚秋收果
20. 豈敢忘訓
21. 夫誠婦賢
22. 察色觀心
23. 文字意音
24. 士卽位官
25. 瞻眺再拜
26. 虛心作詩
27. 雁飛曠野
28. 誰行其處
29. 白駒駭躍
30. 父生母育
31. 伯嚴姑慈
32. 耳口在面
33. 日往月來
34. 心精神盛
35. 初終篤愼
36. 旣謝盜賊
37. 石淸木溫
38. 譽馳萬方
39. 夏暑冬寒
40. 藁輕錘重
41. 造次弗動
42. 夜路杳冥
43. 九樹一葉
44. 少扶弱老
45. 丹靑的歷
46. 擧才誚愚
47. 鳳鳴梧桐
48. 優士從政
49. 勸善黜惡
50. 東山西海

PART

3

심화학습

천자문에 사용된 성어나 동일 의미의 구문이 있는 예문들을 모았으며, 문법분석으로 심도 깊은 학습을 할 수 있도록 하였습니다.

> 天玄而地黃. 『周易-坤卦』
> 하늘은 까마득하고, 땅은 누리다.

周[두루 주] 易[바꿀 역/쉬울 이] 坤[땅 곤] 卦[점괘 괘]

- 而 : 그리고. 동사나 형용사간의 접속사로 사용됩니다. 명사간의 접속사로는 與(~과/와)가 사용됩니다. 사물 간에는 與가, 성질 간에는 而가 사용된다고 설명하기도 합니다.

> 惟其士女 篚厥玄黃 昭我周王. 『書經-武成』
> 아, 그 남녀들이 그 검고 누런 (비단을) 대광주리에 담아서 우리 주 임금을 밝히었다.

惟[오직 유] 篚[대광주리 비] 厥[그 궐] 昭[밝을 소] 我[나 아] 周[주나라/두루 주] 經[지날/글 경]

- 惟 : 문두에 사용되어 글의 어기에 공경한 성명의 뜻을 나타냅니다. 제문(祭文) 등의 문두에 주로 쓰입니다. 어기조사(語氣助詞)는 문장의 첫머리나 가운데에서 어기를 생성시키는 역할을 합니다. 특히 문두에 사용된 어기조사를 발어사(發語詞)라고 합니다.
- 厥 : 그. 지시사로 其와 같습니다.

- 昭 : 밝히다. 주나라 임금의 덕을 널리 세상에 밝게 알리었다는 의미로 사용되었습니다.

> 往古來今 謂之宙, 四方上下 謂之宇.
> 『淮南子 – 齊俗訓』
> 예로부터 지금까지를 宙라고 이르며, 사방과 상하를 宇라고 이른다.

往[갈 왕] 古[옛 고] 來[올 래] 今[이제 금] 謂[이를 위] 方[모 방] 宇[글자 재] 淮[물이름 회] 南[남녘 남] 齊[가지런할 제] 俗[세속 속] 訓[가르칠 훈]

- 往A來B : A로부터 B까지(주로 시간상의 기간을 말함)
- 謂之A : A라고 이를 것이다(A라고 일러지는 것이다). 여기서의 之는 일반적인 문법에서 목적어로 사용된 대체사(재지시대명사)로 往古來今를 재지시하여 '그것을'로 풀이하여 '그것을 이르기를 宙라고 한다'로 풀이합니다. 이 책에서는 동사 뒤에서의 재지시대명사의 용법을 인정하지 않으며, '강조의 상(相)을 띠는 조사'로 정의하며 '謂之'를 관용격식으로 정의합니다.
- '謂宙'라고만 해도 '宙라고 이른다'로 충분히 의미전달이 가능하며, 주어마저도 생략해 버리는 ─ 이 문장의 실제 주어는 생략되어 있음 ─ 언어형식에서 보다 부가적인 요소인 목적어를 대체사를 끌어와서까지 사용하는 것은 일반적이지 않다.

> 日中則昃 月盈則虧. 『周易-豊卦』
> 해는 중천이면 기울고, 달은 차면 이지러진다.

虧[이지러질 휴] 易[바꿀/주역 역] 豊[풍성할 풍] 卦[점괘 괘]

- 日中則昃 : 해가 중천이라면. 則 앞에는 명사가 올 수 없습니다.

日昃 : 해는 기운다.(日이 명사로 사용됨)

日則昃 : 해라면 기운다.(日이 하나의 독립된 문장[술어]으로 사용되었습니다)

직역하여, '해이다. 그렇다면 기운다.'

則 앞의 명사는 동사(보다 정확히 말하면 술어)로 전성됩니다.(현대 문법의 동명사와 비슷한 용법)

> 寒往則暑來 暑往則寒來. 『周易-繫辭 下』
> 추위가 가면 더위가 오고, 더위가 가면 추위가 온다.

繫[맬 계] 辭[말씀 사]

- 寒往則暑來 : 추위가 가면 더위가 온다. 則은 두 단문(寒往과 暑來)을 가정과 결과로 연결해 주는 역할을 합니다. 하나의 독립된 문장을 전체 문장의 품사화하는 접속사입니다.

> 夫春生夏長 秋收冬藏.
> 此天道之大經也. 『史記 – 太史公自敍』
>
> 대저 봄에는 생겨나고 여름에는 자라며, 가을에는 거둬들이고 겨울에는 저장한다. 이것은 천도의 큰 법칙이다.

夫[지아비 부] 春[봄 춘] 生[날 생] 夏[여름 하] 長[길 장] 此[이 차] 道[길 도] 經[책/법칙 경]
史[역사 사] 記[기록할 기] 公[공/작위 공] 敍[차례 서]

- 夫 : 대체로, 대저. 문두에서 화제를 유도하는 문장부사어(전체를 한정·제한하는 부사어)로 사용됩니다. 凡[무릇/모두 범]도 이와 동일하게 사용되기도 합니다. 夫, 凡 모두 전체를 일괄(一括)하는 총칭(總稱)의 의미를 함의하고 있습니다.

- 此 : 이것(근칭의 지시대명사로 한국어의 '이, 이것, 이러한' 등과 같습니다)

- 天道之大經也 : 천도(자연의 이치)의 큰 법칙인 것이다.

之는 앞말(天道)과 뒷말(大經)을 하나의 명사구로 이어주는 역할을 합니다.(한국어의 속격조사) '天道大經'라고 했을 경우에는 '천도는 큰 법칙'으로 풀이되어 문장의 위치에 따라 명사구로도 형용사구로도 기타의 품사로 기능을 하지만, '天道之大經'는 문법 기능이 명사구로 고정됩니다. 또한 앞말과 뒷말을 모두 명사화시켜 '천도(명사)의 대경(명사)'으로 풀이됩니다. 이 문장에서는 '天道之大經'가 품사로서 명사가 아닌 술어로 사용됩니다. 따라서 명사 술어문의 종결사인 也가 사용되어 문장을 종결시키고 있습니다.

- 此A(명사)之B(명사)也 는 강조의 상(相)을 띠는 관용격식입니다.

ex. 此天道大經 : 이 천도는 큰 법칙이다.
　　此天道之大經也 : 이것은 천도의 큰 법칙인 것이다.

> 建立五行 起消息 正閏餘. 『史記-曆書』
> 오행이 세워지고, 변화가 일어나며, 윤여가 바로잡힌다.

建[세울 건] 立[설 립] 行[갈 행] 起[일어날 기] 消[사라질 소] 息[숨쉴 식] 正[바를 정] 閏[윤달 윤]
餘[남을 여] 史[역사 사] 記[기록할 기] 曆[책력 력] 書[글 서]

- 建立 : 세우거나 이룩함.
- 消息 : ① 천지시운(天地時運)이 돌고 돌아 자꾸 변화함. ② 안부나 어떤 형세 따위를 알리거나 통지함.

> 字韻則清獨之能辨.
> 樂歌則律呂之克諧. 『訓民正音-鄭麟趾 序』
> 글자의 운(韻)이라면 청탁이란 것이 능히 판별되며,
> 악가(樂歌)라면 율려(律呂)란 것이 지극히 바르게 된다.

字[글자 자] 韻[운 운] 清[맑을 청] 獨[흐릴 탁] 辨[분별할 판] 樂[음악 악] 歌[노래 가] 克[이길 극]
諧[화할/고를 해] 訓[가르칠 훈] 鄭[정나라 정] 麟[기린 린] 趾[발 지]

- 清獨之能辨 : 청탁이란 것이 능히 판별된다. 之는 지시성 의존명사로서 清獨이 가정적 예임을 타나내고 있습니다. '~라는 것' 정도의 어기를 나타냅니다.

> 闔閭之干將 莫耶巨闕辟閭.
> 此皆古之良劍也. 『荀子-性惡』
> 합려의 간장, 막야, 거궐, 벽려, 이것은 옛날의 양검이다.

闔[문짝 합] 閭[마을 려] 莫[말 막] 耶[어조사 야] 辟[임금 벽] 良[좋을 량] 劍[칼 검] 荀[사람이름 순] 性[성품 성] 惡[미워할 오/나쁠 악]

- 闔閭 : 춘추시대(春秋時代) 오(吳)왕의 이름으로 월(越)왕 구천과 싸우다가 다쳐서 죽음.
- 干將, 莫耶, 巨闕, 辟閭 : 모두 칼의 이름.
- 良劍 : 좋은 칼.

> 夜光何德. 死則又育. 『楚辭-天問』
> 야광은 어떤 덕인가? 죽으면 또 화육(化育)시킨다.

何[어찌 하] 德[덕 덕] 死[죽을 사] 又[또 우] 育[기를 육] 辭[말씀 사] 問[물을 문]

- 夜光 : 이 문장에서는 '달빛'의 의미입니다.
- 何 : 의문부사로 동사 德을 수식하고 있습니다.

> 其官名多不用漢魏之舊
> 倣上古龍官鳥官. 『資治通鑑 – 晉 元興』
> 그 관직명은 대부분 한나라와 위나라의 옛것을 쓰지 않고
> 상고의 용관과 조관을 본받았다.

漢[나라 한] 魏[성씨 위] 舊[옛 구] 倣[본받을 방] 龍[용 룡] 鳥[새 조]

- 多 : '대부분, 대다수'의 뜻입니다.
- 漢魏之舊 : 之가 두 명사 漢魏와 舊를 속격관계(한국어의 '~의')로 이어주고 있습니다.
- 上古龍官鳥官 : 上古와 龍官鳥官은 속격관계입니다. 따라서 사이에 之로 그 관계를 분명히 할 수도 있습니다. 上古之龍官鳥官.

> 黃帝堯舜 垂衣裳而天下治
> 蓋取諸乾坤. 『周易 – 繫辭典』
> 황제, 요, 순이 의상을 드리우니 천하가 다스려졌다.
> 대저 모두 건곤(乾坤)으로부터 취하여진 것이다.

帝[임금 제] 堯[요임금 요] 舜[순임금 순] 垂[드리울 수] 衣[옷 의] 裳[치마 상] 治[다스릴 치]
蓋[덮개 개] 取[취할 취] 諸[모두 제] 乾[하늘 건] 坤[땅 곤] 繫[맬 계] 辭[말씀 사]

- 垂衣裳 : 의상을 드리우다. '소매를 걷어 붙이다'에 반하는 개념으로 나서거나 억지로 행하지 않고 긴 옷을 드리우고 있었을 뿐이라는 의미입니다. 모든 일을 순리에 맡겨 처리하는 수공지치(垂拱之治)의 덕(德)을 의

미합니다.

- 蓋 : 모두.
- 諸 : 개사로 동작이나 행위가 발생한 장소를 나타내며, '~에(서), ~(으)로부터'의 의미입니다. '之於'의 합으로서, [저]로 읽습니다. 여기서 之는 강조의 상조사이며, 於는 개사로 위치·장소의 보어를 이끕니다.

取之於乾坤 : 건곤에서(於) 취한 것(之)이다.
- 乾坤 : 하늘과 땅. 천지, 우주.
- 垂拱之治 : 위정자(爲政者)의 덕(德)에 의하여 백성이 착해져서 자연스럽게 다스려짐을 의미합니다.

受 太祖大王推讓 卽位, 時年七十六.
『三國史記 – 高句麗本記』
태조대왕의 추양을 받아 즉위하였으며, 이때 나이 76세였다.

受[받을 수] 太[클 태] 祖[할아버지 조] 卽[나아갈 즉] 位[자리 위] 時[때 시] 記[기록할 기] 句[글귀 구] 麗[고울 려]

- 太祖大王推讓 : 태조대왕의 추양. 수피관계 구문입니다. 太祖大王(之)推讓.
- 卽位 : 즉위하다. 卽이 '다가가다, ~로 가다'의 뜻입니다.

彭祖得之 上及有虞 下及五伯. 『莊子-大宗師』
팽조가 얻을 것이라면 위로는 유우에 미치며, 아래로는 오백에 이른다.

彭[땅이름 팽] 得[얻을 득] 及[미칠 급] 虞[근심할 우] 莊[별장 장] 宗[마루 종] 師[스승 사]

- 彭祖 : 전설상의 인물로 전욱(顓頊)의 현손(玄孫). 양생술(養生述)을 발휘하여 800년을 살았다고 합니다.
- 得之 : 얻을 것이라면. 之가 가정의 상조사로 사용되었습니다.
- 五伯 : 춘추오패를 말합니다.
- 大宗師 : '도(道)를 통하여 깨달음을 얻은 사람'을 뜻합니다.

誅其君而弔其民 若時雨降 民大悅. 『孟子-梁惠王 下』
그 임금을 벌하고 백성을 위무하니
때를 맞춘 비가 내리는 것과 같이 백성들이 크게 기뻐한다.

誅[목벨 주] 若[같을 약] 降[내릴 강/항복할 항] 悅[기뻐할 열] 梁[들보 량] 惠[은혜 혜]

- 若時雨降 : 때맞춘 비가 내리는 것과 같이. 若은 '~와 같다'의 뜻이며, 時는 '때맞추다'의 뜻입니다.

弔民伐罪 積後己之情. 『宋書-索虜傳』
백성을 위무(慰撫)하고, 죄를 벌하며, 자신의 실정(實情)을 뒤에 두다.

積[쌓을 적] 後[뒤 후] 己[몸 기] 情[뜻 정] 宋[송나라 송] 索[노 삭] 虜[오랑캐 노] 傳[전할 전]

- 積後 : 뒤에 두다(나중으로 미루다. - 중요하지 않다는 뜻입니다).
- 己之情 : 자신의 속사정. 情은 '실정'의 뜻입니다.
- 索虜 : 변발(辮髮)을 한 오랑캐. 홀하게 부르는 말입니다.

朝聞道 夕死可矣. 『論語-里仁』
아침에 도(道)를 듣는다면, 저녁에 죽어도 괜찮을 것이다.

聞[들을 문] 夕[저녁 석] 可[옳을 가] 矣[의조사 의] 論[논할 논] 里[마을 리]

- 朝 : 아침. 여기서의 朝는 시간의 부사어로서 '아침'의 의미입니다.
- 可矣 : 괜찮을 것이다.

矣는 종결어기사로서 어떤 조건이나 변화에 의한 결과로서의 종결을 나타냅니다. 也는 불변화를 함의하는 단정의 종결을 나타냅니다. '夕死可也'라고 한다면, 이 문장에서의 죽음은 단정적이며 전자의 조건에 무관함을 함의합니다('저녁의 죽음이 옳은 것이다' 정도로 풀이됨). 矣가 사용됨으로써 전자의 조건에 의한 가정적인 상(相)을 이끌어내어 '~일 것이다' 정도로 풀이가 되는 것입니다.

이런 矣 와 也 같은 종결어기사는 현대 중국어에 남아 있지 않아, 현대 중국어로 어감을 되살려 번역하기는 곤란합니다. 하지만 한국어에는 꼭 이와 같은 종결어기사들이 그대로 작용하고 있습니다. '죽어도 옳다는 것이다'와 '죽어도 괜찮겠다' 정도의 어감의 차이입니다. '~겠다'는 지시성의 의존명사 '것'과 관련이 있으며, 也와 矣 모두 앞서 기술된 내용을 재지시하는 지시성의 의미를 함의하고 있습니다.

也와 矣 등을 종결사라 부르지 않고 종결어기사라고 부르는 것은 서로 각기 다른 어감(상)을 함의하고 있기 때문입니다.

惇信明義 崇德報功 垂拱而天下治.

『詩經-武成』
신의를 돈독(敦篤)히 하며, 의리(義理)를 밝히고,
덕(德)을 높이고 공로(功勞)에 보답(報答)한다면 옷을 드리우고 팔짱을 끼고서도 천하(天下)가 다스려진다.

惇[도타울 돈] 信[믿을 신] 義[옳을 의] 崇[높을 숭] 報[갚을 보] 功[공 공] 武[호반 무]

- 惇信明義 崇德報功 : 두 자(字)씩 계속해서 '술+목'구가 이어지고 있습니다.
- 垂拱而天下治 : 수공하고서도 천하가 다스려진다.

여기서의 而는 접속사로 절과 절을 이어주는 역할을 하고 있습니다. 접속사로서 순접이냐 역접이냐는 앞 뒷말과의 상관관계에 의해서이지 而 자체에 의함이 아닙니다. 즉 垂拱과 天下治는 서로 대립되는 개념에 의해서 한국어로의 풀이에서 '~하고서도'로 문맥을 맞춘 것에 지나지 않습니다.

고대한어(古代漢語)를 입말로서 구사하던 사람들(한족이 아닙니다)에게는 이러한 역접의 접속사가 없지 않았을 것입니다. 다만 그들이 문자를 만듦에 있어 일련의 음절 단위에서 보다 중점이 되거나 대표되는 음, 혹은 포함되는 음의 단위로 한 글자씩 만든 것입니다.

'그러나, 그래서, 그리고(/도), 그렇지만' 등등을 하나의 의미군어(단어와는 좀 다른 개념)으로 파악하여, 하나의 글자 而로 통합 표기하는 방식입니다.

九族旣睦 平章百姓. 『詩經 – 堯典』
구족(九族)이 이미 화목(和睦)하고 백성을 평안하고 밝게 한다.

九[아홉 구] 族[겨레 족] 旣[이미 기] 睦[화목할 목] 姓[성 성] 典[책 전]

- 九族旣睦 : 구족이 이미 화목하다. 旣는 부사어로서 '이미, 벌써'의 뜻으로 특정한 기점을 중심으로 완료의 의미를 나타냅니다.

百姓昭明 協和萬邦. 黎民 於變時雍.
『書經 – 堯典』
백성이 밝아지고, 온 천하가 협력하고 화합하며,
수많은 사람들이 이에 감화하고, 이에 화락(和樂)하다.

昭[밝을 소] 明[밝을 명] 協[화할 협] 和[화합할 화] 邦[나라 방] 變[변할 변] 雍[화락할 옹]

- 昭明 : 밝음. 환함.

- 協和 : 협력하고 화합하다.
- 萬邦 : 온 천하. 한문에서 10의 배수는 '전부, 온통' 등의 부사어로 쓰입니다. 百姓에서 百도 마찬가지입니다.
- 於變時雍 : 이에 감화되고, 이에 화락한다. 於와 時 모두 접속부사로서 '이에, 그리하여' 등의 뜻으로 사용되었습니다. 時는 是와 같습니다.

綏爾先公之臣服於先王.

『書經 – 康王之誥』
선왕에게 당신들 앞분들의 신하로 복종함을 계승하라.

綏[편안할 수] 爾[너/그대 이] 先[앞 선] 康[편안할 강] 誥[고할 고]

- 綏 : 계승하다, 잇다. 한자 자형상의 의미는 '끈'입니다. 끈으로 사물을 잇듯이, 잇고 계승하라는 의미로 사용되었습니다.
- 先公 : 앞의 공(들)
- 綏(술어)爾先公之臣服(직접목적어)於先王(간접목적어)

遐邇一體 中外禔福 不亦康乎.

『史記 – 司馬相如傳』
먼 곳과 가까운 곳이 한 몸과 같고 안 밖이 안녕하고 행복하니 편안하지 않은가!

遐[멀 하] 邇[가까울 이] 體[몸 체] 禔[복 제] 福[복 복] 康[편안 강]

- 中外 : 안과 밖. 내와(內外). 국내외 국외. 조정(朝廷)과 민간(民間).

- 禔福 : 행복(幸福)

- 不亦康乎 : 편안하지 않은가? 亦은 '또, 매우' 등의 부사어지만, 여기서의 기능은 긍정의 대답을 요구하는 부정수사의문을 만들고 있습니다. '不康乎?'라고 한다면, '즐겁지 않은가?'로 부정의문문입니다. 물론 문맥에 따라 수사의문문으로도, 부정의문문으로도 사용될 수 있지만, 亦이 사용됨으로 분명한 어기를 나타내고 있습니다.

率土之濱 莫非王臣. 『詩經 – 小雅-北山』
온 땅의 끝이(온 세상이) 왕의 신하가 아님이 없다.

率[거느릴 솔] 濱[물가 빈]

- 土之濱 : '土'는 지경/경계 혹은 나라의 땅의 의미로서 '土之濱'은 '나라(세상)의 경계의 끝'의 의미.

- 莫非 : ~아닐 수 없다. 이중부정으로, 포괄적인 긍정 및 예외가 없음의 뜻을 나타냅니다. 莫에는 '결코'의 어기가 함의되어 있습니다. 莫不도 이와 같으나, 非는 명사를 부정하고, 不은 동사나 형용사를 부정하는 것에 맞추어, 莫非 다음에는 명사가, 莫不 다음에는 동사나 형용사가 옵니다.

鳴鳳托高梧. 「李白-詩」
명봉이 높은 오동에 의탁하고 있다.

托[맡길 탁] 高[높을 고] 梧[오동 오] 李[오얏 리] 白[흰 백] 詩[글 시]

- 托 : '의탁하다, 맡기다'의 뜻입니다.
- 託身 : 몸을 의탁하다, 몸을 의지하다.

皎皎白駒 食我場苗. 『詩經-小雅 白駒』
새하얀 흰 망아지 내 마당의 곡식을 먹는다.

皎[흴 교] 我[나 아] 場[마당 장] 苗[모/곡식 묘] 雅[우아할 아]

- 皎皎 : 희고 깨끗한 모양의 형용으로, 때로 달이 밝은 모양을 나타내기도 합니다.
- 食我場苗 : 내 마당의 곡식을 먹는다.
  +술+목 = 食(술어)我場苗(목적어), 我(수식어)場苗(피수식어).
- 場苗 : 본래는 채원(菜園), 채소밭의 의미였으나 인신되어 '어진 인재를 초빙함, 또는 현자를 그리워함'의 의미로 사용됩니다. 즉 천자나 제후가 현인이 자신에게 머물러 있도록 하기 위한 장소의 비유어입니다. 인재 등용은 고대 제왕의 필수 덕목의 하나입니다.

> 天地變化 草木蕃. 『周易-坤卦』
> 천지(天地)의 변화로 초목이 우거진다.

變[변할 변] 蕃[우거질 번] 易[바꿀/주역 역] 坤[땅 곤] 卦[걸 괘]

> 褒姒不好笑 幽王欲其笑 萬方. 故不笑.
> 『史記-周記』
> 포사가 잘 웃지 않자 유왕은 그렇게 웃게 하려고 온갖 방법을 썼지만, 여전히 웃지 않았다.

褒[기릴 포] 姒[손윗동서 사] 好[좋아할 호] 笑[웃을 소] 幽[그윽할 유] 欲[하고자 할 욕]
故[연고 고] 記[기록할 기]

- 褒姒 : 주대(周代) 포국(褒國)의 여자로, 주(周)나라 유왕의 공격을 받은 포후(褒侯)가 유왕에게 바쳐졌으며, 유왕의 총애를 받았습니다. 도무지 웃지를 않아, 왕이 거짓 봉화(烽火)를 올려 제후(諸侯)를 모이게 한 것을 보고야 비로소 웃었다고 하는데, 그 뒤에 참 난리가 나서 봉화를 들어도 제후가 모이지 않아 왕은 죽고 포사는 잡혔다고 합니다.
- 好 : 부사어로 '잘'의 뜻입니다. '좋다, 훌륭하다, 괜찮다' 등의 뜻으로도 쓰입니다.
- 欲其笑 : 그렇게 웃게 하고자 하다. 여기서의 其는 부사어로서 강조의 상을 나타냅니다. '그렇게, 그'의 뜻이며, 萬方(온갖 방법)과 호응하여, 노력이 많았음에 대한 강조의 어기를 만들어내고 있습니다.

- 故 : '여전히'의 뜻입니다. 상황이 변화되지 않음을 나타냅니다.

> 身體髮膚 受之父母. 不敢毀傷 孝之始也.
> 『孝經 – 開宗明義章』
> 신체발부는 부모에게서 받은 지라
> 감히 훼상할 수 없음이 효의 시작이다.

受[받을 수] 毀[헐 훼] 傷[상할 상] 孝[효도 효] 始[시작할 시] 開[열 개] 宗[마루 종] 義[옳을 의] 章[글 장/밝힐 장]

- 受之父母 : 부모에게서 받은 것이다, 부모로부터 받은 지라. 여기서의 之는 어기조사로 강조 혹은 영탄의 어기를 만들어 내고 있습니다. '受父母'라고만 한다면 술목구조로 하여 '부모에게 받다'의 뜻이지만, 之가 삽입되어 '부모로부터 받은지라/것이다' 영탄이나 강조의 어기를 만들어 내고 있습니다. '之'는 본래 지시사로부터 비롯된 글자로 한국어의 의존명사가 가지는 용도를 그대로 가지고 있습니다. 풀이 시에도 '之'의 음인 [지]와 동일합니다. 이러한 용법 역시 현대 중국어에는 없습니다.
- 不敢 : 감히 ~못하다. 수사적인 부정문을 이끌며 강한 부정의 뜻을 나타냅니다.
- 孝之始也 : 효의 시작이다. 효의 비롯됨입니다.

之는 속격조사로 한국어의 '~의'와 동일합니다. 앞 뒷말을 모두 명사화 시켜서 '효의 시작'의 뜻입니다. 따라서 '孝之始'는 명사구이며, 也는 명사술어문의 종결사로 사용된 것입니다.

孝始 : 효가 시작되다, 효의 시작이다.

孝之始 : 효의 시작(/됨), 효의 비롯됨.
- 開宗明義 : '종지(宗旨)를 열고 의리(義理)를 밝힌다'가 본뜻이며, 저술이나 발언의 주지(主旨)를 설명함의 의미로 인신되어 사용되기도 합니다.

> 故道大 天大 地大 王亦大.
> 域中有四大而王居其一焉. 『老子』
> 그러므로 도는 위대하다. 하늘은 위대하며, 땅은 위대하며, 왕 또한 위대하다. 세상에는 네 가지 위대함이 있으며, 왕은 그 하나를 차지한다는 것이다.

道[길 도] 亦[또 역] 域[지경 역] 居[거할 거] 焉[어조사 언] 老[늙을 노]

- 域中 : 세상에는. 域은 '지경, 구역'의 뜻으로, 사람이 살고 있는 경계의 의미로 세상의 뜻을 나타냅니다. 中은 '~의 가운데, ~의 속'의 뜻입니다.
- 居 : 위치하다, 자리 잡다.
- 焉 : 서술형 종결사의 하나로 '사실 확인'의 의미를 내포하며, 다른 종결사와 마찬가지로 강조의 상을 띠고 있습니다. 풀이 상으로 '~이라는 것이다/~한다는 것이다' 정도의 어감을 만들어냅니다. 이런 확인(確認과 확언(確言)의 어감은, 焉은 '於+之'의 합음사(合音辭)인데, 於 본래의 의미는 감탄사로서 [오]로 발음됩니다. 이 감탄의 어감과 상조사 之(의존명사)와의 유기적인 관계에 의한 것입니다.

일반적인 문법에서는 於之를 '개사+목적어 대체사'로 보아, '그곳에' 정도로 풀이하고 있습니다. 이런 규정에 의해서라면, 여기서의 之는 문두의 域를 대체하는 것으로, 居其一焉는 '居其一於域'로, '세상에서 그 하나를 차지한다' 정도로 풀이하고 있습니다. 현대 중국어와 영어문법에 적합한 구조이긴 하지만, 한문과 한국어에는 생략성이 있으며, 특히나 영어나 현대 중국어에 비하여 주어의 생략이 두드러집니다. 주어마저 생략해 버리는 언어에서 보다 부가적인 요소인 목적어를 대체사로 끌어들여서까지 나타낼 이유는 없는 것이며, 모든 합음사들을 '개사+대체사'의 합으로 본다면 대다수의 문장이 상과 시제가 없는 단순서술문에 지나지 않게 됩니다.

> 恭惟 太宗恭定大王 嘗命儒臣
> 掇取古農書切用之語. 『農事直說』
> 삼가 생각하건대, 태종공정대왕께서 일찍이 유신에게 명하여
> 고 농서의 절실히 요구되는 말들을 주워 취하게 하였다.

定[정할 정] 嘗[일찍 상] 儒[선비 유] 掇[주울 철] 取[취할 취] 切[끊을 절] 農[농사 농] 事[일 사] 直[곧을 직] 說[말씀 설]

- 太宗恭定大王 : 세종대왕의 아버지인 태종 이방원(李芳[꽃다울 방]遠[멀 원]).
- 嘗 : 부사어로 '일찍이'의 뜻입니다.
- 儒臣 : 유학자(儒學者)로서 벼슬살이 하는 신하.
- 掇取 : 줍고 취하다. 掇은 흩어져 있는 것들을 모으는 것을 의미합니다.
- 切用 : 절실히 소용되다.

> 彦謙早孤 不識父 爲母兄鞠養. 『北史 39 - 房彦謙傳』
> 언겸은 일찍 어버이를 여의었는데, 아버지를 몰랐고,
> 어머니와 형에 의해서 양육되었다.

彦[선비 언] 謙[겸손할 겸] 早[일찍 조] 孤[외로울 고] 識[알 식] 房[방 방]

- 早孤 : 일찍 어버이를 여의다.
- 爲母兄 : 어머니와 형에 의해서. 爲는 개사로서 '~ 때문에, ~에 의하여' 등의 뜻을 나타냅니다.
- 房彦謙 : 수대(隋代)의 청백리. 구양순이 방언겸의 비문을 쓰기도 했습니다.

> 豈敢愛之. 畏我父母. 『詩經 - 鄭風 將仲子』
> 어찌 감히 아까울 것이겠는가? 내 부모님이 두려워서이다.

愛[사랑 항/아낄 애] 畏[두려울 외] 我[나 아] 鄭[정나라 정] 風[바람/풍속 풍] 將[씩씩할 장] 仲[버금 중]

- 豈敢愛之 : 어찌 감히 아까울 것인가? 여기서의 之는 의존명사로 한국어 '것'에 해당하며, 동사 다음에서 동사에 상을 부여합니다. 시제적인 기능도 함께 있는데, 특정한 기점으로부터 완료되지 않은, 즉 '미완'의 상태에 사용됩니다. 愛는 '사랑하다'와 '인색하다'의 의미가 있는데, 한국어에서 '아끼다'는 그 두 의미를 동시에 지닙니다. '제자를 아끼다'에서는 '사랑하다'의 의미인 반면, '돈을 아끼다'에서는 인색함의 어기가 있습니다.

전자에서도 나왔지만, 서로 전혀 다른 의미가 동일한 음에서 기능하고 있다는 것은 어떤 문자 언어의 시발점이 되는 민족을 밝히는 중요한 단서의 하나입니다.

將軍專策略, 幕府盛才良. 「杜甫 – 詩」
장군이 책략에 오로지하면, 막부에 재량이 담긴다.

將[장수 장] 軍[군사 군] 專[오로지 전] 策[꾀 책] 略[계략 약] 幕[장막 막] 府[곳집 부]
盛[담길/성할 성]

- 策略 : 계략, 꾀.
- 幕府 : 장군(將軍)이 집무를 맡아보던 곳. 고대의 장군은 유사시에 임시로 임명하고 사후(事後)에는 해직하였는데, 상치(常置)된 청사(廳舍)가 없이 장막 등을 임시로 쳐서 집무하였던 데서 유래한 말입니다.

過則勿憚改. 『論語 – 學而』
허물이라면 고치기를 꺼리지 말라.

勿[말 물] 憚[꺼릴 탄] 改[고칠 개]

- 勿 : ~하지 말라. 금지사로 부정명령문을 이끌어 냅니다. 부사가 부정부사일 경우에는 긍정에서의 [부정부사+조동사+술어]의 문형이 됩니다.

有朋自遠方來 不亦樂乎. 『論語-學而』
벗이 있어 멀리로부터 찾아오니, 또한 즐겁지 않겠는가?

朋[벗 붕] 自[스스로 자] 遠[멀 원] 方[모 방] 來[올 래] 亦[또 역] 樂[즐거울 락]

- 有朋 : 벗이 있다. 여기서의 有는 형용사로서 '있다'의 의미입니다. 또 '어떤'의 의미를 함의하고 있는데, '어떤 벗'으로의 풀이도 가능합니다. 한국어에서 '아름다움이 있다'라고 한다면, '있다'는 형용사가 되며, '교차로에 경찰관이 있다'라고 한다면, '있다'는 동사로서, '위치하다, 존재하다'의 의미가 됩니다. 이 有 역시 형용사로서 '있다'의 의미입니다. 때로 有는 동사로 사용되기도 하지만, '在[있을 재]'의 경우에는 항상 동사로 사용됩니다.

- 自遠 : 멀리로부터. 自가 '~로부터'의 뜻입니다.

- 不亦樂乎? : 즐겁지 않겠는가? 여기서의 亦은 '또한, 매우'로 강조의 어기를 나타냅니다. 하지만 더 중요한 것은 한문에서 '不+형용사'는 '형용사의 반대'의 의미가 아니라 항상 반대의 의미를 나타냅니다. '不善'은 '좋지 않다'는 중성적인 의미가 아니라, 항상 '나쁘다'의 의미로만 사용됩니다. '不樂'은 '즐겁지 않다'가 아니라 '괴롭다'의 뜻입니다. 따라서 亦의 중요한 기능은 그런 중의성의 제거에 있습니다. '不亦~乎?'는 긍정의 대답을 요구하는 부정수사의문문의 공식입니다.

楊朱泣岐路, 墨子悲染絲. 「阮籍-詩」
양주는 기로에서 울고, 묵자는 물들인 실을 슬퍼한다.

楊[버드나무 양] 朱[붉을 주] 岐[갈래 기] 路[길 로] 阮[성 완] 籍[문서 적]

- 楊朱 : 전국(戰國) 때 위(魏)나라 사람. 양자(陽子). 위아설(爲我說)을 주장하여 유가(儒家)로부터 극단적인 개인주의라고 배척받았습니다.
- 岐路 : 갈래 길.
- 阮籍 : 삼국(三國) 때 위나라 사람으로 죽림칠현의 한 사람입니다.

故洛陽令王渙 秉淸修之節, 蹈羔羊之義.
『後漢書 76 - 王渙傳』
그러므로 낙양은 왕환으로 하여금 순결하고 아름다운 절조를 잡게 하고, 옛 군자의 의로움을 밟게 하였다.

令[하여금 령] 渙[흩어질 환] 秉[잡을 병] 淸[맑을 청] 修[닦을 수] 節[마디 절] 蹈[밟을 도]

- 洛陽 : 옛날에는 관직명으로 사람을 부르기도 하였습니다. 낙양의 현령인 경우에는 '洛陽'이라고 부르기도 하였습니다. 여기에서는 '낙양'(당시의 시대 배경)이라는 정치, 현실적 상황을 의미하는 것으로 보입니다.
- 令王渙 : 왕환으로 하여금. 令은 '~로 하여금~하게 하다'의 뜻입니다.
- 淸修之節 : 아름답고 깨끗한 절조(節操).
- 蹈 : 밟다, 따르다, 이어받다, 옛것대로 함.

> 高山仰止 景行行止. 『詩經 – 小雅 車舝』
> 높은 산으로 우러를지며, 큰 길로 가볼 지다.

高[높을 고] 止[그칠 지] 雅[우아할 아] 車[수레 거/차] 舝[비녀장 할]

- 仰止 : 우러러졌다. 止는 '그치다, 멈추다'가 본래의 뜻이며, 지당함과 당연함의 어기를 담아냅니다. 『시경(詩經)』에 주로 쓰입니다.
- 車舝 : 수레의 바퀴가 벗어나지 못하게 가로지르는 못. 굴대빗장.

> 惟聖 罔念作狂. 惟狂 克念作聖. 『書經 – 多方』
> 비록 성인일지라도 망령(妄靈)되게 생각하면 광폭함을 일으키고, 비록 광인일지라도 지극히 생각하면 성스러움을 일으킨다.

惟[오직/비록 유] 狂[미칠 광] 多[많을 다]

- 惟(唯, 維) A : 비록 A 하더라도, 비록 A일지라도.
- 罔念 : 망령된 생각. 여기서의 罔은 '바르지 않다'의 의미로 妄과 같습니다.

> 形正則影必端. 『禮記』
> 몸이 바르게 되면 그림자는 반드시 단정해진다.

影[그림자 영] 必[반드시 필] 禮[예의 예] 記[기록할 기]

> 皎皎白駒 在彼空谷. 『詩經-小雅 白駒』
> 새하얀 흰 망아지 저 공곡에 있네.

皎[흴 교] 彼[저 피]

- 皎皎 : 희고 깨끗한 모양의 형용으로, 때로 달이 밝은 모양을 나타내기도 합니다.
- 彼 : 원칭의 지시대명사입니다. '저기, 저곳'의 뜻입니다.

> 第公此心 如虛堂縣鏡耳. 『宋史 387-陳良翰傳』
> 다만 공(公)의 이 마음은 넓은 대청에 걸린 거울과 같을 뿐이다.

第[차례 제] 虛[빌 허] 堂[집 당] 縣[매달 현] 鏡[거울 경] 耳[귀 이]

- 第 : 다만, 단지, 오로지 등의 뜻으로 쓰입니다.
- 如虛堂縣鏡 : 허당현경과 같다. 如A=A와 같다. 虛堂縣鏡은 마음이 공평하여 옳고 그름을 분명히 살필 수 있음의 비유어입니다.
- 耳 : 종결사로 사용되어 '~일 뿐이다'의 뜻입니다. '而已[그칠 이]'의 축약이며, 而已는 '그리고 멈추다'로 직역할 수 있습니다.

> 故惡積而不可掩 罪大而不可解. 『周易-繫辭傳下』
> 그러므로 악이 쌓여서 가릴 수 없으며, 죄가 커져서 풀 수 없다.

掩[가릴 엄] 罪[죄 죄] 解[풀 해] 繫[맬 계] 辭[말씀 사] 傳[전할 전]

- 不可 : ~할 수가 없다.

> 積善之家 必有餘慶.
> 積不善之家 必有餘殃. 『周易-坤卦』
> 선을 쌓은 집안에는 반드시 뒷날의 경사가 있으며,
> 악을 쌓은 집안에는 뒷날의 재앙이 있다.

家[집 가] 必[반드시 필] 餘[남을 여] 殃[재앙 앙] 坤[땅 곤]

- 積善 : 선을 쌓다. 착한 일을 많이 함의 뜻.
- 餘慶 : 1. 남에게 좋은 일을 한 보답으로 뒷날 그 자손이 누리게 되는 경사스러운 일.
  2. 적선(積善)의 갚음으로 앞으로 받을 경사(慶事). ≒餘殃
+ 餘 : '이후의, 다음의'의 뜻입니다.
- 不善 : 직역하면 '선하지 않다'이지만, 한문에서 '不+형용사'는 그 형용사를 부정하는 중성적인 의미보다는 형용사 반대의 개념입니다. 즉 '악하다'를 의미합니다.
  ◆ 積善餘慶(적선여경) : 착한 일을 많이 하면 경사스러운 일이 자손에게 미침.

福緣善慶 多因積行而生. 『明心寶鑑-省心篇下』
복의 인연과 좋은 경사는 대부분 선행을 쌓아서 생겨난다.

緣[인연 연] 慶[경사 경] 積[쌓을 적]

- 緣·因 : '~때문이다, ~에 따르다' 의 뜻입니다.
- 多 : '대다수, 대부분' 의 뜻입니다.
- 積行而生 : 두 동사가 사건 발생 시간의 순차에 의하여 접속사 而로 이어지고 있습니다.

聖人不貴尺之璧 而重寸之時. 『淮南子-原道』
성인은 한 자의 구슬을 귀하게 여기지 않고 짧은 시간을 귀하게 여긴다.

聖[성스러울 성] 貴[귀할 귀] 重[무거울 중] 時[때 시] 淮[물이름 회] 南[남녘 남] 原[근원 원]

- 不은 동사/형용사의 부정사로 사용됩니다. 여기서는 형용사 貴를 부정하고 있습니다.
- 貴尺之璧 : 한 자의 구슬을 귀하게 여기다. 貴(술어)尺之璧(목적어-명사구) 貴가 의동동사(~라 여기다)로 '귀하게 여기다' 의 뜻입니다.
- 重寸之時 : 重이 의동동사(~라고 여기다)로 사용되었습니다. 重(술어)寸之時(목적어-명사구)
- 原道 : 도를 찾다. 原은 '찾다' 의 뜻으로, 근본을 캐다, 근본을 추구하다의 의미입니다.

> 資於事父以事君 其敬同. 『孝經』
> 어버이 섬김을 바탕으로써 임금을 섬긴다. 그 경건함은 같다.

以[써 이] 敬[존경할 경] 同[같을 동]

- 資於事父 : 어버이 섬김을 바탕으로 하다. 於는 동작이나 행위가 미치는 대상을 이끄는 개사로 '~에 대하여, ~에서'의 뜻입니다.
- 以事君 : (그것)으로써 임금을 섬긴다. 以는 대용어(代用語)로 앞에 나온 말(여기서는 資於事父)를 재지시함과 동시에 '사용하다'의 의미를 함의하는 개사로 사용되었습니다.

뒤에 '之'가 생략된 '以(之)'로 직역하면, '그것을 사용하다'입니다.

'어버이 섬김을 바탕으로 하고, (그것으로)써 임금을 섬긴다' → '어버이 섬김을 바탕으로 (그것으로)써 임금을 섬긴다'와 같습니다. 한국어 '써'는 '사용하다'는 동사의 압축이기도 합니다. 以의 근본 의미 역시 '사용하다'입니다.

> 事君 能致其身. 事父母 能竭其力. 『論語-學而』
> 임금을 섬김에 능히 그 몸을 바쳐야 하며,
> 부모를 섬김에는 그 힘을 다해야 한다.

致[이를/바칠 치] 身[몸 신]

- 能 : 조동사로서 '~해야 한다'의 뜻입니다. '능히 ~(해야) 한다'로 풀

이할 수도 있습니다.

- 身 : 몸. 생명과 같은 뜻입니다.
- 其身 : 其는 '그'의 뜻으로 재귀3인칭 대명사와 비슷합니다. 영어로는 정관사 the와 유사합니다. 하지만, 한문의 '其'는 한국어에서의 '그'에서처럼 단순한 3인칭 대명사나 지시사의 문법 기능 외에 '강조'의 상(相)을 가지는 경우가 많습니다. 이 문장도 '임금을 섬김에는 그렇게 몸을 바쳐야 한다'의 어기를 가지고 있습니다. 즉 이 문장은 분명한 청자가 있거나 대상이 정해진 것, 혹은 분명한 상황에 대한 이야기라기보다는 일반적인 진실을 이야기하고 있는 문장입니다.

如臨深淵 如履薄氷. 『詩經 – 小雅 小旻』
깊은 못에 임한 듯하고, 엷은 얼음을 밟은 듯하다.

淵[못 연] 氷[얼음 빙] 旻[하늘/여름하늘 민]

- 深淵 : 깊은 연못. 薄氷 : 엷은 얼음.

夙興夜寐 無忝爾所生. 『詩經 – 小雅 小宛』
일찍 일어나고 밤 깊어 잠들어 그대 태어난 바를 더럽히지 말라.

夜[밤 야] 寐[잠잘 매] 忝[더럽힐 첨] 爾[너/그대 이] 宛[완연할 완]

- 夙興夜寐 : 일찍 일어나고 밤 깊어 잠듦. 근면함에 대한 형용으로 쓰

입니다.
 - 無忝 : 더럽히지 말라, 욕되게 하지 말라. 無가 '~말라'는 뜻의 금지사로 사용되었습니다.
 - 爾所生 : 그대 태어난 바. '부모'를 말합니다.

> 凡爲人子之禮 冬溫而夏.
> 昏定而晨省 在醜夷不爭. 『禮記-曲禮 上』
> 무릇 사람이 되어서 자식 된 예는 겨울에는 따뜻하게 하고,
> 여름에는 서늘하게 하며, 저물면 자리를 잡아드리고,
> 새벽에는 안색을 살피며, 동료와 있음에는 싸우지 않는 것이다.

凡[무릇 범] 爲[할 위] 夏[여름 하] 昏[저물 혼] 晨[새벽 신] 省[살필 성] 在[있을 재] 醜[추할 추] 夷[동이 이] 爭[다툴 쟁] 曲[굽을 곡]

 - 凡 : 무릇, 대체로. 夫와 같은 뜻으로 문두(文頭)에서 문장부사로 일반적인 상황의 기술에 사용됩니다.
 - 爲人 : 사람이 되다. 사람의 됨됨이.
 - 醜夷 : '많은 동배'의 뜻. 醜[무리 추], 夷[무리 이]로 훈독되며, 나이와 학행(學行)이 동등한 사람들을 의미합니다.

> 如松柏之茂 無不爾或承. 『詩經-小雅 天保』
> 송백의 무성함과 같아서 그대 혹시라도 이어지지 않음이 없다.

柏[잣나무 백] 茂[무성할 무] 爾[너 이] 或[혹시 혹] 承[이을 승] 保[보호할 보]

Part 03_심화학습 | 273

- 如松柏之茂 : 송백의 무성함과 같다.

　술어[如+보어[松柏(수식어)之(속격조사)茂(피수식어)]

- 無不 : ~ 하지 않음이 없다. 이중부정으로 강한 긍정의 뜻을 나타냅니다.

　비슷한 뜻으로 '無非'가 있습니다. 不은 동사나 형용사를 부정하며, 非는 명사나 명사구를 부정합니다. 따라서 不 뒤에는 절이나 동사/형용사가 오며, 非 뒤에는 명사나 명사구가 옵니다.

- 爾或 : 그대 누구라도. 爾는 2인칭대명사로 '너, 그대' 등의 뜻이며, 或의 본뜻은 '또한, 게다가, 혹시'이지만, 부정문에서는 그 부정의 어기를 강화시켜주는 역할을 합니다. '혹시라도, 어찌 되었든' 정도의 어기를 나타냅니다.

- 天保 : 하늘이 보호하다/안정시키다.

小德川流 大德敦化.
此天地之所以爲大也. 『中庸』

소덕은 내처럼 흐르고, 대덕은 돈독(敦篤)히 화육(化育)하니, 이것이 천지의 위대하다고 여겨져 온 바이다.

敦[돈독할 돈] 化[변화 화] 此[이 차] 庸[떳떳할 용]

- 敦化 : 돈독히 화육하다. 인애(仁愛)가 돈후(敦厚)하여 만물을 화생(化生)시킴.
- 此 : '이것'. 지시사로 앞 구문 전체를 재지시합니다.

- 天地之所以爲大也 : 천지의 위대하다고 여겨져 온 바이다.

+ 之는 속격조사로 天地와 所以爲大를 하나의 명사구로 묶어주는 기능을 합니다. 한국어의 '~의'에 해당합니다.

+ 以爲大 : 크다고 여기다. '以A爲B= A를 B하다고 여기다'에서 A가 생략된 형태입니다.

+ 所 : 동사접두어로서 완료의 상을 나타냅니다.

以爲大 : 크다고 여기다.

所以爲大 : 크다고 여겨지는 바.

이 문장은 所以를 '까닭, 원인'의 뜻으로 하여, '所以爲大'를 '위대한 까닭/이유'라고 풀이하기도 하지만, 수식어인 형용사구(爲大)가 피수식어(所以) 뒤에 위치하는 것은 한문의 기본 문법에 어긋나기도 합니다. 수식어-피수식어 구조는 한문과 한국어에서의 아주 고정적인 문형입니다.

> 一源苟淵澄 萬像俱氷泮. 「崔惟淸-詩」
> 근원이 진실로 연못처럼 맑다면 만상이 모두 얼음처럼 녹아버리리.

源[근원 원] 苟[진실로 구] 淵[못 연] 澄[맑을 징] 萬[일만 만] 像[모양 상] 俱[함께/모두 구] 氷[얼음 빙] 泮[녹을 반] 崔[높을 최] 惟[벼리 유] 淸[맑을 청]

- 一 : 수적인 의미가 아니라 '모든, 전부'의 의미입니다.

> 孝恭遵婦道, 容止順其猷. 「韋應物-詩」
> 효도하고 공경하며 아내의 도를 지키고,
> 용모와 행동거지는 집안 법도를 따라야 한다.

遵[좇을 준] 婦[지어미 부] 順[순할 순] 猷[꾀 유] 韋[가죽 위] 應[응할 응] 物[사물 물]

- 遵·順 : 모두 자동사로 '~에 의지하다, ~에 따르다'의 의미로 사용되었습니다.
- 其猷 : 3인칭·원칭의 지시사인 其는 이 문장에서 단순한 지시사가 아니라 '그에 맞는, 바로 그' 정도의 어기를 가진 관형어(冠形語)입니다. (영어의 정관사 the와 유사한 기능) 猷는 앞의 道와 대응(對應)되는 개념으로 '길, 법칙(法則), 도리(道理)'의 뜻입니다.

> 毋不敬 儼若思, 安定辭 安民哉. 『禮記-曲禮』
> 공경하지 않음이 없으며, 엄숙함은 깊은 생각과 같게 하고,
> 말씀은 안정되게 하면 백성을 편안하게 하는 지다!

毋[없을/말 무] 儼[엄숙할 엄] 哉[어조사 재]

- 毋不 : ~하지 않을 수 없다, ~하지 않음이 없다. 이중부정으로 강한 긍정의 뜻을 나타냄. 毋는 無와 같습니다.
- 哉 : 감탄형의 종결사로 진술문이나 의문문의 끝에 사용됩니다. 한국어 중에 '~제, ~지'가 이와 동일한 문법구조를 가집니다. 합음사로

보여 집니다. '之+夫'일 가능성이 높습니다. 여기서의 之는 상조사입니다.

> 愼厥終 惟其初. 『書經 – 仲虺之誥』
> 그 끝을 삼가고, 그 처음을 유념하라.

厥[그 궐] 惟[꾀할 유] 初[처음 초] 仲[버금 중] 虺[살모사 훼] 誥[계고할 고]

- 愼厥終 : 그 마침을 삼가다. 愼(술어)厥終(목적어). 厥은 지시사로 '그, 그것'으로 其[그 기]와 동일합니다. 한문과 한국어에서 원칭의 지시사 '그'는 분명한 지시항목 없이 강조나 어기의 고조 등과 같은 상(相)을 나타내기 위하여서도 사용됩니다. 愼終(마침을 삼가다)에 비하여 '愼厥終'은 어기에 경건한 성명을 띤다고 할 수 있습니다.

- 仲虺 : 은(殷) 탕왕(湯王)의 좌상(左相).

> 忘年忘義 振於無竟. 故寓諸無竟. 『莊子 – 齊物論』
> 나이도 잊고 의리도 잊으며 끝없음으로 떨친다.
> 그러므로 무경에 붙여 두는 것이다.

忘[잊을 망] 年[해 년] 義[옳을 의] 振[떨칠 진] 寓[붙여살 우] 莊[씩씩할 장] 齊[가지런할 제]

- 振於無竟 : 끝없음(으로)에 떨친다. 여기서의 振은 '발전한다'의 의미입니다.

- 寓諸無竟 : 무경에 붙이는 것이다. 諸는 '之於'의 합자로, 之는 앞 동

사에 강조의 상을 부여하며, 於는 위치나 장소의 보어를 이끌어 냅니다. 寓는 '(마음을) 붙이다, (마음을) 두다'의 뜻입니다.

> 仕而優則學, 學而優則仕. 『論語-子張』
> 벼슬하고도 넉넉하면 배우고, 배우고 남으면 벼슬한다.

張[베풀 장]

- 仕而優 : 벼슬하고도 여유롭다. 而는 동사나 형용사, 혹은 절간의 접속사로 사용됩니다('그리고'의 뜻). 따라서 仕는 명사 '벼슬'이 아닌, 동사 '벼슬하다, 벼슬살다, 임용되다'의 뜻입니다.

풀이하는 과정에서 '벼슬을 하고서도'처럼 역접의 접속사로 나타나지만, 而는 순접이나 역접의 객관적인 접속사입니다. 그렇긴 하지만, 한자를 처음 만들었던 사람들의 입말에 순접과 역접의 접속사가 없었던 것은 아니며, 그 모두를 아울러 한 글자로 표기했던 것입니다(대표음 혹은 음의 축약에 의한 방법). 그것은 앞 뒷말과의 상관관계에 의하여 충분히 순접과 역접의 의미가 드러나기 때문입니다.

- 子張 : 공자의 제자.

> 周公攝政. 『詩經-豳風 狼跋 序』
> 주공이 정무를 다스렸다.

周[두루/주나라 주] 豳[나라이름 빈] 風[바람/풍속 풍] 狼[이리 낭] 跋[밟을 발] 序[차례 서]

- 周公 : 성은 희(姬), 이름은 단(旦). 주(周 : B.C 1111 경~255) 초기에 국가의 기반을 다졌습니다. 주공은 주를 창건한 무왕(武王)의 동생으로 무왕의 권력 강화를 도왔으며, 공자는 그를 후세의 중국 황제들과 대신들이 모범으로 삼아야 할 인물로 격찬하기도 했습니다.

蔽芾甘棠 勿翦勿伐 召伯所茇. 『詩經-小雅 甘棠』
파릇파릇 감당나무 자르지도 말고 베지도 말라. 소백이 머문 곳이다.

蔽[가릴 폐] 芾[작은모양 패] 勿[말 물] 翦[가위 전] 伐[칠 벌] 召[부를 소] 伯[맏 백]
茇[초목의 뿌리/노숙할 발]

- 蔽芾 : 파릇파릇(의태어). 1. 초목이 무성한 모양. 일설(一說)에는 작은 모양이라고도 함. 2. 초목이 어리거나 나뭇잎이 처음 돋아나는 모양.
- 蔽芾 甘棠는 '피어나는 감당나무'로의 풀이도 가능합니다(소백이 머물다 떠난 자리에서 감당이 피어났다는 의미가 됩니다).
- 所茇 : 머물렀던 바. 여기서의 所는 직접적인 위치나 장소의 의미가 아니라, 상황의 완료의 어기를 나타냅니다. '자르지도 베지도 말라'는 말은 소백이 직접 머물렀던 그 감당나무를 말하는 것이 아니라, 감당나무가 귀하게 대접받고 있는 상황에 대한 이야기입니다. '茇所'나 '茇處'라고 한다면, 직접 머물렀던 곳(장소)의 의미가 됩니다.

> 位有貴賤, 而生於父母無以異者.
> 故三年之喪, 自天子達. 『大學章句』
>
> 지위에는 귀천이 있다. 그러나 부모에게서 태어남에는 다를 것이 없다.
> 그러므로 삼년의 상은 천자로부터 두루 미친다.

位[지위 위] 異[다를 이] 者[놈 자] 喪[잃을 상] 達[통달할 달] 章[글장 장] 句[글귀 구]

- 無以 : ~이 없다. ~할 수 없다.
- 異者 : 다른 것. '者'를 일반적으로 사람을 뜻하는 의존명사로 풀이하는 경우가 많은데, 여기서는 부정지시사로서 '것'에 해당합니다. '之也'의 합자입니다. 문장의 중간에 쓰인 也는 특정한 시간 참조가 없는 '때'의 의미로, 상황이나 경우의 의미를 나타냅니다.
- 自天子達 : 천자로부터 두루 미친다. 自는 '~로부터'의 뜻입니다. 達은 '통괄하다, 두루 미치다'의 뜻입니다. '천자로부터 만백성에 두루 미치다.'

> 貴賤有別, 尊卑有序,
> 則民莫不尊上而敬長. 『孔子家語 - 五刑解』
>
> 귀천에는 구별이 있으며, 존비에는 차례가 있다면
> 백성은 윗분을 받들고 어른을 존경하지 않을 수가 없다.

別[나눌 별] 序[차례 서] 莫[말 막] 尊[받들 존] 敬[공경할 경] 長[길 장] 刑[형벌 형] 解[풀 해]

- 莫不 : ~하지 않을 수가 없다. 莫은 '부정사+상조사'의 합입니다. 여기서의 부정사는 無나 勿이며, 상조사는 之입니다. 이중부정으로 강한 긍정의 의미에 '단정과 강조'의 상을 나타냅니다. '無不'은 '~않음이 없다'의 뜻입니다. 객관적인 이중부정이긴 하지만, 발화하는 시점으로부터 과거에 대한 비교상의 강한 긍정의 어감인 반면, '莫不'은 아직 발생하지 않은 상황에 대한 강한 긍정의 어감을 나타냅니다.

'最大'는 이미 발생한 경우나 상황에 대한 비견으로서 '가장 크다'의 의미인 반면, '莫大'는 아직 발생하지 않은, 앞으로 발생할 상황이나 경우에 비견한 '(더) 클 수 없다'의 어기를 만들어 냅니다. 한국어 풀이 시에도 '莫+형용사(동사)'에는 '~ㄹ 수'처럼 미래 활용형(~ㄹ)과 의존명사(상조사)가 어울려집니다.

> 上下和睦 周旋不逆, 求無不具 各知其極.
> 『左傳 - 成 16』
> 상하가 화목하고 돌보아주고 거스르지 않으며
> 구하여 갖추지 않음이 없으며, 각기 그 다함을 안다.

旋[돌 선] 逆[거스를 역] 求[구할 구] 具[갖출 구] 各[각각 각] 知[알 지] 極[다할 극] 左[왼 좌] 傳[전할 전] 成[이룰 성]

- 周旋 : '돌보아 주다'의 뜻입니다. 이외에도 1. 빙빙 돎. 왔다 갔다 함. 2. 기거동작(起居動作) - 일상생활. 3. 뒤쫓아 감. 서로 쫓고 쫓김등의 뜻이 있습니다.

- 無不 : ~않음이 없다.

- 不具 : 1. 갖추어지지 아니함. 모자람. 부족함. 2. 몸의 어느 부분에 결함이 있음. 3. 편지 끝에 써서, 충분히 쓰지 못하였다는 뜻을 나타내는 말. 불비(不備).
- 極 : 다하다. 여기서는 '최선'의 뜻입니다.

天下之理 夫者唱 婦者隨. 『關尹子-三極』
천하의 도리는 지아비는 부르고 지어미는 따른다.

理[이치 리] 者[놈 자] 關[관계할 관] 尹[벼슬 윤]

- 夫者 : 지아비. 남편. 者는 명사접미사로서 '(한정 범위 내의) 사람 제반'의 뜻으로 집단명사를 만듭니다. ex. 記者, 佛者, 學者 등.
- 唱은 '주창(主唱)하다'의 뜻입니다.

十年出就外傅 居宿於外 學書計. 『禮記-內則』
열살이면 집을 벗어나 외부로 가고,
밖에서 머무르며 글과 셈을 배우게 한다.

十[열 십] 年[해 년] 出[날 출] 就[나아갈 취] 部[부분 부] 居[머무를 거] 宿[잠잘 숙] 計[셈 계]
則[곧 즉 / 법칙 칙]

- 出 : '벗어나다'의 뜻. 가정교육에서 벗어나 외부로 나감의 의미입니다. 出家.
- 就外傅 : 외부(外傅)에게 나아가다. '就外(於)傅'가 보다 정형적인 문

장입니다. 於는 거의 대다수의 문장에서 생략이 가능합니다.

- 外傅 : 가정 밖에서 남의 자식을 가르치는 사람. 요즘 개념으로는 기숙학교의 교장 겸 선생인 사람으로 서당 훈장 정도에 해당됩니다.

女正位乎内 男正位乎外.
男女正而天地之大義也. 『周易-風火家人/孔子注』
여자는 안에서 바르게 위치하고, 남자는 밖에서 바르게 위치한다.
남녀가 바름이 천지의 대의인 것이다.

乎[어조사 호] 位[자리 위] 義[옳을 의] 孔[구멍 공] 注[주낼 주]

- 乎 : ~에서. 위치/장소의 보어를 이끄는 개사로 於와 같습니다.
- 正位 : 바르게 위치하다. 위치를 바르게 하다.
- 大義 : 바르고 큰 의리(義理[이치 리]).

問我諸姑 遂及伯姊. 『詩經-邶風 泉水』
나에게 여러 고모들을 물으며, 언니들에게까지 이어져 미치니.

問[물을 문] 我[나 아] 遂[드디어/이를 수] 及[미칠 급] 姊[누이 자] 邶[땅이름 패] 泉[샘 천]

- 諸姑 : 여러 고모, 고모들.
- 遂及 : 이어져 미치다. 앞 구문은 친척에 대한 안부를 묻는 내용입니다. 그 안부의 물음이 언니들에게까지 이어짐을 의미합니다.

- 伯姉 : 맏누이. 여기서는 화자가 여자이므로, '언니'에 해당됩니다.

이 시는 주나라 때의 시입니다. 기원전에도 여자가 시가를 지어 불렀습니다. 남존여비의 개념은 춘추전국 시대 이후부터 생겨난 한족들의 사고방식입니다. 주나라는 한족의 나라가 아닙니다.

- 泉水 : 샘물.

> 予不得視猶子也. 『論語-先進』
> 나는 아들처럼 대하지를 못했다.

予[나 여] 得[얻을 득] 視[볼 시] 先[앞 선] 進[나아갈 진]

- 不得 : ~하지 못하다. ~할 수 없다.

猶子를 조카로 보고, 兒를 아들로 보아, '조카는 아들과 같다'로 풀이할 수도 있습니다. 猶子(주어)比(술어 : ~와 같다/나란하다)兒(보어)

> 死喪之威 兄弟孔懷 『詩經-小雅 常棣』
> 죽고 멸망의 위협에서 형제가 매우 그리워한다.

死[죽을 사] 喪[잃을 상] 威[위엄/위험할 위] 常[항상 상] 棣[산앵두나무 체]

- 死喪 : 죽거나 멸망함. 喪이 '멸망'의 뜻입니다.
- 常棣 : 1. 나무이름. 2.『시경(詩經)』「소아(小雅)」의 편명으로, 형제를 연향(宴[잔치 연]饗[대접할 향])할 때 지었다는 데서 형제의 비유로 쓰입니다.

> 同聲相應 同氣相求. 『周易-乾卦』
> 같은 소리는 서로 호응하고, 같은 기질은 서로 찾는다.

聲[소리 성] 相[서로 상] 應[응할 응] 乾[하늘 건]

> 事親則孝 事君則忠 交友則信 居鄕則悌.
> 有此四行者 可謂士乎? 『呂氏春秋』
> 어버이를 섬긴다면 효성스럽고, 군왕을 받든다면 충성하며,
> 벗을 사귄다면 신의로우며, 시골에 거주한다면 공경스럽다.
> 이 네 가지의 것이 있다면 선비라고 이를 수 있겠는가?

事[일/섬길 사] 親[어버이 친] 君[임금 군] 忠[충성 충] 信[믿을 신] 居[살 거] 鄕[시골 향]
悌[공경할 제] 謂[이를 위] 呂[음률 려] 春[봄 춘] 秋[가을 추]

- 事親則孝 : 어버이를 섬긴다면 효도한다. '事親=孝'의 개념이 아니라, 어버이를 '모실 적에는 효도하는 마음으로 한다'의 뜻입니다. 則은 '그렇다면, 곧' 등의 뜻으로 전환 접속사로 사용되었습니다.

- 可謂士乎? : 선비라고 이르겠는가? 乎는 의문종결사입니다. 조동사(可 : ~하겠는가? 가능한가?)는 동사 앞에 사용됩니다.

> 如切如磋者 道學也.
> 如琢如磨者 自修也. 『大學』
>
> 자름과 같고 썲과 같은 것이란 도의와 학문인 것이다.
> 쫌과 같고 갊과 같은 것이란 스스로 수양함인 것이다.

如[같을 여] 磋[갈/썰 차] 琢[쫄 탁] 磨[갈 매] 修[닦을 수]

- 如切 : 자름과 같다. 자르는 듯하다. 자르는 것과 같다.
 '如A'는 'A와 같다, A인 듯하다'의 뜻입니다.
- 者 : '~라는 것'. 앞에 나온 절이나 구를 노출시키는 역할을 합니다. 者에 대한 일반적인 정의는 휴지어기사입니다. 휴지(休止)란 '쉬고 멈춘다'란 뜻으로, 如切如磋를 발화한 후 道學 사이에 강조를 위하여 문법적인 휴지를 둔다는 의미입니다. 중국어나 영어에는 한국어의 '것'과 같은 기능을 하는 의존명사가 없기에 나온 문법용어입니다. 어떤 문법서에서는 '노출의 표시'라고도 합니다. 者가 가지는 문법적 기능은 한국어에서의 의존명사 '것'이 가지는 기능과 동일합니다. 의존명사에 의한 강조를 동반하고 명제 정의형으로 문장을 종결시키는 절 결합방식은 한국어만의 독특한 발화 방식이기도 합니다.
- 道學也 : 도의(道義)와 학문인 것이다. 也는 명사술어문의 종결사로 사용됩니다(道學은 명사구). 이 也 역시 앞의 者처럼 강조의 상을 띠고 있습니다. 만약 동사간의 접속사인 而를 사용해서 '道而學'이라고 한다면, '도의이고 학문이다'로 道學은 동사(문장 성분으로서의 술어)인 것입니다. 종결사 也가 앞의 단어를 명사로 끊어준 다음에 그 자신이 술어 형태인 계사로 사용되는 것입니다(/것이다).

한문에 나타나는 의존명사들로는 '之, 也, 者(之也의 합자[合字]), 矣'가 있습니다. 한국어에 있는 의존명사들로는 '것, 지, 바, 게('것이'의 합자)' 등이 있습니다.

- A者 B也 : A라는 것은 B인 것이다

者로 인하여 화제부가 명사구로 묶임으로써 논평부도 也로 명사구로 묶어주는데, 이는 한국어에서도 '자르고 간다'와 '학문이다'의 두 문장을 '자르고 갈아야 학문이다'로 묶어줄 수 있으며, 보다 강조하여 표현하는 방법으로는 '자름과 갊이란 것이 학문인 것이다'로 표현할 수 있습니다. 'A者 B也'와 동일한 발화의 방법입니다.

惻隱之心 仁之端也. 『孟子-公孫丑』
측은의 마음이 인의 시초인 것이다.

端[시초 단] 孟[맏 맹] 孫[자손 손] 丑[둘째지지 축] : 여기서는 인명으로 [추]로 읽힘

- 惻隱之心 : 불쌍히 여기는 마음. 맹자의 사단설(四端說)의 하나.
- 端 : 시초. 실마리.
- 公孫丑 : 맹자의 제자.

ex. 맹자(孟子)의 사단설(四端說) -

    1. 측은지심(惻隱之心) 2. 사양지심(辭讓之心) 3. 수오지심(羞惡之心) 4. 시비지심(是非之心)

> 君子無終食之間違仁,
> 造次必於是 顚沛必於是. 『論語-里仁』
> 군자는 식사하는 동안에도 인을 어김이 없으며, 급한 때라도 반드시
> 이와 같으며, 쓰러지고 넘어지더라도 반드시 이와 같아야 한다.

終[마칠 종] 食[밥 식] 間[사이 간] 違[어길 위] 顚[넘어질/구를 전] 沛[넘어질 패] 里[마을/거리 리]

- 終食之間 : '식사시간 내내/동안'의 뜻입니다. 終은 어떤 상황의 '시작부터 끝가지'의 의미로 '내내, 줄곧, 동안'의 의미입니다.

終夜[밤 야] : 밤새도록
- 造次 : 여기서는 '급작스러움, 황망함'의 의미로 사용되었습니다.
- 顚沛 : 1. 쓰러지고 넘어짐. 2. 곤궁하여 의지가 꺾임. 3. 죽음 또는 멸망함.
- 於是 : 이에 있어서, 그래서(이래서), 이와 같이, 이리하여. 是(지시사로 '이, 이것'의 뜻)에 의해서 지시받은 상황이나 상태를 강조하는 형태입니다.
- 造次顚沛 : '발을 헛딛고 아차 넘어지는 사이'의 뜻으로, '창졸간, 별안간, 눈 깜짝할 사이'의 뜻으로 쓰입니다.

> 上之人務德 而下之人守節義. 『管子-君臣上』
> 상급의 사람은 덕에 힘쓰고, 하급의 사람은 절의를 지킨다.

上[위 상] 務[힘쓸 무] 德[덕 덕] 下[아래 하] 守[지킬 수] 管[대통 관] 君[임금 군] 臣[신하 신]

> 利貞者 性情也. 『周易-乾卦』
> 이정이란 것이 성정인 것이다.

利[이로울 리] 貞[곧을 정]

- 利貞 : 1. 이롭고 바르다. 2. 조화(調和)하고 바르다. 여기서는 2의 뜻으로, 利에 '조화롭다'의 뜻이 있습니다.

> 天命之謂性. 『中庸』
> 천명이란 것이 성이라고 불려진다.

謂[이를 위] 庸[떳떳할 용]

- A 之謂 B : 'A (그것)이 B라고 불려진다.' 여기서의 之는 지시사로 앞의 내용 '天命'을 재지시함으로 강조하는 기능입니다.
  天命謂性 = '천명이 성이라고 불려진다'에서 天命을 재지시 형식으로 강조하기 위하여 之를 삽입한 것입니다.

> 貧賤苦形勞, 富貴嗟神疲. 「蘇軾-詩」
> 빈천은 몸의 수고로움에 고달파하고,
> 부귀는 정신의 피곤함에 탄식한다.

貧[가난할 빈] 賤[천할 천] 苦[괴로울 고] 形[형상 형] 勞[힘쓸 노] 富[부할 부] 貴[귀할 귀]

Part 03_심화학습 | 289

嗟[탄식할 차] 疲[피로할 피] 蘇[깨어날 소] 軾[수레앞턱나무 식]

- 形勞 : 몸의 수고로움(形은 '사람의 몸'을 뜻함), 몸이 지치다. 인신되어 '남을 위해 뼈빠지게 일한다'의 의미로 사용됩니다.

- 蘇軾 : 1306~1401. 호는 東坡(동파). 중국 송(宋)나라 때의 대문호로 아버지 소순(蘇洵), 동생 소철(蘇轍)과 더불어 '삼소(三蘇)'라 불리며, 3부자(父子)가 모두 당송(唐宋) 팔대가(八大家)에 속함.

全性保眞 不虧其身. 『淮南子-覽冥』
천성을 온전히 하고, 본마음을 지키면 그 자신을 훼손하지 않는다.

全[온전할 전] 保[보호할 보] 虧[이지러질 휴] 身[몸 신] 淮[물이름 회] 覽[볼 람] 冥[어두울 명]

- 全性 : 천성을 보전하다. 性은 타고난 성품, 본성의 뜻입니다.
- 其身 : 그 몸, 그 자신. 其는 일반적으로 3인칭대명사로 '그, 그것'의 뜻이며, 소유격 대명사로 사용됩니다. 其가 소유격 대명사로 사용될 경우 다음의 사람을 뜻하는 명사와 결합할 때는 之가 사용되지 않는데('其之身'과 같은 형태로는 사용되지 못합니다), 이때의 其는 3인칭대명사에 특정조사가 결합한 형태입니다.

한국어에 비추어 설명한다면, '그(3인칭대명사) + ~의(소유격 조사)= 긔(其)'입니다.

> 內省而外物輕矣. 『荀子-修身』
> 안이 살펴지면 밖의 사물은 가볍다는 것이다.

內[안 내] 省[살필 성] 輕[가벼울 경] 矣[의조사 의] 荀[사람이름 순] 修[닦을 수]

- 內省 : 1. 깊이 자기를 돌아봄(內를 反으로 보아 反省의 뜻). 2. 자기관찰(內를 自로 보아 自省의 뜻) 등의 의미로 사용되고 있습니다.
- 外物輕 : 밖의 사물은 가볍다. 외물은 가볍다.

이 문장에서 內省과 外物輕 두 절의 관계는 가정과 결과의 형식이지만, 문법적인 가정결과의 복문을 이루고 있는 것은 아닙니다.(접속사 而에는 가정의 기능이 없음) 행위나 상황을 점층적으로 기술한 문형입니다.(而는 점층 접속사로서 '게다가, 또한, 뿐만 아니라'의 의미로도 사용됩니다)

이는 문법적인 오류가 아닙니다. 만약 이 문장을 문법적인 가정과 결과의 형식을 빌려와 '若內省則外物輕'이라고 한다면, '만약 스스로 돌이킨다면 물욕은 가벼울 것이다'와 같은 식으로 풀이는 되지만, 오히려 더 어색해지고 맙니다. 內省이라는 것은 일반적인 가정적 상황이 아니라, 옳은 사람으로서의 덕목의 하나이며, 外物輕 역시 옳은 사람으로서 당연히 추구해야 할 덕목일 것입니다. 절대 불변의 진실은 아니지만, 보통 사람이라면 누구나 공감하는 당위성과 같은 상황을 가정과 결과의 문법적인 기술로 표현한다면 오히려 더 어색할 것입니다.

- 矣 : '~일/인 것이다'의 의미로 종결사입니다. 也는 절대 진실 혹은 불변화의 의미를 함의하는 반면, 矣는 어떤 원인에 의한 결과를 이끌어 낼 때 사용됩니다. 이 구문에서는 內省이라는 원인에 의하여 外物輕이라는 결과가 도출되는 형식입니다.

> 鳴鶴在陰 其子和之. 我有好爵
> 吾與爾靡之. 『周易-風澤中孚卦』
>
> 우는 학이 그늘에 있고 그 새끼가 화답하는지라!
> 내게 좋은 술이 있어 나는 그대와 더불어 얽히려 하는 지다!

鳴[울 명] 鶴[두루미 학] 陰[그늘 음] 我[나 아] 吾[나 오] 與[더불어 여] 爾[너 이] 靡[얽힐 미]
澤[못 택] 孚[미쁠 부]

- 在陰 : 그늘에 있다. 여기서의 陰은 시간상의 개념으로 '해질녘'의 뜻입니다.

- 我·吾: 둘 다 1인칭대명사이며, 我는 주격과 목적격으로 사용되며, 吾는 주로 소유격으로 사용됩니다. 때로 주격으로도 사용되지만, 목적격으로 사용되는 경우는 없습니다.

하나의 문장에서 주격의 1인칭대명사가 서로 다르게 나타나는 것은 문법 구조상의 분명한 차이가 있었던 것에 기인합니다. 이는 한자를 처음 만든 사람들의 입말에서 인칭대명사의 변격(주격, 소유격, 목적격으로 변화하는 것)이 존재했음을 말하는 것입니다. 격조사가 덧붙여지거나 활용을 하지 않는 고립어에서는 발생할 수 없는 것일 뿐만 아니라, 이런 변격을 고립어를 구사하는 사람이 체득하기란 상당한 난제가 있는 것이기도 합니다. 즉, 구어를 반영한 문자 언어가 다른 이민족에게 전해지면서(첨가어를 구사하는 민족에게서 한족에게로의 전이) 완전한 체득이 이루어지지 않은 상태로 발생한 혼용입니다. 이 혼용은 적어도 한나라 이전의 어떤 시기부터 발생했을 것으로 판단됩니다. 이 구절은 주(周)나라의 문장이긴 합니다만, 이 문장을 포함해서 현재 전해지고 있는 텍스트들이 과연 원문 그대로

인지는 다시 생각해 보아야 할 문제입니다.

한문에 보이는 1인칭대명사들로는 '我·吾·余' 등이 있습니다. 이들은 모두 원인칭대명사에 격조사가 덧붙여져 하나의 음으로 포합된 음가를 반영한 것이든지, 변격된 상태를 하나의 의미군어로 보아 개별의 문자를 만든 것입니다. '나+는=난', '나+의=늬(/내), 나+이=내', '나+를=날'. 또 한 가지 특이한 점은 한국어의 주격조사 '이/가'는 때로 속유격의 '의'와 혼용되기도 합니다. '내가 살던 고향이다'와 '나의 살던 고향이다'. '나+의=늬(/내), 나+이=내'에서의 '내'를 吾(목적어로 사용되지 않는)에 적용시키면 1인칭대명사의 문법상 용례가 완전히 일치합니다.

> 華夏蠻貊 罔不率俾. 『書經-武成』
> 화하와 만맥이 모두 따르지 않음이 없었다.

蠻[오랑캐 만] 貊[오랑캐 맥] 率[거느릴 솔] 俾[하여금/좇을 비]

- 蠻貊 : 蠻과 貊 모두 본래는 고대 중국의 종족 명칭이었으나, 후대에 '오랑캐'의 뜻으로 사용되었습니다.
- 罔不 : ~하지 않음이 없다. 이중부정으로 강한 긍정의 의미를 나타냅니다.
- 率 : 전부, 다, 모두.
- 俾 : 좇다, 따르다.
- 이 글은 주(周)나라 초기 무왕(武王)을 도와 은(殷)나라를 멸망시키고 천하(天下)를 평정한 태공망(太公望) 여상(呂尙)에 대한 내용입니다.
  여기서 華夏와 蠻貊은 주나라 민족과는 다른 민족으로 나타나 있습니다다. 이 당시에도 華夏族과 漢族은 명칭상으로도 다른 민족으로 나타나 있습니다. 華夏를 은제국 당시의 모든 민족(은에 의하여 지배를 받는 민족 전체)을 아울러 지칭하는 개념으로 보기도 합니다.

> 涇以渭濁 湜湜其沚. 『詩經 - 邶風 谷風』
> 경수로써 위수가 흐려져도 드맑은 그 물가.

濁[흐릴 탁] 湜[맑을 식] 沚[물가 지] 邶[땅이름 패] 谷[골 곡]

- 涇以渭濁 :

1. '경수로써 위수가 흐려진다' - 여기서의 以는 대용어(代用語)로 '以(之)'에서 之가 생략된 형태입니다. 대용어의 개념은 앞에 나온 말을 재지시한다는 의미로, 여기서는 '涇'을 그대로 재지시하고 있습니다. 대용어를 사용하는 이유는 한문 구조에서 '체언+체언'의 구조가 속격관계가 아닐 경우 명사간의 충돌을 회피하고 문법관계를 명확히 하기 위해서입니다. '涇以(之)渭濁'를 직역하면, '경수, (그것)을 사용해서, 위수가 흐려진다' → '경수로써 위수가 흐려진다' 입니다.

2. '경수는 위수 때문에 흐려진다' - 여기서의 以는 '以 A : A 때문에'의 의미입니다. 以의 본래의 뜻은 '사용하다'이며, '以 A'를 직역하여 'A를 사용하다' → 'A 때문에'가 되는 것입니다.

- 湜湜 : '시퍼렇다, 드맑다'의 뜻. 의성어(擬聲語)입니다.

이 경수와 위수의 '맑고 흐림'의 의미에서 인신되어 '涇渭'는 사물의 진위나 시비, 인품의 우열(優劣)이나 청탁(淸濁)의 비유어로 사용되며, '涇渭自分'은 우열이나 시비가 분명함의 비유어 등으로도 사용되고 있습니다. 사전적 의미로는 1의 풀이에서처럼 경수가 탁하고 위수가 맑은 것으로 되어 있습니다. 이는 주자(朱子)의 『시경(詩經)』 주석(註釋)인 『시집전(詩集傳)』에 '경수는 탁하고 위수는 맑다(涇濁渭淸)'고 한 것에 따르고 있기 때문입니다. 후에 청(淸)나라 황제 건륭제(乾隆帝)는 이를 직접 조사하게 하여 실제 강물의 청탁은 반대라고 밝혀내기도 했습니다.

한나라 이전에 사용된 以의 문법적인 용도는 풀이 1에 의한 것이 일반적입니다. 『시경』은 주나라 초기(기원전 11세기)부터 춘추 중기(기원전 6세기)까지의 시가를 공자가 편찬한 것으로 알려져 있습니다. 청나라 건륭제 시기와는 시간적으로 최소한 2천년 이상 차이가 나는 것입니다. 2천년이면 지형의 변화를 동반하기엔 충분할 것입니다.

문법과 시대를 고려해 보았을 때 1에 의한 풀이가 더 타당합니다.

其山則盤紆岪鬱. 『子虛賦』
그 산이라면 구불구불하고 첩첩이 울창하다.

紆[굽을 우] 岪[산길 불] 虛[빌 허] 賦[구실 부]

- 盤紆 : 구불구불한 모양. 盤曲[굽을 곡].
- 岪鬱 : 산에 첩첩이 둘러싸인 모양. 岪이 '빽빽히' 정도의 어감을 나타냅니다.
- 子虛賦 : 전한(前漢) 시대 사람인 사마상여(司馬相如)의 부(賦) 작품. 賦는 시와 산문의 요소를 겸한 한문 문체의 하나입니다.

> 衆物居之 不可勝圖. 『子虛賦』
> 수많은 것들이 살고 있는지라 이루 다 그려내지 못하다.

衆[무리 중] 物[사물 물] 居[살 거] 勝[이길 승]

- 衆物 : 뭇 사물. 만물(萬物).
- 居之 : '살고 있는 지(라).' 여기서의 之는 어기조사로 앞의 구문을 뒤의 구문에 보다 긴밀하게 이어주는 역할을 합니다. 때로 문장의 끝에 사용되어 강조나 영탄, 권유 등의 상(相)을 나타내기도 합니다.
- 不可勝 : '이루 다 ~하지 못하다/할 수가 없다'. 勝이 '해내다, 완성하다'의 의미를 함의하여, '전부 다, 이루 다'의 뜻으로 사용됩니다.

> 丙舍 宮中之室 以甲乙丙丁爲次也. 『王先謙集解』
> 병사는 궁중의 집으로써 갑을병정으로 차례를 잡은 것이다.

室[집 실] 丁[네째천간 정] 次[차례 차] 謙[겸손할 겸] 集[모을 집] 解[풀 해]

- 宮中之室 : 궁중의 집. 之는 속격조사로 두 명사를 이어 하나의 문장성분(명사구)으로 사용되게 합니다.
- 以 : 대용어로 앞의 '宮中之室'을 재지시합니다. 본래의 의미는 동사로 '사용하다'이지만, 접속사의 기능을 아울러 나타냅니다. 앞에서도 설명하였듯이 지시사 之가 생략된 '宮中之室以(之)'의 형태로, '궁중지실(그것을) 쓰다'에서 '궁중지실로써'의 '자격격'의 의미를 나타내는 개사

입니다.

　만약 以를 수단이나 도구를 나타내는 개사로 '사용하다'나 '이용하다'로 보아, '以甲乙丙丁'를 '갑을병정으로써(/을 이용해서)'와 같이 풀이한다면, 앞부분은 하나의 문장 성분 역할을 할 수 있는 명사(구)나 절이 와야 합니다. 丙舍 宮中之室에서 보듯이 '之'가 宮中之室이 하나의 명사구임을 분명히 나타내고 있습니다. 丙舍라는 명사와 宮中之室이라는 명사가 나란히 배치되었는데, 한문에서 명사가 나란히 연동되는 경우는 동격의 종류를 열거하거나, 혹은 수식관계가 성립되어야만 가능합니다. 이는 한국어에서도 동일한 현상입니다.

　之를 생략한 丙舍 宮中室라고 한다면, '병사는 궁중의 집이다'와 같이 독립된 문장으로 보아, 以甲乙丙丁을 '갑을병정을 이용해서'와 같이 풀이할 수 있지만, 之가 사용됨으로써 丙舍 宮中之室가 하나의 독립된 문장이 되려면 종결사 '也'가 요구됩니다. 따라서 여기서의 以는 대용어로 보아야 합니다.

　- 爲次 : 차례 되다.(순서가 정해지다)
　- 王先謙 : 중국 청(淸)나라 말기의 학자. 주로 고적(古籍)의 편집, 간행 작업에 종사함.
　- 集解 : 여러 가지 해석을 모은 책.

> 或肆之筵 或授之几. 『詩經 – 大雅 行葦』
> 더러는 대자리를 내줄지고, 더러는 안석을 주어지고.

或[혹 혹] 授[줄 수] 几[안석 궤] 葦[갈대 위]

- 或 : '때로는, 더러는'. 비슷한 행위가 연속으로 발생할 때 선택의 어기를 나타내는데 사용되고 있습니다.
- 肆之筵 : 대자리를 내줄지다. 여기서의 之는 상(相) 조사로 앞 동사 肆의 어감을 단정짓지 않고 부드럽게 하는 역할을 하고 있습니다.(肆筵 : 대자리를 내주다, 대자리를 깔다)
- 几 : 안석(案席). 앉아서 몸을 기댈 수 있게 만든 자리 종류입니다. 筵는 젊은이에게 내준 바닥용 깔개인 반면, 几는 노인들을 대접하는 방식의 자리입니다.
- 行葦 : 길가의 갈대.

鼓鐘欽欽 鼓瑟鼓琴. 『詩經 – 小雅 鼓鐘』
북소리 종소리 둥둥 울리고 슬 타고 금 탄다.

鐘[종 종] 欽[공경할 흠] 琴[거문고 금]

- 鼓鐘 : 북과 쇠종.
- 欽欽 : '궁궁', '둥둥'. 의성어입니다. 欽의 본음은 [금]입니다. 금금 → 궁궁, 둥둥.

充耳琇瑩 會弁如星. 『詩經 – 國風 淇奧』
귀막이 아름다운 옥돌, 장식한 고깔은 별과 같도다.

充[채울 충] 耳[귀 이] 琇[옥이름 수] 瑩[옥돌 영] 會[모을 회] 淇[물이름 기] 奧[깊을 오]

- 充耳 : 귀막이. 여기서는 고깔의 양쪽 귀 아래로 늘어뜨린 옥으로 장식한 줄을 말합니다.
- 會 : 꿰매다, 장식하다.
- 淇奧 : 기수 물굽이. 奧는 흐르는 강물이 굽어지는 곳(물굽이)을 말합니다.

是能讀三墳五典八索九丘. 『左傳 – 昭 12』
이래서 산분, 오전, 팔삭, 구구를 읽을 수 있어야 한다.

是[이 시] 能[능할 능] 讀[읽을 독] 索[찾을 색/노 삭] 丘[언덕 구] 傳[전할 전] 昭[부를 소]

- 是 : '이, 이 것, 이래서' 등의 뜻을 나타냅니다.
- 能讀 : 읽을 수 있어야 한다. 읽을 수 있다. 能이 조동사로서 '~할 수 있다, ~해야 한다' 등의 의미를 나타냅니다.
- 八索[팔삭] : 주역의 팔괘(八卦)를 해석한 책입니다.
- 九丘 : 구주(九州)의 기록을 적은 책입니다. 구주(九州)는 하나라 때 중국 전체를 처음 9개의 지역으로 나누어 통치하였던 것에서 인신되어 중국 전체를 이르는 말로 사용되고 있습니다. 통일신라도 나라를 구주(九州)로 나누어 통치하기도 하였습니다.

> 朱紫多起於賤隸, 將相寧有種乎. 『高麗史節要』
> 고위 고관은 대부분 천한 종에서 일어났다.
> 장상에 어찌 씨가 있겠는가?

朱[붉을 주] 紫[자주빛 자] 起[일어날 기] 賤[천할 천] 隸[종 례] 寧[어찌/편안할 녕] 種[씨 종] 麗[고울 려] 節[마디 절] 要[요긴할 요]

- 朱紫 : 붉은색과 자주색. 고위관직자 복식(服飾)의 색으로, 인신되어 고위(高位) 고관(高官)의 뜻입니다.
- 多 : 대부분, 거의 다.
- 起 : '일어나다, 발생하다'의 뜻입니다.
- 寧 : 강한 반문의 어기를 나타내며, '어찌~하겠는가?'의 뜻입니다.

> 面三槐 三公位焉. 『周禮』
> 세 그루 홰나무를 면(面)하여 삼공(三公)이 위치한 것이다.

面[낯 면] 位[지위 위] 焉[어찌 언]

- 焉는 서술어기사(종결어기사)입니다. '사실 확인'의 어기로 '강조'의 상(相)을 나타냅니다. '그렇다'는 단정적인 어기를 함의합니다.

> 臣入則編席 出則陪乘天子. 『戰國策 – 楚』
> 신하는 들어온다면 배열해서 앉고, 나간다면 천자를 모시고 탄다.

編[엮을 편] 出[날 출] 乘[탈 승] 戰[싸울 전] 國[나라 국] 策[꾀 책] 楚[나라이름 초]

- 編席 : 배열해서 앉다.
- 陪乘 : 모시고 타다. 천자의 수레에 함께 탐을 의미합니다.
- 戰國策 : 전국시대(戰國時代) 12개국에서 유세객(遊說客)들이 세운 지략(智略)을 모아 편찬(編纂)한 33권의 책. 작자 미상(未詳)이나 전한(前漢)의 劉向(유향)이 편집함.

> 赤之適齊也 乘肥馬 衣輕裘. 『論語 – 雍也』
> 적이 제나라로 갈 때 살찐 말을 타고, 가벼운 가죽옷을 입었다.

赤[붉을 적] 適[갈 적] 乘[탈 승] 雍[화락할 옹]

- 赤之適齊也 : 적(인명)의 제나라로 갈 때. 適齊은 '술목'구조로 '제나라로 가다'입니다. 한국어로 풀이하는 과정에서 齊가 위치 방향의 부사어로 구현되지만, '適(於)齊'로 '제나라를 향해 가다'의 구조입니다. 명사 赤과 술목구 適齊를 之가 다시 하나의 문장 성분으로 묶어주어서 전체 문장의 화제부로 기능합니다. 뒤의 也는 종결사가 아닌 시간의 의미를 함의하는 접속사로 '~때'의 의미입니다.
- 乘과 衣는 동사로 '타다'와 '옷 입다'의 뜻입니다. 衣의 경우에는 한

국어 문법에 '동족목적어'에 해당하는 발화의 방식을 하나의 문자로 표현한 것입니다. 예로 '입다'라는 동사는 목적어로 '옷'을 취하여 '옷을 입다'에서 '옷입다'로 구현되며, '꾸다'라는 동사는 항상 목적어로 '꿈'을 동반하여 '꿈을 꾸다'에서 '꿈꾸다'로 구현되는 것에 해당합니다. '夢[꿈 몽]'은 동사로 사용될 경우 '꿈(을)꾸다'의 뜻입니다.

> 泰山有唐玄宗刻銘. 『宋史 439 - 宋白傳』
> 태산에는 당현종(唐玄宗)의 각명(刻銘)이 있다.

泰[클 태] 唐[당나라 당] 宗[마루 종] 宋[송나라 송]

> 子房以蓋世之才 不爲伊尹太公之謀.
> 『蘇軾 - 留候論』
> 자방은 세상을 덮는 재주로서 이윤과 태공의 계책을 사용하지 않았다.

房[방 방] 蓋[덮을 개] 才[재주 재] 留[머무를 류]

- 子房 : 사람 이름
- 以蓋世之才 : 개세의 재능으로(써). 여기서의 以는 개사로 자격이나 능력의 의미를 나타내는 '~로서(/써)'의 의미입니다. 子房의 재능을 말합니다. 蓋世는 세상을 덮다(덮을 만한 재능)의 뜻입니다.
- 不爲 : 사용하지 않다. 爲가 '사용하다, 만들다'의 동사로 사용되었습니다.

- 伊尹太公之謀 : 비유어로 사용되었습니다.

> 惟嗣王不惠于阿衡. 『書經-太甲 上』
> 오직 사왕(嗣王)만이 아형에 대해서 은혜롭지 않다.

惟[오직 유] 嗣[이을 사] 惠[은혜 혜] 于[어조사 우] 太[클 태]

- 嗣王 : 왕위를 계승한 임금. 사군(嗣君)
- 于 : '~에 대하여, ~에게'로 '於'와 동일한 의미를 나타냅니다. 상고(上古) 시기에 주로 사용되었던 개사이며 나중에 점점 於로 대체됩니다.

> 齊國旣治 又致匡合. 『三國志 52-吳 步騭傳』
> 제국은 이미 다스려졌으며, 또 광합에 이르게 하였다.

旣[이미 기] 治[다스릴 치] 致[이를 치] 志[뜻/기록할 지] 吳[나라 오] 步[걸음 보] 騭[숫말 즐]

- 致匡合 : 광합에 이르게 하다. 致는 '이르다, 도달하다'의 뜻입니다. 至[이를 지]에 비하여 의지적인 요소가 함의되어 있습니다.

> 爾扶傾無陵弱, 濟恤無侮卑. 『檀君世紀 序』
> 너희는 기운 것을 붙들어 주고, 약한 것을 능멸하지 말라.
> 불쌍한 것을 구제하고 낮은 것을 모욕하지 말라.

爾[너 이] 陵[언덕/업신여길 능] 恤[불쌍할 휼] 侮[업신여길 모] 卑[낮을 비] 檀[박달나무 단] 紀[벼리 기] 序[차례 서]

- 無 : ~말라. 금지사로 사용되었습니다.

九德咸事 俊乂在官. 『書經 - 皐陶謨』
구덕(九德)의 사람이 다 섬기니 준예(俊乂) 관직에 재직하고 있다.

九[아홉 구] 德[덕 덕] 咸[다 함] 事[일/섬길 사] 皐[부르는소리 고] 陶[사람 이름 요/도자기 도] 謨[꾀할 모]

- 九德 : 아홉 가지 덕. 아홉 가지 덕을 갖춘 사람.
 1. 寬而栗 : 너그럽고도 엄격하다. 寬[너그러울 관] 栗[법 율]
 2. 柔而立 : 부드럽고도 꿋꿋하다. 柔[부드러울 유]
 3. 愿而恭 : 성실하면서도 공손하다. 愿[원박할 원]
 4. 亂而敬 : 잘 다스리면서도 공경하다. 亂[어지러울 난]
 5. 擾而毅 : 온순하면서도 굳세다. 擾[시끄러울/길들일 요] 毅[굳셀 의]
 6. 直而溫 : 곧으면서도 온화하다. 直[곧을 직] 溫[따뜻할 온]
 7. 簡而廉 : 간략하면서도 세심하다. 簡[편지/간략할 간] 廉[청렴할/살필 염]
 8. 剛而塞 : 억세면서도 착실하다. 剛[굳셀 강] 塞[막을/착실할 색]
 9. 彊而義 : 강하면서도 의롭다. 彊[강할 강] 義[의로울 의]
- 皐陶 : 순(舜) 임금의 신하로 법을 세우고 형벌을 제정하였으며, 처음으로 감옥(監獄)을 만들었다고 합니다.

濟濟多士 文王以寧. 『詩經-大雅 文王』
수많은 인재들로 문왕으로써는 편안하였다.

濟[건널/많을 제]

- 濟濟多士 : 수많은 인재들. 濟濟는 의태어로 '많은 모양, 의젓한 모양, 가지런하고 아름다운 모양' 등의 어기를 나타냅니다.

- 文王以寧 : 문왕으로써는 편안하였다. 여기서의 以는 대용어입니다. 之가 생략된 '以(之)'의 형태로 앞의 濟濟多士를 재지시하며 직역한다면, '문왕은 (그것)을 이용해서 편안하였다 → 문왕은 그것으로써 편안했다 → 문왕은 그것 때문에 편안했다'가 됩니다.

또 다른 관점으로, 이 以의 용법은 동작이나 상황에 대한 주체나 객체의 상관관계를 나타내기도 합니다. 이 문장에서 以를 제외하여 '濟濟多士 文王寧'라고 한다면, '제제다사인 문왕은 편안하다'로 문왕 자신이 편함의 대상이 되거나, 피동형으로서 '편안하게 하다'로 문왕 자신이 제3자를 편안하게 해주는 수단이나 도구가 됩니다. 以가 들어감으로 문왕이 편안함을 부여받는 대상, 즉 피동의 객체가 되는 것입니다.

'王可殺'이라고 한다면 '왕은 죽일 수 있다'로 풀이되어, 이는 문맥에 따라 王을 주격보어로 보아 누군가에 의하여 '왕을 죽일 수 있다'나, 주어로 보아 '왕이 누군가를 죽일 수 있다'로 풀이가 가능해지지만, '王可以殺'이라고 한다면 '왕으로써 죽일 수 있다'로, 왕이라는 신분과 권한으로써 누군가를 죽일 수 있다는 의미로 고정이 됩니다.

이런 관점에서 본다면, 以 행위의 주체냐, 피동의 대상이냐를 보다 명확하게 해주는 역할을 하는 것입니다. 以 자체가 행위의 주체를 피동의 대상으로, 혹은 피동의 대상을 행위의 주체로 방향을 정해주는 고정적인 문법 기능이 아니라, 앞뒤 말의 상호관계에 의해서 유기적으로 사용되는 것입니다.(文王以寧에서 文王은 피동의 대상인 반면, 王可以殺에서 王은 행위의 주체입니다)

대용어의 관점과 보어의 관점은 구조적으로 다른 시각이긴 하지만, 결국은 같은 이야기입니다.

> 覇者之民 驩虞如也,
> 王者之民 皞皞如也. 『孟子 - 盡心 上』
> 패자의 백성들은 환호로 기쁠 것이며,
> 왕자의 백성들은 더없이 즐거워할 것이다.

驩[기뻐할 환] 虞[근심할/즐거울 우] 皞[깨끗하고밝을 호] 孟[맏 맹] 盡[다 진]

- 驩虞如也 : 기쁘고 즐거워하는 것이다. 如는 형용사나 부사어미의 역할로 '~듯이, ~처럼, ~와 같다' 정도의 의미를 나타냅니다.

驩虞也 : 기쁘고 즐거운 것이다.

如驩虞 : 기뻐하고 즐거운 듯하다.

驩虞如也 : 기뻐하고 즐거워 할 것이다.

- 이 문장에서 覇者之民과 王者之民의 상태는 가정적 상황입니다. 그 가정적 상황에 대한 표현으로 如(~한 듯)가 사용되었습니다.

- 皞皞如 : 더없이 즐거운 듯하다. 驩虞는 외적인 기쁨과 즐거움에 대한 표현인 반면, 皞皞는 마음 속에 가득하게 되는 즐거움, 행복에 대한 표현입니다. 皞에는 '깨끗하고 밝다, 광대하다, 화락하다' 등의 뜻이 있습니

다. 여기서의 如는 어떤 상태의 형용이나 의성·의태어를 만드는 접미사입니다.

> 從合則楚王 橫成則秦帝. 『戰國策 - 楚 1』
> 세로로 합친다면 초나라가 왕이 되고,
> 가로로 이루어지면 진나라가 왕이 된다.

從[따를/세로 종] 合[합할 합] 楚[나라 초] 成[이룰 성] 策[꾀할 책]

- 則 : 두 문장을 則이 원인과 결과절로 이어주고 있습니다.

> 假道于虞以伐虢. 『左傳 - 僖 12』
> 우나라에 길을 빌림으로써 괵나라를 공격한다.

道[길 도] 于[어조사 우] 虞[나라 우] 伐[칠 벌] 僖[기뻐할 희]

- 于 : 위치/장소의 보어를 이끄는 개사로 '~로부터, ~에서' 등의 의미로 於와 같습니다.

> 諸侯恐懼 會盟而謀弱秦. 『賈誼 - 過秦論』
> 제후들이 두려워하여 회맹하고 진나라를 약하게 할 것을 모의하였다.

恐[두려울 공] 懼[두려울 구] 謀[모의할 모] 弱[약할 약] 秦[나라 진] 賈[값 가] 誼[옳을 의]

過[허물/지날 과]

- 恐懼 : 두려워하다.
- 賈誼 : 전한 때의 문인 및 학자입니다.
- 謀弱秦 : 진나라를 약하게 할 것을 모의하다. 동[謀]+목[동(弱)]+목(秦)

> 與父老 約, 法三章耳.
> 殺人者死, 傷人及盜 抵罪. 『史記 8 - 高祖本紀』
> 부로와 더불어 약속하는데, 법삼장뿐이다. 살인한 경우에는 사형이고 사람을 상하게 하거나 도적질에는 상응하는 벌을 받는다.

章[글장 장] 傷[상할 상] 及[및 급] 盜[도적 도] 抵[막을 제] 罪[허물 죄]

- 與父老 約 : 부로와 더불어 약속한다. 與가 '~와 함께, 더불어'의 뜻입니다.
- 耳 : ~일 뿐이다.
- 殺人者 : 살인한 경우. 여기서의 者는 명사접미사로 '사람'의 의미가 아니라, '之也'의 합으로 '~의 때에'와 같이 참조점이 없는 '경우나 상황'을 뜻합니다. 접속사로서의 也에는 참조시간이 없는 '때'의 의미로 '경우'를 의미합니다. 한국어에서, '이런 때가 있고, 저런 때가 있다'에서의 '때'는 '경우'의 뜻이기도 합니다.
- 傷人及盜 : 사람을 상하게 함 및 도둑질. 及이 '및'의 뜻입니다.
- 抵罪 : 상응하는 처벌. 抵는 '상응하다, 해당하다'의 의미입니다.

禹別九州 隨山濬川 任土作貢. 『書經-禹貢』
우임금이 구주로 나뉘었고, 산에 따라 하천을 팠으며,
땅에 따라 공부를 바치게 하였다.

別[나눌 별] 隨[따를 수] 濬[칠 준] 川[내 천] 任[맡길 임] 作[일으킬 작] 貢[바칠 공]

- 濬川 : 하천을 치다. 토사 등을 파내어 물길을 깊게 하거나 방향을 바꾸는 것을 말합니다.
- 任土 : 땅에 따르다, 땅에 의거하다. 토질에 따라 적당한 농작물을 심거나 땅을 개간하는 일. 혹은 땅의 좋고 나쁨에 의거하여 실정에 맞도록 과세하는 일의 의미입니다. 任은 '~에 근거하여, ~에 따라, ~에 의거하여' 등의 뜻입니다.
- 作貢 : 공부(貢賦)를 과세하다, 공부를 바치게 하다. 여기서의 作은 [부릴 작]으로 사역동사 '~하게 하다'의 의미입니다.

以諸侯爲郡縣 人人自安樂. 『史記-秦始皇記』
제후를 군현으로 삼으니 사람마다 스스로 안락하다고 여겼다.

縣[고을 현] 安[편안 안] 樂[즐거울 락] 記[기록할 기] 始[비로소 시] 皇[임금 황] 紀[벼리 기]

- 以諸侯爲郡縣 : 제후를 군현으로 삼다. '以A爲B(A를 B로 여기다/삼다)' 구문입니다. 以의 본래 의미는 '사용하다'이며, 爲는 '만들다, 행위하다'입니다. 직역한다면 '제후를 사용해서 군현으로 만들다'입니다. '제후

들을 군현의 장으로 임명하다'는 뜻입니다.
- 人人 : 사람마다.
- 自 : 재귀대명사로 '스스로'의 뜻입니다.
- 安樂 : '편안하고 즐겁다'라는 두 형용사가 의동동사로 사용되어, '편안하고 즐겁다고 여기다'의 의미입니다.

至于岱山 柴, 望秩于山川. 『書經 - 舜典』
대산에 이르러 섶을 태우고, 멀리 바라보며 산천에 제사를 지냈다.

至[이를 지] 于[어조사 우] 柴[섶 시] 望[바라볼 망] 秩[차례 질] 舜[순임금 순] 典[책전 전]

- 柴 : 섶을 태우다. 혹은 제사 이름으로 섶을 불사르며 하늘에 지내는 제사를 말합니다.
- 望 : 멀리 바라보다. 혹은 제사 이름으로서 왕후가 영토 안의 산천을 멀리 바라보면서 올리는 제사를 말합니다.
- 秩 : '제사'의 뜻입니다. 현대 한국어에서 순서를 뜻하는 말과 제사를 뜻하는 말은 모두 '차례'로 표현되기도 하는데, 秩도 그와 같습니다. 순서의 뜻인 차례(次例)와 제사의 뜻인 차례(茶禮)는 한자의 차용이 아니라, 본래부터 있던 한국어 음에 의미가 가장 적합한 한자를 빌려 표기한 것입니다.
* 望秩 : 산천의 신의 등급에 따라 멀리 바라보며 제사를 지내는 것을 말합니다.

> 自古受命帝王 曷嘗不封禪. 『史記 – 封禪書』
> 예로부터 천명을 받은 제왕이 일찍이 봉선을 지내지 않은 적이 있었던가?

自[스스로 자] 受[받을 수] 曷[어찌 갈] 嘗[일찍 상]

- 自古 : 예로부터. 自가 개사로서 '~로부터, ~이래로'의 뜻입니다.
- 受命 : 천명을 받다.
- 曷嘗 : '일찍이 ~한 적이 있었던가?, 어찌 ~하겠는가?' 충고나 설득 혹은 탄식의 어감을 나타내는 반어적인 표현입니다. 曷이 '어찌, 어떻게'를 뜻하며, 嘗이 '~해봐, 시험하다'의 뜻으로 권유나 청유의 어기를 만들어냅니다.

> 樂浪郡 遂城縣 有碣石山 長城所起.
> 『史記 – 太康地理志』
> 낙랑군 수성현에 갈석산이 있으며, 만리장성이 기점이 된 곳이다.

浪[물결 랑] 遂[이를 수] 起[일어날 기] 史[역사 사] 記[기록할 기] 康[편안할 강] 理[이치 리] 志[뜻/기록할 지]

- 長城 : 만리장성(萬里長城)을 말합니다.
- 所起 : 기점이 된 곳이다. 所가 뒤의 동사 起에 완료의 상을 부여하고 있습니다.

Part 03_심화학습 | 311

長城起 : 장성이 일어난다. 長城所起 : 장성이 일어난 곳이다.

起處라고 하면 '일어난 지점'의 의미로 기술의 관점이 장소에 있으며, 所起는 동사 起(일어나다)에 완료의 상을 부여해 '일어났던'으로 기술의 관점이 사건에 있게 됩니다.

- 太康 : 하(夏)나라 왕 이름.

＊ 遂城縣 : 수나라 정사인 『수서(隋書)』「지리지·상곡군(上谷郡)」에서는 수성현이 창려군과 같은 지역이라고 전하고 있습니다.

夾右碣山 入于河. 『書經-禹貢』
갈산을 우측에 끼고서 황하로 들어온다.

夾[낄 협]

- 夾右碣山 : (술+보+목)의 어순입니다. 이는 (술+간접목적어+직접목적어)의 개념과 같은 것입니다.

帝張咸池之樂於洞庭之野. 『莊子-天運』
황제(黃帝)가 함지의 음악을 동정의 들녘에서 연주하였다.

帝[임금 제] 張[펼칠 장] 咸[다 함] 池[못 지] 樂[음악 악] 莊[씩씩할/별장 장] 運[움직일 운]

- 張 : 여기서는 '연주하다'의 뜻으로 사용되었습니다.
- 咸池 : 황제가 지었다고 전해지는 음악.

- (주+술+직목+간목)의 문형입니다. 帝(주어)張(술어)咸池之樂(직접목적어)於洞庭之野(간접목적어)

> 厥曠遠者千有餘載. 『史記 – 封禪書』
> 그 아득히 먼 것이 천 년여 세월이다.

厥[그 궐] 餘[남을 여] 載[실을/해 재]

- 厥 : 지시대명사로 '그'의 뜻입니다. 其[그 기]와 같습니다.
- 有餘 : '~이상, ~여'의 뜻입니다. [수사+有餘+명사/양사]의 형식을 이루는 관용격식입니다. 有는 수를 표현하는 방식에 사용되는 관용격식으로 '十有五'는 '열 또(하고도) 오'로 15를 나타냅니다. '千有餘載'는 '천 하고도(/또) 남는 해' 정도의 의미입니다.
- 載 : 해. 1년(年).

> 北眺巨海 杳冥無際. 『水經注 – 膠水』
> 북으로 큰 바다를 바라보니 아득하고 까마득하게 끝이 없다.

眺[바라볼 조] 際[즈음/가 제] 膠[아교 교]

- 膠水 : 물이 괸 논. 무논.

> 王者以民爲天 民者以食爲天. 『史記 97 - 酈食其傳』
> 왕이라면 백성으로써 하늘로 삼으며,
> 백성이라면 음식으로써 하늘로 삼는다.

民[백성 민] 食[밥 식/먹을 사] 酈[땅이름 력]

- 王者 : 왕의 경우라면. 王者는 일반적으로 합성어로서 '왕다운 왕'의 의미가 있기는 하지만, 다음에 나오는 民者는 합성어로의 의미는 없습니다. 따라서 여기서의 者는 '之也'의 합음사(合音詞)입니다. 之는 속격조사 '~의'에 해당하며, '也'는 경우나 상황을 의미하는 '때'의 의미입니다. 직역한다면 '왕의 때에는(왕이라는 것은)'입니다.

한국어의 시간을 나타내는 '때'가 구체적인 상황이나 시간을 갖지 않은 채로 대비적인 경우나 가정적인 상황의 의미를 나타내기도 합니다. 예로 '이런 때가 있고 저런 때가 있다'고 했을 때가 그렇습니다. 한문에서의 者, 之也도 마찬가지입니다.

王以民爲天라고 한다면 '왕은 백성을 하늘로 여기다'라는 객관적 서술인 반면, 者를 삽입하여 두 가지 상황을 대비적으로 나타내고 있습니다.

- 以民爲天 : 백성을 하늘로 여기다. '以A爲B' 구문입니다. 'A를(으로써) B로 여기다/삼다'의 뜻입니다. 직역하면, 'A를 사용(以)해서 B로 만들다(爲)'입니다.

- 食其 : 한고조의 공신.

> 先知稼穡之艱難 乃逸 則知小人之依.
> 『書經 - 無逸』
> 먼저 농사의 어려움을 알고 연후에 안일(安逸)한다면
> 평민(平民)의 따름을 안다.

先[앞 선] 知[알 지] 艱[어려울 간] 難[어려울 난] 逸[편안할 일] 依[따를 의]

- 艱難 : 어려움. 고통.
- 乃 : 접속사로 '이에, 뿐만 아니라, 연후에' 등의 뜻으로 전환이나 가중의 어기를 나타냅니다.
- 小人 : 신분이 낮은 사람. 평민(平民). 백성은 신분의 고하를 아우르는 의미인 것에 대하여 小人을 사용했습니다.
- 依 : 본뜻은 '따르다, 의지하다'이지만, 여기서는 '일상생활의 제반 상황'으로 '백성들의 노고'의 의미를 함의하고 있습니다.
- 無逸 : 안일(安逸)함이 없다. 놀지 아니하고 힘써 일함의 뜻입니다.

> 俶載南畝 播厥百穀. 『詩經 - 小雅 大田』
> 비로소 남쪽 밭을 일구고 그 온갖 곡식을 파종(播種)했다.

播[씨뿌릴 파] 穀[곡식 곡]

- 厥百穀 : 그 온갖 곡식. 厥은 원칭의 지시사로 '그(其)'에 해당합니다. 한문과 한국어에서 원칭의 지시사 '그'는 때로 분명한 지시사항 없이 어세

를 조정하는 방법으로 사용됩니다. 百는 수로서의 '100'의 의미가 아니라 '온갖, 모든'의 의미입니다.

> 黍稷非馨 明德惟馨. 『書經 – 君陳』
> 서직이 향기로운 것이 아니라 명덕만이 향기롭다.

馨[향기로울 형] 惟[오직 유] 陳[진칠 진]

- 非馨 : 향기로운 것이 아니다. 非는 명사(향기로운 것)를 부정합니다.
 不馨(향기롭지 않다 : 不은 동사를 부정)
- 惟 : '~일 뿐, ~만이'의 뜻으로 다음에 오는 동사를 한정하여 어세를 강하게 하는 부사어입니다.
- 君陳 : 주성왕(周成王)의 신하.

> 古之治民者 勸賞而畏刑. 『左傳 – 襄 26』
> 옛날의 백성을 다스리는 경우에
> 상주기를 좋아하고 형벌을 두려워하게 하였다.

治[다스릴 치] 畏[두려울 외] 刑[형벌 형] 襄[도울 양]

- 古之治民者 : 직역하여 '옛날의 치민이란 것은'입니다. 之가 古와 治民을 하나의 명사구로 묶어주고, 者는 재지시의 방법으로 '古之治民'을 한 번 더 노출(露出)시키고 있습니다. 문법상 노출의 기본적인 역할은 강조이

겠지만, 여기서는 명제를 유도하는 형태로 사용되었습니다.

者는 의존명사에 조사가 결합된 포함음인 之也의 합입니다. 之는 지시사로 의존명사에 해당하며, 也는 조사입니다. 이러한 방식의 언어조합은 첨가어적인 현상입니다('것+에', '것+으로', '것+이란' 등).

- 勸賞 : 1. 상을 즐기게 하다. 2. 상주기를 좋아하다.

1은 즐기는 주체가 백성이고, 2는 좋아하는 주체가 治民하는 사람이 됩니다.

諸侯各朝于方岳 大明黜陟. 『書經 - 周官』
제후들이 각기 지방에서 배알(拜謁)하러 오면
내치고 올림을 명확히 하였다.

諸[모두 제] 侯[임금 후] 各[각각 각] 朝[조선 조] 方[모 방] 岳[산악 악] 官[벼슬 관]

- 各 : 각기, 각자, 개별로.
- 朝 : 아랫사람이 윗사람을 뵈러 오는 것을 말함. 주로 천자에 대한 제후의 배알(拜[절 배]謁[뵐 알])이나 임금에 대한 신하의 배알을 말합니다.
- 方岳 : 사방에 있는 높은 산. 지방.
- 大明 : 분명히 밝히다. 확실하게 밝히다.

> 直哉, 史魚! 邦有道如矢 邦無道如矢.
> 『論語 – 衛靈公』
> 곧도다. 사어여! 나라에 도가 있어도 화살과 같고,
> 나라에 도가 없어도 화살과 같다.

哉[어조사 재] 邦[나라 방] 矢[화살 시] 衛[나라 위] 靈[영험할 령]

- 直哉, 史魚! : 곧도다 사어여! 哉는 감탄문의 종결사입니다. '史魚直哉!'가 보다 정형적인 문형이나, 감탄문에서 강조를 위하여 주술이 도치된 구문입니다. 모든 감탄문이 도치되는 것은 아니며, 일반적으로 술어를 강조하기 위한 것으로, 질문, 찬탄, 질책, 불만, 간구, 명령 등의 어기가 있을 때 이를 강조하기 위하여 도치되는 것입니다.
- 邦 : 일반명사로서의 '나라, 국가'의 의미입니다. 衛는 고유명사로서 '위나라'입니다.
- 如矢 : 화살과 같다. '如A=A와 같다.' 如가 형용사로서 보어를 취하는 문형입니다.

> 寡人以爲善 庶幾息兵革. 『史記 – 秦始皇本紀』
> 과인이 옳다고 여겨져 전쟁이 종식되기를 바란다.

寡[적을 과] 善[선할 선] 息[숨쉴 식] 兵[병사 병] 革[가죽 혁]

- 寡人 : 고립되어 도움 받을 때가 없는 사람이란 뜻으로, 임금이 자신을

겸칭하는 말.

 ex. 寡君 : 신하가 다른 나라 사람에게 자기 임금을 겸칭하는 말(저희 임금).

 寡자가 인칭이나 사람을 나타내는 말 앞에 사용될 경우에는 한국어의 '저, 저희'에 해당하는 어감을 가집니다. 寡君에서 寡는 자기 나라의 임금을 겸손하게 말하는 것이 아니라, 화자인 신하 자신을 겸손하게 말하는 것입니다. 이런 상대 존칭의 개념은 현대 중국어에는 없는 발화방식입니다.

 - 以爲善 : 선하게 여겨지다. '以A爲B : A를 B로 여기다' 구문에서 A가 문두로 도치되어 'A以爲B : A가 B하게 여겨지다'로 변한 구문입니다.

 - 兵革 : 무기의 범칭. 병갑(兵甲). 革은 가죽으로 만든 갑옷이나 투구의 뜻입니다.

> 君子中庸 小人反中庸. 『中庸』
> 군자는 중용하며, 소인은 중용에 반한다.

> 勞謙 君子有終 吉. 『周易 - 謙卦』
> 공로가 있어도 겸손으로 군자가 한결 같으니 길하다.

終[마칠 종] 吉[길할 길]

 - 有終 : 끝이 있다. 한결 같음. 終은 처음부터 끝까지의 의미입니다.
 - 吉 : 길하다. 상서롭다, 좋다(善)의 뜻입니다.

> 朝 辨色始入. 『禮記-玉藻』
> 아침 동틀 무렵에 비로소 들어왔다.

- 辨色 : '동틀 무렵'의 뜻입니다. 辨은 '밝히다'의 뜻입니다.

> 爾有嘉謀嘉猷, 則入告爾后于內
> 爾乃順之于外. 『書經-君陳』
> 그대가 아름다운 계책과 아름다운 생각이 있다면 들어가 안으로는
> 그대의 임금에게 고하고 그대는 또 밖으로는 따르게 하라.

爾[너 이] 謀[꾀할 모] 入[들 입] 告[고할 고] 后[임금 후] 內[안 내] 順[따를 순] 外[밖 외]

- 爾 : 그대, 너. 2인칭대명사입니다.
- 乃 : 부사어로 '곧, 또, 바로' 등의 뜻을 나타냅니다.
- 順之 : 따르게 할지다. 之는 상조사입니다. 한국어의 의존명사 '것'에 해당하여, 직역하면 '따르는 것 → 따르게' 정도의 어기를 나타냅니다. 이 문장에서 '사역'의 어기를 만들어냅니다. 之는 일반적으로 목적어 대명사로 '그것을(이 문장에서는 嘉謀嘉猷)'의 뜻으로 풀이하고 있습니다.

> 賢而多財 則損其志,
> 愚而多財 則益其過.「疏廣」
> 어질면서 재물이 많으면 그 뜻을 손상시키고,
> 어리석고 재물이 많으면 그 허물을 더한다.

賢[어질 현] 多[많을 다] 財[재물 재] 損[덜 손] 志[뜻 지] 愚[어리석을 우] 益[더할 익] 過[허물 과] 廣[넓을 광]

- 而는 동사와 동사, 혹은 절과 절을 이어주는 접속사입니다. 명사 성분 간의 접속사는 與가 사용됩니다.
ex) 賢與多財 : 어짊과 많은 재물.
- 則이 두 문장을 원인과 결과절로 이어주고 있습니다.

> 吾離群而索居 亦已久矣.『禮記 - 檀弓』
> 내가 무리에 떨어져서 홀로 산 것이 또한 매우 오래된 것이다.

離[떨어질 리] 群[무리 군] 弓[활 궁]

- 吾 : 1인칭 대명사 吾는 주격과 소유격으로 사용됩니다. 한국어의 '내'와 동일. 내가(○/주격), 내 것(○/소유격), 내를(×/목적격).

> 矜莊寂寥 有臣人之志. 『論衡 - 自紀』
> 근엄하고 장중(莊重)하며, 편안하고 고요함에 신하된 사람의 뜻이 있다.

矜[창자루/자랑할/엄숙할 긍] 莊[장중할 장] 衡[저울 형]

- 矜莊 : 근엄하고 장중하다.
- 寂寥 : 여기서는 편안함과 고요함의 의미로 사용되었습니다.

> 寂兮寥兮 獨立而不改. 『老子』
> 고요함에, 텅 빔에, 홀로 서서 아니 고친다.

獨[홀로 독] 立[설 립] 改[고칠 개] 老[늙을 로] 兮[어조사 혜]

- 寂兮寥兮 : 고요함에 텅 빔에. 형체(形體)도 소리도 없다는 뜻으로, 무위자연(無爲自然)을 주장(主張)한 노자(老子)의 중심 사상을 이르는 말입니다. 兮는 일반적으로 휴지어기사(休止語氣詞)라고 합니다. 문법적인 기능보다는 어감과 음절의 수에 관계된 어음조사로서의 기능을 합니다.
- 獨立 : 홀로 서다. (부술)구조입니다.
- 不改 : 아니 고친다. 不은 동사를 부정하는 부정부사입니다. (부술)구조입니다.

> 逍遙於天地之間, 而心意自得. 『莊子 - 讓王』
> 하늘과 땅 사이를 거닐고 떠도니 마음과 뜻이 스스로 만족한다.

間[사이 간] 意[뜻 의] 得[얻을 득] 讓[사양할 양]

- 逍遙於天地之間 : 천지지간을 소요하다. 於는 개사로 동작이나 행위가 미치는 방향이나 공간을 나타냅니다(~에 대하여). 직역한다면 '천지지간에 대하여(於) 소요하다'가 됩니다.
- 自得 : 1. 스스로 알게 됨. 2. 스스로 마음에 만족하게 여김. 여기서는 2의 뜻으로, 得은 得意로 뜻대로 됨을 의미합니다. 得心.

> 芙藻荇荷之的歷,
> 幽蘭白芷之芬芳. 『歐陽脩 - 眞州東園記』
> 수련 꽃, 마름과 연꽃의 선명함. 그윽한 난초와 흰 구리때의 향기로움.

芙[부용 부] 藻[부거 거] 荇[마름 기] 幽[그윽할 유] 蘭[난초 란] 芷[구리때 지] 芬[향기로울 분] 芳[향기로울 방] 歐[토할 구] 陽[볕 양] 脩[닦을 수] 眞[참 진] 園[동산 원]

- 芙藻 : 수련꽃.
- 荇荷 : 마름과 연꽃. 둘 다 수초(水草)입니다.
- 白芷 : 흰 구리때. 구리때는 미나리과의 다년초로 약재로 쓰입니다.
- 芬芳 : 향기로운 모양. 의성어입니다.

> 鳳凰鳴矣 于彼高岡,
> 梧桐生矣 于彼朝陽. 『詩經-大雅 卷阿』
>
> 봉황이 우는구나! 저 높은 산등성이에서
> 오동이 자라는구나! 저 산의 동쪽에서.

鳳[봉황 봉] 凰[봉황 황] 彼[저 피] 岡[산등성이 강] 卷[말 권] 阿[언덕 아]

- 鳳凰 : 성인(聖人)이 나타날 때 운다는 전설상의 새로, 수컷을 鳳, 암컷을 凰이라고 합니다.
- 鳴矣 : 우는구나! 문장의 중간에 사용된 矣는 감탄의 어기를 나타냅니다.
- 于 : 에서. 위치나 장소의 보어를 이끄는 개사 於와 동일합니다.
- 朝陽 : 1. 산의 동쪽. 2. 아침 해. 여기서는 1의 뜻입니다.
- 卷阿 : 구부러진 언덕.

> 不可頃刻放捨, 且書諸座隅 時時寓目.
> 『擊蒙要訣』
>
> 잠시라도 방심할 수 없으며,
> 또 앉은 자리 옆에 써 두고 때마다 눈여겨 보아야 한다.

頃[잠깐 경] 刻[새길/시각 각] 放[놓을 방] 捨[버릴 사] 且[또 차] 諸[모두 제] 隅[모퉁이 우] 擊[칠 격] 蒙[꿈 몽] 要[요긴할 요] 訣[결별할/비결 결]

- 不可 : ~할 수 없다.

- 頃刻 : 잠시, 잠깐.
- 諸 : 개사로 동작이나 행위가 발생한 장소를 나타내며, '~에(서), ~(으)로부터'의 의미입니다. '之於'의 합으로 [제로 읽습니다. 여기서 之는 강조의 상조사이며, 於는 개사로 위치·장소의 보어를 이끕니다.(기본의 문법서에서는 之를 목적어 대체사로 분류합니다)
- 時時 : 수시로, 때마다.

> 君子無易由言 耳屬于垣. 『詩經 - 小雅 小弁』
> 군자는 말을 쉽게 행하지 말며, 담에도 귀가 붙어있네.

易[쉬울 이/바꿀/주역 역] 由[말미암을 유] 弁[고깔 변]

- 由言 : 말을 행함, 말을 내 놓음. 由가 '행하다'의 뜻입니다.

> 無敢寇攘 踰垣牆 竊馬牛 誘臣妾.
> 汝則有常刑. 『書經 - 費誓』
> 감히 약탈이나 도둑질하지 말라. 담장을 넘어가 말과 소를 훔치고,
> 하인과 하녀를 꾀어 낸다.
> 너희가 그렇다면 일정한 형벌이 있을 것이다.

敢[감히 감] 寇[도둑/약탈할 구] 攘[물리칠/훔칠 양] 踰[밟을/넘을 유] 竊[몰래/도둑 절] 誘[꾈 유]
妾[첩 첩] 汝[너 여] 常[항상 상] 刑[형벌 형] 費[쓸 비] 誓[맹세/경계 서]

- 無敢 : 감히 ~말라. 여기서의 無는 금지사로 '~말라'의 뜻입니다.

Part 03_심화학습 | 325

- 臣妾 : 하인과 하녀.
- 汝 : 너, 너희. 2인칭대명사입니다. 한문에서 인칭대명사는 단/복수의 구별이 없습니다.
- 費誓 : 비에서의 훈계. 費는 지명입니다.

羅八珍於前 所食不過適口. 『張蘊古 – 大寶箴』
여덟 가지 진미를 앞에 벌여놓지만, 먹은 것은 입에 맞는 것뿐이다.

羅[벌릴 라] 珍[보배 진] 前[앞 전] 過[지날 과] 張[베풀 장] 蘊[헌솜 온] 寶[보배 보] 箴[바늘/경계 잠]

- 所食 : 먹었던 것. 所는 시제나 상을 나타내는 동사의 접두사입니다. 한국어로 풀이하는 과정에서 '~것/바'로 되어 불완전명사로 분류되긴 하지만, 동사 앞에서 동사의 수식을 명사가 받는 것은 한문의 문법에 어긋나는 것입니다. 이 문장에서 所는 완료의 시제를 나타내고 있습니다.
食은 동사로서 '먹다'이며, 명사로서 '음식'의 뜻입니다. 객관적인 단어에 지나지 않습니다.
所食 : 먹은 것/바, 먹었던 것. 食(먹음)이 완료된 상황입니다.
食者 : 먹는 것. 먹는다는 것. 먹음이라는 것. 者는 의존명사, 혹은 불완전명사로 '것'의 의미를 나타냅니다.
食所 : 먹는 곳, 먹는 장소의 뜻이 됨.
- 不過 : ~일 뿐이다. 동사나 수량사의 앞에서, 수량에 미치지 못함을 나타냅니다. 직역하여 '~에 지나지(過) 않는다(不)'가 됩니다.

烹宰犧牲 燒香請福. 『抱朴子 - 勤求』
희생을 요리하고, 향을 태우며 복을 청원(請願)한다.

犧[희생 희] 牲[희생 생] 燒[불사를 소] 香[향기로울 향] 請[바랄 청] 福[복 복] 抱[안을 포]
朴[순박할 박] 勤[힘쓸 근] 求[구할 구]

- 犧牲 : 신명(神明)에게 바치는 산 짐승.
- 勤求 : 힘써 구하다, 힘써 [진리를] 탐구(探求)하다.

一歲不收 民不厭糟糠. 『戰國策 - 韓 8』
한해라도 수확하지 않으면 백성은 조강을 싫증내지 않는다.

歲[해 세] 收[거둘 수] 策[꾀 책] 韓[나라 한]

- 不厭 : 싫증내지 않는다. 厭(배불리 먹다)에서 '만족하다'로, 또 '싫증내다'의 의미로 서로 반대의 뜻을 동시에 나타내기도 합니다.

臣聞貧賤之知不可忘,
糟糠之妻不下堂. 『後漢書 26 - 宋弘傳』
신은 빈천의 지기는 잊을 수 없으며,
조강의 처는 대청에서 내리지 않는다고 들었습니다.

臣[신하 신] 聞[들을 문] 貧[가난할 빈] 賤[천할 천] 知[알 지] 忘[잊을 망] 妻[처 처] 堂[집 당]
後[뒤 후] 漢[나라 한] 宋[나라 송] 弘[넓을 홍]

- 貧賤之知 : 가난하고 천할 때의 지기(知己).
- 下堂 : 대청에서 내리다. 아내가 남편으로부터 버림을 받거나 이혼을 당하는 경우를 말하는데 사용됩니다.

> 封建親戚以屛蕃周. 『左傳 – 僖 24』
> 친척을 봉건함으로써 주나라를 보호하였다.

封[봉할 봉] 建[세울 건] 屛[병풍 병] 蕃[울타리 번]

- 封建 : 천자(天子)가 토지를 나누어서 제후(諸侯)를 세우던 일.
- 屛蕃 : 병풍과 울타리의 뜻으로, 사방 주위의 영토나 방어시설의 비유어로 사용됩니다.

> 故舊不遺則民不偸. 『論語 – 泰伯』
> 옛 친구를 버리지 않으면 백성이 거칠어지지 않는다.

遺[보낼 견] 偸[거칠 투] 泰[클 태]

- 遺 : 버리다.
- 偸 : 거칠다, 투박(偸薄)하다. 때로 '훔치다'의 뜻으로도 사용됩니다.
- 泰伯 : 주나라 선조인 고공단보(古公亶父)의 맏아들. 오나라의 시조.

妻不在 妾御莫敢當夕. 『禮記-內則』
처가 부재라면 첩어는 감히 저녁을 담당할 수 없다.

在[있을 재] 莫[말 막] 敢[감히 감] 當[맞이할 당] 則[곧 즉/법칙 칙]

- 莫敢 : 감히 ~할 수 없다.
- 當夕 : 저녁을 담당하다. 아내로서 남편과 잠자리를 같이함을 의미합니다.

男女不雜座 不同椸枷 不同巾櫛. 『禮記-曲禮上』
남녀는 섞여 앉지 않으며, 옷걸이를 같이하지 않으며,
수건과 빗을 같이하지 않는다.

雜[섞일 잡] 座[자리 좌] 椸[횃대 이] 枷[시렁 가]

- 雜座 : 섞여 앉다.
- 椸枷 : 옷걸이

銀燭吐靑煙 金樽對綺筵. 「陳子昂 - 春夜別友人詩」
밝은 촛불은 푸른 연기를 토해내고,
금색 술그릇은 비단 자리를 대하고 있네.

吐[토할 토] 靑[푸를 청] 煙[연기 연] 樽[술그릇 준] 對[대할 대] 綺[비단 기] 筵[대자리 연]

昻[밝을 앙]

- 銀燭 : 밝은 촛불. 은으로 장식한 촛대.
- 陳子昻 : 661~702. 중국 당(唐)나라의 문학가.
- 春夜別友人 : 봄밤에 친구를 송별하다.

孔子遊於匡 宋人圍之數匝,
而絃歌不輟. 『莊子 – 秋水』
공자가 광에서 유세하는데, 송인이 에운 것이 수 겹이었지만,
현가가 끊이지 않았다.

遊[놀 유] 匡[바를 광] 宋[송나라 송] 圍[에울 위] 匝[두를 잡] 輟[끊을 철]

- 遊 : 유세(遊說)하다, 여행하다.
- 匡 : 춘추시대 위(衛)나라에 있던 지명.
- 宋人圍之數匝 : 송인이 에운 것이 수 겹이다. 之는 앞 말을 노출시키는 상(相)조사입니다. 한국어의 의존명사와 같은 역할입니다. 之를 빼고, '宋人圍數匝'라고 한다면,

  1. 동사 圍를 타동사로 보고, 목적어 數匝를 취하여 '수 겹을 에우다'가 되어, '수 겹'이 에우는 대상이 되어버리거나,

  2. 불완전자동사로 보아 '송인이 수 겹에 에워졌다'가 되어 에우는 주체가 대상이 되어버립니다.

  의존명사 之가 삽입됨으로 圍가 동사가 아닌 보어로 사용되었음을 분명히 해줍니다.

- 絃歌不輟 : 현가가 끊어지지 않다. 絃歌不輟은 하나의 고사성어를 이루어, 어려운 상황 속에서도 학문함을 그치지 않음의 의미로 인신되어 사용됩니다.

牽衣頓足 闌道哭. 『杜甫 – 兵車行』
옷을 잡아당기고 발을 구르며 길을 막고서 우니.

牽[끌 견] 衣[옷 의] 闌[가로막을 란] 哭[울 곡] 甫[씨/남자미칭 보]

- 頓足 : '발을 구르다'의 뜻입니다.

恩澤下暢 黎庶悅豫. 『後漢書 43 – 何敞傳』
은택이 아래로 펼쳐지니 뭇사람이 기뻐하고 즐거워한다.

恩[은혜 은] 澤[못/혜택 택] 暢[화창할/펼쳐질 창] 黎[검을/많을 려] 庶[무리 서] 敞[시원할 창]

- 黎庶 : 뭇 사람, 서민, 백성, 黎民.

嗣續其祖 如穀之滋. 『國語 – 晉4』
그 조상의 대를 이음이 곡식의 불어남과 같다.

穀[곡식 곡] 滋[불을 자] 晉[진나라 진]

- 如穀之滋 : 곡식의 불어남과 같다. 如A : A와 같다.

Part 03_심화학습 | 331

敷求哲人 俾輔于爾後嗣. 『書經-伊訓』
널리 어질고 밝은 사람을 구하여, 당신의 후손을 돕도록 하였다.

敷[널리/펼 부] 哲[밝을 철] 俾[하여금 비] 輔[도울 보] 爾[너/그대 이] 訓[가르칠 훈]

- 哲人 : 어질고 밝은 사람.
- 俾 : 하여금. 사역동사로 使[하여금 사]와 동일한 뜻입니다. '使/令/俾+동사'는 '동사하도록 하다'의 뜻입니다.
  일반적인 사역동사 구문은 '使/令/俾 A(명사) B(동사)'로 'A에게(~로 하여금) B되게 하다(시키다)'의 뜻입니다.

黷于祭祀 時謂弗欽. 『書經-說命 中』
제사를 어지럽히는 이것이 공경치 않음이라고 이른다.

黷[더럽힐 독] 欽[공경할 흠] 說[설명할 설] 命[목숨 명]

- 黷于祭祀 : 직역하여 '제사에 대하여 어지럽히다'가 됩니다.
- 時 : 이것. 是[이 시]와 동일합니다.
- 謂 : ~라고 이르다, ~라고 말하다.

> 國於是乎蒸嘗. 『國語-楚下』
> 나라에서는 이리하여 증상을 지낸다.

- 於是乎 : 이래서, 이리하여.

> 一二臣衛 敢執壤奠, 皆再拜稽首
> 王義嗣德答拜. 『書經-康王之誥』
> 하나 둘 신하들이 위시(衛侍)하며 감히 작물을 집어서 바치며,
> 모두 두 번 절하고 머리를 조아리자
> 임금은 당연히 덕을 계승하였기에 답하여 절하였다.

衛[호위할 위] 執[잡을 집] 壤[흙/경작할 양] 奠[드릴/바칠 전] 義[옳을 의] 答[답할 답] 誥[계고할 고]

- 臣衛 : 신하들이 위시하다.
  衛侍 : 보위하며 받들어 모시다. 여기서의 신하는 천자의 신하, 곧 제후(諸侯)를 말합니다.
- 執壤奠 : 경작물을 집어서 드리다. 혹은 제후들이 각자의 지역에서 난 경작물을 '모아오다'의 뜻이기도 합니다.
- 稽首 : 머리를 조아리다.
- 王義嗣德 : 왕은 당연히 덕을 계승하였다. 答拜할 수 있는 자격이 당연히 있음을 나타내는 말입니다. 왕(天子)이 스스로 '난 그럴 자격이 있다'고 한 것이 아니라, 필자(서경을 쓴 사관)의 복문 같은 형식입니다. 義는 '마땅히, 당연히'의 뜻입니다.

> 字雖簡要 轉換無窮 是謂訓民正音.
>
> 『世宗實錄 - 卷102』
>
> 글자가 비록 간요하나 옮겨서 바꿈에 다함이 없어서
> 바로 훈민정음이라고 이른다.

字[글자 자] 雖[비록/모름지기 수] 換[바꿀 환] 窮[다할 궁] 謂[이를 위] 訓[가르칠 훈] 實[열매 실] 錄[기록할 록] 卷[책권 권]

- 雖 : 비록, 모름지기.
- 轉換 : 옮겨서 바꾸다, 변화하다.
- 無窮 : 다함이 없다, 끝이 없다, 무궁하다.
- 是謂訓民正音 : 바로 훈민정음이라고 이른다. 是는 지시성 부사어로 '바로, 이' 등의 뜻입니다. 앞에 나온 문장 전체를 지시합니다. '그래서'의 어기를 함의하고 있습니다.

일반적인 문법에서 是는 지시대명사로서 '이것'으로 풀이하고 있습니다. '이것은 훈민정음이라고 이른다.' 이 경우에 전체적인 대의에는 차이를 보이지 않지만, 앞 문장과 분명히 나누어진 두 개의 문장으로 되며, 문맥은 자연스럽지 못하게 됩니다. 是는 현대한국어의 '이래서, 바로'에 꼭 맞아집니다. 是非에서의 是는 '옳다'의 뜻이며, 옳다는 '바르다'의 뜻이기도 합니다. '바로'라는 시간과 상황의 부합됨을 나타내는 부사어와 '바르다'라는 틀림없이 맞닿는 뜻의 형용사가 현대 한국어에서 동일한 음으로 구현되며, 한자음에서도 구현되고 있습니다.

陛下宜審詳 明堂布政之務. 『後漢書 30 - 郎顗傳』
폐하께서는 마땅히 명당(明堂)에서의 정치를 베푸는 업무를 자세히 알아야 합니다.

陛[섬돌 폐] 宜[옳을 의] 堂[집 당] 布[펼 포] 務[힘쓸 무] 顗[조용할 의]

- 宜 : 마땅히, 당연히. 義와 같습니다.
- 明堂 : 고대 천자가 정사(政事)를 보던 궁전.
- 布政 : 정치를 베풀다. 施政.

誰能執熱 逝不以濯. 『詩經 - 大雅 桑柔』
누가 뜨거운 것을 잡고서 이에 씻어내지 않을 수 있겠는가?

逝[갈 서] 濯[빨/씻을 탁] 桑[뽕나무 상] 柔[부드러울 유]

- 能 : 할 수 있다, ~할 것이다, 어찌~하겠는가? 현대문법에서의 부사와 조동사의 어기를 함께 가진 것으로, 앞으로 발생할 상황에 대한 능력이나 가능성을 나타내는데 사용됩니다.
- 逝 : 접속사, 혹은 발어사라고 합니다. '이에' 정도의 어기를 나타냅니다.
- 不以 : ~이 아닌가? ~이 아니겠는가? 반문의 어기를 나타냅니다. '不濯'이라고만 한다면, '씻지 않는다'의 의미입니다.

> **陛下寬仁 諸侯雖有叛亡而後歸,
> 輒復故位號.** 『漢書 33 – 韓王信傳』
>
> 폐하는 너그럽고 인자하여 제후가 비록 배반하고 달아난 경우라도 후에 돌아오면 항상 본래의 작위와 이름을 회복시켰다.

寬[너그러울 관] 雖[비록 수] 歸[돌아올 귀] 輒[문득 첩]

- 雖 : 비록 ~하더라도.
- 有 : '어떤, 때로는 ~하다, ~이 있다' 등의 뜻입니다.
- 輒 : 항상, 언제나.
- 故位號 : 본래의 작위(爵位)와 명호(名號).
- 韓王 信 : 한왕 신. 한(漢)나라는 본래 주나라의 제후국이었으나, 한나라의 왕위 계승에 정통성이 없자 개국공신은 물론이고 다른 많은 제후들까지 한에 대항했는데, 한(韓)나라 왕 신(信)은 흉노와 연합해 한(漢)고조를 공격하려 하였습니다.

> **毛嬙麗姬 人之所美也.** 『莊子 – 齊物論』
>
> 모장과 여희는 사람의 아름답게 여겨짐인 것이다.

麗[고울 려] 姬[계집 희] 齊[가지런할 제] 論[의론할 논]

- 麗姬 : 춘추시대 진헌공(晉獻公)의 애희.
- 人之所美也 : '사람의 아름답게 여겨짐이다.' 之가 앞 명사 人과 뒤 명

사 所美를 하나의 명사구로 묶어주며, 所는 동사접두어로서 '아름답다'라는 객관적인 형용에 완료의 상을 부여해, '아름답게 여겨짐(여겨져 옴)'으로 의미를 전성시키고 있습니다. 이 구문에서 所는 피동의 의미를 만들어 내지만, 所가 직접 피동의 조동사로 사용된 것이 아니라 '완료'의 기능을 하는 것입니다. 也는 명사술어(人之所美)문의 종결사(~인 것이다)로 사용되었습니다.

 (1) 人美也 : 사람이 아름답다는 것이다.

 (2) 人之美也 : 사람의 아름다움인 것이다.

 (3) 人所美也 : 사람이 아름다웠던 것이다/사람이 아름답게 여겨짐이다.

 (4) 人之所美也 : 사람의 아름답게 여겨짐인 것이다 → 사람에 의해서 아름답게 여겨짐이다.

 (3)과 (4)의 차이는, (3)에서는 사람의 아름다움에 대한 직접적인 형용인 반면, (4)에서는 지시성 의존명사 '之'가 가정적인 상황을 이끌어 내고 있습니다. (4)를 직역하자면 '사람, 그것의 아름답게 여겨짐인 것이다' 정도가 됩니다.

在璿璣玉衡 以齊七政. 『書經 – 舜典』
선기옥형이 있어, 그것으로써 칠정을 가지런히 한다.

在[있을 재] 璿[옥돌 선: 璇과 동자] 齊[가지런할 제] 舜[순임금 순] 典[책 전]

- 在 : ~이 있다. 자동사로서 有에 비하여 보다 단정적인 어기를 만듭니다.

- 以齊 : 그것으로써 가지런히 하다/다스린다. 以의 본뜻은 '이용하다, 사용하다'입니다. 문법적으로는 대용어로 앞 말 在璿璣玉衡을 재지시합니다. 이는 以 다음에 지시사 之가 생략된 것으로 '以(之)齊/(그것)을 사용해서 → (그것)으로써'가 됩니다. 以之에서 之가 생략되는 현상은 두 글자의 발음이 포함되는 사례입니다. 한국어 구조에서 '선기옥형, 그것을 써서'가 '선기옥형을 써서'에서 다시 '선기옥형으로써'로 축약되는 현상과 흡사합니다.
- 七政 : 일월(日月)과 오성(五星)으로 천체(天體)를 뜻합니다.

弘乃烈祖 律乃有民, 永綏厥位 毗予一人.

『書經 - 微子之命』

그대의 아름다운 조상을 넓히고, 그대의 백성을 다스려
그 지위를 오래도록 편안하게 하니 나 한 사람을 도우라.

弘[넓을 홍] 乃[이에/그대 내] 烈[매울 열] 律[법 률] 毗[도울 비] 予[나 여] 微[적을 미]

- 乃 : 너, 그대. 2인칭대명사로 주로 소유격과 주격으로 사용됩니다.
- 烈祖 : 공훈이 큰 조상, 미덕이 있는 조상. 烈은 '빛나다, 밝다'의 뜻입니다.

衣方領能矩步. 『後漢書 24 - 馬援傳』

반듯한 옷을 입고 법도대로 걸어야 한다.

衣[옷 의] 方[모 방] 能[능할 능] 援[당길/도울 원]

- 衣 : 동사로 사용되어 '옷을 입다'의 뜻입니다.
- 方領 : 반듯한 옷. 네모난 옷깃. 유자(儒者)의 옷에서 인신되어 유자를 말하기도 합니다. - 能 : ~해야 한다.
- 馬援 : 왕망(王莽)이 전한(前漢 : B.C 206~A.D 25)을 멸망시킨 후 후한(25~220)의 건국을 도운 장군.

仰不愧於天, 俯不怍於人. 『孟子 - 盡心 上』
우러러 하늘에 부끄러움이 없고, 굽어 사람에 부끄러움이 없다.

愧[부끄러울 괴] 怍[부끄러울 작]

- 仰不愧於天 : 우러러 하늘에 부끄러움이 없다. 두 절이 결합한 복문입니다. [仰]+[不愧於天]. 於는 '~에 대하여'의 뜻입니다.

赤也 束帶立於朝可使與賓客言也, 不知其仁也. 『論語 - 公冶長』
적은 관복을 갖추고 조정에 서서 빈객과 더불어 이야기하는 것이야 괜찮겠으나, 그 인(仁)은 알 수 없다는 것이다.

赤[붉을 적] 可[가능할 개] 使[하여금 새] 賓[손 빈] 客[손 객] 冶[풀무 야] 長[길 장]

- 赤也 : 赤은 공자의 제자 이름. 여기서의 也는 휴지어기사로 '赤은 어떠하다'라는 객관적 진술에서 '추측의 상'을 부여하는 기능을 합니다. '적

이야, 적이라면' 정도의 어기를 만들어냅니다. 赤者는 보다 단정적인 '적이란 것은' 정도의 어감을 만들어냅니다.

- 可使 : ~하게 하는 것은 가능하다/괜찮다, ~하게 할 수 있다.
- 與賓客言也: 빈객과 더불어 말하는 것이야. 與는 '함께하다, 더불어'의 뜻입니다. 여기서의 也도 추측의 상을 만들어내고 있습니다. '~하는 것이야' 정도의 어기입니다.
- 不知其仁也 : '그 인은 알 수 없다는 것이다/모르는 것이다.' 여기서의 也는 앞부분과는 다르게 단정의 상을 만들어 내고 있습니다.

똑같은 글자가 문장 내에서 유기적인 어기를 만들어 내는 것은 한국어와 거의 흡사합니다. 한국어에서 '사랑하다'라는 객관적 서술에 '사랑한 것이야'라고 한다면 보다 강한 단정의 상을 나타내는 것 같지만, 경우에 따라서는 의문이나 반문의 상을 나타내기도 합니다. 현대 중국어에는 이런 也의 문법적 기능은 없습니다.

- 公冶長 : 공자의 제자.

> 過故鄉 則必徘徊焉. 『荀子-禮論』
> 고향을 지나친다면 반드시 배회할 것이다.

過[지날 과] 故[연고 고] 鄉[마을 향] 焉[어조사 언]

- 必徘徊焉 : 반드시 배회할 것이다. 焉은 종결사로, 어떤 원인에 의한 결과의 종결의 어기를 담아냅니다. 여기서는 '배회'의 결과가 '고향을 지나침'에 의하여 나타나고 있습니다. 반면 '也'는 불변화의 어기를 함의하는 종결사입니다.

> 獨學而無友 則孤陋而寡聞. 『禮記-學記』
> 홀로 배우고 친구가 없다면 고루하고 과문하다.

獨[홀로 독] 記[기록할 기]

- 而가 동사 간의 접속사로 사용되고 있습니다.
- 則이 두 문장을 원인과 결과절로 이어주고 있습니다.

> 此語亦足爲愚蒙. 「杜甫-杜鵑行」
> 이 말은 또한 우몽이라기에 충분하다.

此[이 차] 亦[또 역] 足[다리 족] 杜[막을 두] 甫[씨 보] 鵑[두견새 견]

- 足 : 충분하다, 족하다.

중국 당나라 시인들의 삶과 詩

100개의 키워드로 읽는
당시 唐詩

김준연 지음 | 값 13,500원

자연과 산수를 노래했던 왕유, 술과 달의 시인 이백, 민중의 고난을 시로 폭로했던 두보 등 중국 당나라 시인들의 파란만장한 삶과 가려 뽑은 그들의 시 100수, 그리고 이 시들을 이해하는데 열쇠가 되는 관련 이야기 100편이 흥미진진하게 펼쳐진다.

당시(唐詩)가 중국문화의 정수라 해도 그 많은 작품들을 모두 읽어볼 수는 없는 노릇이다. 그래서 당대 이후로 많은 사람들이 우수한 시편만을 모은 선집을 엮어냈으며, 우리나라에서 나온 선집만도 수십 종을 헤아린다.
이 책도 당시(唐詩)에서 명편으로 꼽히는 100수를 선정했다는 점에서 선집의 하나로 볼 수 있다. 그러나 다른 선집과 구별되는 특징이 있다. 즉, '부즉불리(不卽不離)'이다. 작품 한 수마다 키워드를 뽑아 해설로 곁들여진 내용이 시의 내용과 달라붙지도 떨어지지도 않는 관계를 유지하기 때문이다. 작품의 내용을 꼭 집어 분석하지 않고 변죽만 울리는 듯 하면서도 은근히 감상의 포인트를 제시해주는 에두름의 멋이랄까.

학민사
Hakmin Publishers www.hakminsa.co.kr

鬼谷子

귀곡자

귀곡자(鬼谷子)는 왕후(王詡) 혹은 왕선(王禪)이라 불리는 전국시대의 사상가이다.
그는 당시 초나라 땅인 청계(淸溪)에 위치한 귀곡지방에 은거하여 스스로를 귀곡선생이라 하며 『귀곡자』란 저서를 썼다고 한다. 출생연도 등을 알 수는 없으나, 대략 B.C 3세기 경의 인물이라고 추측된다.

그는 종횡가(縱橫家)의 비조로 알려져 있으며, 그의 제자 중에 가장 걸출한 인물로는 전국시대에 진(秦)나라와 대항하는 6국의 합종책(合從策)을 이루어 냈던 소진(蘇秦)과, 이와 반대로 6국을 진나라와 결합시키는 연횡책(聯橫策)을 주도한 장의(張儀)를 들 수가 있다(『戰國策』 참조). 또한 『손자병법』을 쓴 군사전략가 손빈(孫臏)과 방연(龐涓)도 그의 제자였다는 설(『孫龐演義』 참조) 이 있다.

이들은 모두 무형의 모략을 감추고 조용히(無爲) 있는 것 같으나, 항상 싸우지 않고 비용도 들지 않는 싸움(戰於不爭不費)을 강조한 사람들이며, 결과적으로 남들이 모르는 지혜를 가지고 남들이 할 수 없는 일을 하였던 사람들인데, 『귀곡자』 속에 이미 이런 생각이 중요하게 다루어지고 있다.

이 책은 난세의 오늘을 힘들게 헤쳐 가는 현대인들에게 무한경쟁에서 살아남는 처세의 지혜를 제공할 것이다.

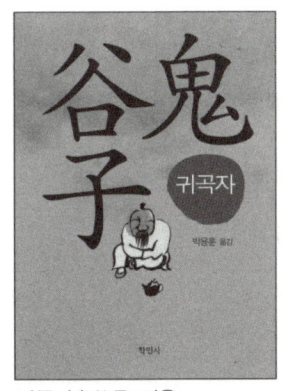

귀곡자鬼谷子 지음
박용훈 옮김 | 값 20,000원

학민사
Hakmin Publishers   www.hakminsa.co.kr

명심보감

동양고전으로 익히는 새로운 한문법 강좌 ─

김진식 지음 | 값 17,500원

이 책 『명심보감』은 기존의 '성현(聖賢)의 가르침'이란 컨텐츠의 테두리를 벗어나 '언어'로 분석한 책이다. 문법 분석을 통한 한문(漢文) 학습은 기존의 풀이방식에서는 알아낼 수 없었던 원문의 보다 세세한 어기와 어감을 정확히 전달한다. 분명히 학습서로서의 면모를 가지고 있지만, 한편으로 이 책은 한자(漢字)와 한문(漢文)에 대한 정의를 새로운 시각을 제시한다.

저자는 한문이 중국인의 선조로부터 시작된 것이 아니라 고대 중국 땅을 지배했던, 한국어와 같은 첨가어(添加語)를 구사하던 어떤 민족이 만든 문자언어(文字言語)로부터 시작되었다고 주장하고 있다.
이 책에서는 그 민족을 '북방민족(北方民族)'으로, 그들이 개발한 문자언어를 '원형북방어(原形北方語)'로, 그리고 한문(漢文)은 이 원형북방어를 한족(漢族)이 자기들 언어에 맞도록 변화시킨 '변종북방어(變種北方語)'라는 가설을 세우고, 그에 따른 패러다임을 문법으로 제시하고 있다. 그렇게 하여 중국이나 유럽 학자들에 의해 규정지어진 문법구조로는 제대로 풀이가 불가능했던 많은 부분들을, 이 가설에 의한 새로운 문법규정으로 풀이해 냄으로써 같은 문장이 전혀 다른 풀이가 되어지기도 한다.

학민사 Hakmin Publishers　www.hakminsa.co.kr

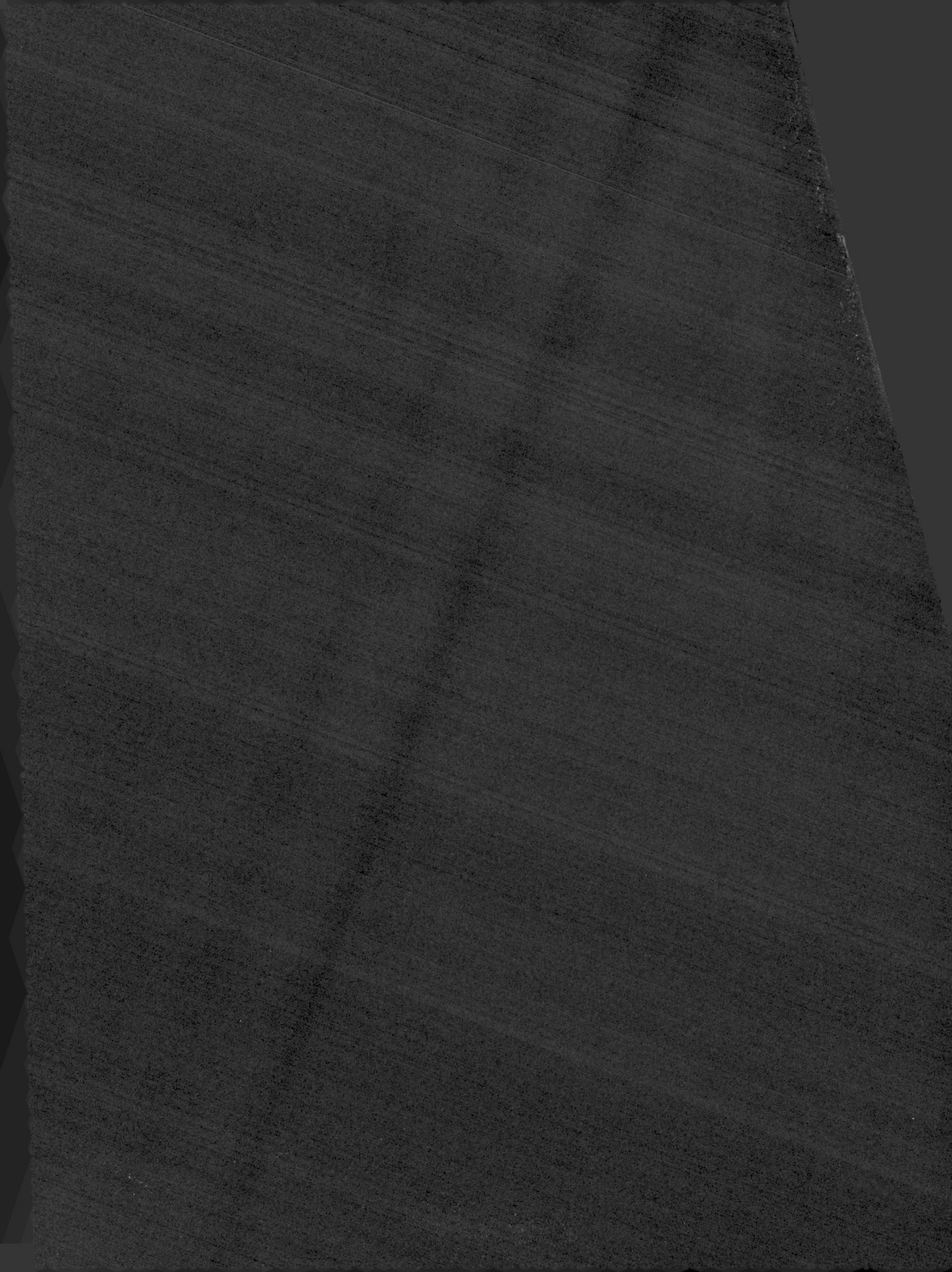